BIBLIOTHÈQUE

MEXICO-GUATÉMALIENNE.

GAND. — IMPRIMERIE MÉC. DE EUG. VANDERHAEGHEN,
rue des Champs, 66.

BIBLIOTHÈQUE
MEXICO-GUATÉMALIENNE

PRÉCÉDÉE D'UN

COUP D'ŒIL SUR LES ÉTUDES AMÉRICAINES

DANS LEURS RAPPORTS AVEC LES ÉTUDES CLASSIQUES
ET SUIVIE DU TABLEAU PAR ORDRE ALPHABÉTIQUE DES OUVRAGES
DE LINGUISTIQUE AMÉRICAINE CONTENUS DANS
LE MÊME VOLUME, RÉDIGÉE ET MISE EN ORDRE D'APRÈS
LES DOCUMENTS DE SA COLLECTION AMÉRICAINE

PAR

M. BRASSEUR DE BOURBOURG

Ancien Admistrateur Apostolique des Indiens de Rabinal (Guatémala), Membre de
l'Académie de la Religion Catholique de Rome, des Sociétés de Géographie de
Mexico et de Paris, de la Société Économique de Guatémala, de
la Société d'Ethnographie de Paris, de la Société Ethnographique
Américaine de New-York, de la Société Royale des Antiquaires
du Nord, de la Société d'Anthropologie de Londres,
de l'Académie Impériale des Sciences et de Géographie
du Brésil, etc., etc.

εύρηκα

PARIS
MAISONNEUVE & Cie, LIBRAIRE ÉDITEUR

15, Quai Voltaire

1871

AVANT-PROPOS.

La Bibliothèque Mexico-Guatémalienne, dont le catalogue vient plus loin, contient la plupart des documents de quelque importance, qui m'ont servi, dans le cours de mes recherches historiques et philologiques, depuis vingt-cinq ans. Elle est insignifiante, quant au nombre des volumes; elle est d'une grande valeur, si l'on considère leur rareté, en particulier, pour ce qui concerne la linguistique du Mexique du sud et de l'Amérique centrale. Sous ce rapport, je puis dire qu'elle est unique. Plus de quatre-vingts volumes ou traités, manuscrits, dans des langues, dont les noms sont à peine connus des bibliographes; plus de soixante grammaires, vocabulaires, traités profanes et religieux, imprimés, dont quelques-uns n'ont jamais été catalogués et dont je possède les uniques exemplaires; d'autres qui ne sont encore connus que par de vagues indications, voilà, en quelques mots, pour ce qui concerne la philologie américaine, ce que présente ma Bibliothèque. Quant à l'histoire, antérieure à la conquête ou postérieure à la soumission des races indigènes, elle s'y trouve représentée par plus de quatre-vingts autres documents manuscrits, introuvables ailleurs, pour la plupart, et d'une importance non moins grande que les précédents. Les titres, que, plus d'une fois, j'ai dû composer, d'après l'examen que j'en avais fait, suffisent à eux seuls pour en faire comprendre l'intérêt. L'histoire, l'ethnographie, la géographie du Mexique et de l'Amérique centrale, en particulier, des anciennes régions du Guatémala, du Peten-Itza et du Lacandon, s'y trouvent appuyées sur une foule de lettres originales et de rapports, adressés aux évêques ou aux capitaines-généraux, et qu'on chercherait vainement même aux archives de Séville ou de Simancas.

Quelques autres parties de l'Amérique y sont également représentées avec avantage. Il suffit de nommer pour la Nouvelle Grenade les ouvrages d'Aguado, de Simon, de Montenegro, de Piedrahita, de Zamora, etc., comme de Montesinos, de Guzman, de Garcilaso, de Velasco, etc., pour le Pérou et les pays voisins. La Nouvelle Grenade touche à l'Amérique centrale, à laquelle les antiques états de l'Amérique du sud doivent probablement leur civilisation, et les rapports des langues de ces contrées avec celles du groupe mexico-guatémalien sont beaucoup plus frappants qu'ils ne paraissent au premier abord. J'ai donc pensé qu'il y avait quelque intérêt à joindre ces ouvrages à ce catalogue.

A côté de ceux-ci, il y en a un petit nombre qui, bien que modernes, sont de ceux qu'on trouve difficilement et qui, presque jamais, ne se rencontrent en librairie. Les renseignements qu'ils contiennent complètent ceux des anciens. Quelques autres, dus à des plumes tout-à-fait européennes et plus modernes encore, y prennent place, soit à cause de leur caractère éminemment américain, soit qu'étant peu connus des amateurs, ils méritent d'être mentionnés, leurs auteurs ayant résidé un long temps ou voyagé avec fruit dans les régions dont s'est occupée leur plume.

Telles sont donc les catégories différentes de cette petite bibliothèque, unique sous bien des rapports, d'une extrême rareté sous bien d'autres et qui s'est fait dans la bibliographie américaine un nom qui n'est pas immérité. Dans le nombre des titres formant ce catalogue, c'est à peine si un quart a été reproduit ailleurs, le reste est demeuré un mystère pour les bibliographes. C'est la portion choisie de mes livres et manuscrits, moins d'un tiers de ma BIBLIOTHÈQUE AMÉRICAINE, qui, dans son ensemble, renferme encore bien des choses intéressantes et généralement peu connues. C'est cette bibliothèque, pour l'acquisition de laquelle S. M. l'empereur Maximilien m'offrit naguère une somme relativement considérable et que je ne retrouverais probablement plus aujourd'hui. Mais ce prince, qui avait si généreusement lié son sort à celui du Mexique, cherchait à faire rentrer dans sa patrie d'adoption les trésors littéraires que les révolutions en avaient fait sortir. Je n'oublierai jamais avec quelle noblesse il me répétait un jour à Chapultepec, dans le cabinet de l'Impératrice : " Vos livres et vos documents reviennent de droit au Mexique ; ils lui appartiennent à tous les titres. C'est au Mexique, c'est dans les pays voisins, qui subissent son influence, que vous les avez recueillis ou qu'ils doivent leur origine. Si Dieu me prête le temps, je m'efforcerai d'y faire rentrer tous les trésors que nous avons perdu par cinquante ans de révolutions. „

C'est sans doute dans cette pensée, si éminemment patriotique, qu'en voyant ma répugnance à me défaire alors d'une collection où chaque jour je puisais de nouvelles connaissances, le jeune et aimable souverain chercha à m'attacher moi-même à ce pays, dont j'étais l'historien. Avec une insistance, dont je garderai toujours une profonde gratitude, il m'offrit à plusieurs reprises la place de surintendant général des Musées et Bibliothèques, en y joignant le ministère de l'Instruction publique. A cette époque rien ne faisait prévoir encore la fin funeste de cette monarchie, assise sur de trop faibles bases, ni de la guerre des États-Unis du Sud et du Nord, dont la séparation définitive pouvait seule assurer le nouvel empire. J'alléguai respectueusement à l'Empereur le désir que j'avais de garder mon indépendance, pour continuer mes travaux scientifiques. La crainte de n'être pas toujours assez sûr de moi-même, pour résister au titre séduisant de Ministre, me fit alors hâter mon départ et je priai Sa Majesté de me permettre d'aller continuer dans l'Amérique centrale la mission de confiance dont j'avais été chargé par le gouvernement français.

Pour terminer ce qui concerne ma bibliothèque, j'ajoute ici qu'un catalogue spécial des ouvrages de linguistique suivra le catalogue général par noms d'auteurs : il sera formé alphabétiquement par ordre de langues. Un simple coup d'œil suffira donc pour juger de l'importance de la collection, en faisant voir qu'aucun catalogue, paru jusqu'à présent en Europe, n'a offert un ensemble aussi complet d'ouvrages de linguistique, relativement au Mexique du sud et à l'Amérique centrale. En finissant cette rapide nomenclature, qu'on me permette une réflexion, que tout lecteur impartial saura faire ici non moins bien que moi. C'est qu'à peu d'exceptions près ces vocabulaires, ces grammaires, ces traités de linguistique, ces mémoires de géographie, d'ethnographie et de statistique, profane et sacrée, dont la science saura tirer un jour son profit; tous ces écrits, dis-je, sont dus à la plume de quelques humbles religieux, dont les ordres, vilipendés et honnis, ont été dispersés, depuis, par le souffle des révolutions, dont les maisons et les églises en ruines témoignent d'un passé qui eut sa grandeur et que la révolution ne remplacera pas. Leurs noms, je les proclame ici, avec respect, comme une des gloires les plus pures de l'Église.

COUP D'ŒIL SUR LES ÉTUDES AMÉRICAINES

DANS LEURS RAPPORTS AVEC LES ÉTUDES CLASSIQUES.

INTRODUCTION

A LA BIBLIOTHÈQUE MEXICO-GUATÉMALIENNE.

C'est à la demande de mes amis, à la demande des bibliophiles intéressés aux livres américains, dans les deux mondes, que je me décide à publier le catalogue de cette portion de ma bibliothèque. Fruit de vingt-cinq années de voyages et de résidence au Mexique et dans l'Amérique centrale, cette collection a été formée insensiblement sans que je me sois donné d'autre peine, en quelque sorte, que celle de glaner à droite et à gauche les livres et les manuscrits ou de les recevoir des mains qui me les offraient. Je ne suis ni bibliophile, ni collectionneur, dans l'acception commune de ces mots. Ma bibliothèque n'a été réunie dans d'autre but que de m'instruire des langues et des traditions des régions que j'ai visitées et d'acquérir ainsi de nouvelles connaissances sur l'histoire et la philologie américaines. Je n'ai songé, en aucun temps, à posséder une bibliothèque spéciale et jamais il ne m'est venu, par anticipation, à l'esprit, que je pusse prétendre au titre de savant. L'un m'a été amené insensiblement avec l'autre. Après vingt-cinq ans de voyages et d'études variées, je me suis trouvé possesseur d'une petite collection, unique au monde, et, presque à mon insu, je suis arrivé, à l'aide des documents qui s'y trouvent énumérés, à découvrir les mystères les plus cachés de la science et de la philosophie antiques.

Le lecteur ne se formalisera pas de mon assurance. N'est-il pas naturel qu'en parlant de mes livres et de mes documents, j'énonce sans détour les résultats que m'ont procurés leur investigation et leur étude? Ne convient-il pas que je mette le public au courant des questions que ces résultats ont soulevées et qu'ils sont destinés à soulever encore dans l'avenir? Ceux qui me connaissent savent que je n'ai point d'arrière-pensée. C'est pour eux que j'écris; c'est pour eux que je ferai connaître prochainement, s'il plaît à Dieu, l'ensemble des découvertes dont je suis redevable à ma bibliothèque. En attendant, je crois devoir informer les lecteurs qui ont eu la patience de me suivre, depuis dix-sept ans, dans les différentes phases de mes travaux scientifiques, que mes prévisions, relativement au double sens, enveloppé dans la lettre des livres anciens, se sont réalisées au delà de mes espérances. La critique atrabilaire de quelques savants de l'école germanique, pas plus que le silence significatif des académiciens qui ont " fait leur siége, „ n'a réussi à me décourager. Je répète donc, hardiment, comme il y a cinq ans, dans mes *Quatre Lettres sur le Mexique*, que philologues et historiens font entièrement fausse route, en cherchant en Asie le berceau commun de la civilisation et des religions de l'antiquité.

Ce n'est pas sur des conjectures que je fonde cette assertion. Elle est basée entièrement sur des faits; elle n'est que le résumé, en trois mots, de toute une série d'annales historiques, dont la mythologie orientale a gardé le secret et dont l'étude assidue des langues et de la mythologie américaines m'a ouvert et fait comprendre l'admirable ensemble. Quelques professeurs aux prétentions classiques diront encore une fois, sans doute, que mon livre n'est qu'un tissu de paradoxes. Je leur répondrai, comme il y a cinq ans, que si, selon le dictionnaire, le paradoxe est une " proposition contraire à l'opinion commune, „ ils auront entièrement raison. J'ajouterai même l'exemple, fourni par le dictionnaire, et je dirai que si " le mouvement de la terre autour du soleil a été „ regardé longtemps comme un paradoxe, „ il en sera de même de la proposition que j'avançai, il y a cinq ans, sur les origines de la civilisation et des institutions antiques.

A partir d'Homère et d'Hésiode, une foule de textes grecs et latins, guides plus sûrs et surtout plus clairs que les idées de l'école germanique, font de l'Occident le point de départ des dieux et de la mythologie. Deux fois, Homère met dans la bouche de Junon (¹) ces paroles remarquables : " Je vais „ visiter, aux confins de la terre féconde, l'Océan, père des „ dieux, et la vénérable Téthys, qui m'ont élevée et nourrie „ dans leurs demeures. „ D'autres textes, non moins explicites et que je citerai à l'occasion, affirment la même idée. On la trouve dans les Védas, ainsi que dans la plupart des traditions antiques de l'Asie et jusque dans celles des Aryas, que l'on invoque si mal à propos en faveur d'une origine orientale; car leurs chants sont d'accord pour reléguer leur berceau dans une région du nord-ouest, dont la nature se serait refroidie subitement et dont nul orientaliste n'a été jusqu'ici capable de fixer la situation.

C'est dans ce nord-ouest lointain que les anciens s'accordent à placer les Champs-Élyséens, ainsi que les souvenirs d'une antique géographie océanique qui s'effacèrent de plus en plus, à mesure qu'on se rapprochait des temps modernes. Les Phéniciens et les Carthaginois, qui s'étaient réservé le monopole du commerce dans les îles de la mer Britannique, avaient poussé leur navigation dans les contrées les plus septentrionales, et l'on conjecture que c'était la route qu'ils suivaient pour se rendre aux côtes de l'Amérique ou plutôt pour

---

(¹) *Iliade,* ch. XIV.

en revenir. Car il est probable que, se laissant entraîner par les vents alizés, de l'Afrique au continent opposé, ils prenaient ensuite la direction du nord, en suivant, pour s'en retourner, le courant du *Gulf-Stream*, parfaitement connu des anciens, et partaient des Antilles, en touchant aux côtes de l'Islande et des autres îles de l'Atlantique du nord, aujourd'hui disparues sous les flots, avant d'atteindre les îles Britanniques.

On a trop longtemps relégué au rang des fables les idées que les anciens s'étaient faites sur l'existence de l'hémisphère occidental : il est, en effet, bien plus commode de traiter de fable ce que l'on ne comprend pas, que de se donner la peine d'aller au fond des choses pour en rechercher l'authenticité. C'est là une fin de non-recevoir que les adeptes français de l'école germanique ont mis en avant, depuis un demi-siècle, avec une pertinacité qui ne fait guère honneur à leur savoir.

« En soulevant des questions qui offriraient déjà de l'importance dans l'intérêt des études philologiques, dit à ce sujet Alexandre de Humboldt [1], je n'ai pu gagner sur moi de passer entièrement sous silence ce qui appartient moins à la description du monde réel qu'au cycle de la géographie mythique. Il en est de l'espace comme du temps : on ne saurait traiter l'histoire sous un point de vue philosophique, en ensevelissant dans un oubli absolu les temps héroïques. Les mythes des peuples, mêlés à l'histoire et à la géographie, ne sont pas en entier du domaine idéal : si le vague est un de leurs traits distinctifs, si le symbole y couvre la réalité d'un voile plus ou moins épais, les mythes, intimement liés entre eux, n'en révèlent pas moins la souche antique des premiers aperçus de cosmogonie et de physique. Les faits de l'histoire et de la géographie primitive ne sont pas seulement

---

[1] *Essai sur l'hist. de la géographie du Nouveau-Continent*, tome I, pag. 112 et suiv.

d'ingénieuses fictions ; les opinions qu'on s'est formées sur le monde idéal s'y reflètent.

„ La *grande terre*, située vers le nord-ouest, indiquée comme *Méropis*, dans les fragments de Théopompe et comme *Continent Cronien* dans deux passages de Plutarque, que nous examinerons plus tard, tient à un cercle de mythes (dont le voile en entier se lève dans les documents mexicains) qui, malgré les sarcasmes des pères de l'Église ([1]), remonte à une haute antiquité dans la sphère des opinions helléniques, comme tout ce qui a rapport, soit à Silène ([2]), devin et personnage cosmogonique, soit à cet empire des Titans et de Saturne, refoulé progressivement vers l'ouest et le nord-ouest ([3]). Le mythe de l'Atlantide ou d'un grand continent occidental, lors même qu'on ne le croirait pas importé d'Egypte et purement dû au génie poétique de Solon, date pour le moins du VIe siècle avant notre ère. Lorsque l'hypothèse de la sphéricité de la terre, sortie de l'école des Pythagoriciens, parvint à se répandre et à pénétrer dans les esprits, les discussions sur les zônes habitables et la probabilité de l'existence d'autres terres, dont le climat était égal au nôtre, sous des parallèles hétéronymes et dans des saisons opposées, devinrent la matière d'un chapitre qui ne pouvait manquer dans aucun traité de la sphère ou de la cosmogonie. Ceux qui n'avaient pas entrevu, comme Polybe et Erathostène, que l'élévation des terres, le ralentissement de la marche apparente du soleil en approchant des tropiques et l'éloignement des deux passages du soleil par le zénith du lieu, rendaient, dans la zône

---

([1]) Ou plutôt d'un père de l'église. Tertull. *de Pallio*, cap. 2. (Opp. ed. Paris, 1664, pag. 112.) Cf. aussi Tertull., *Adversus Hermog.*, cap. 25. (Opp. pag. 242), sur " Silenum illum *de alio orbe* obseverantem. „

([2]) Creuzer, *Symbol.*, tome II, pag. 213, 215, 225.

([3]) Voss, *Krit. Blätter*, tome II, pag. 364-366. Selon Théopompe, Saturne même est, chez les Occidentaux, une incarnation de l'hiver. (Plutar., *de Iside et Osir.*, cap. 69).

équinoxiale, l'équateur même moins chaud (¹) que les régions plus voisines des tropiques; ceux-là submergeaient, par l'effet d'un courant équatorial, cette partie de la surface du globe qui, brûlée par le soleil, ne leur paraissait aucunement propre à être habitée; c'était l'opinion répandue surtout par Cléanthe le Stoïcien et par le grammairien Cratès (²). Elle fut réfutée par Geminius, mais reparut dans toute sa force au commencement du V⁰ siècle, dans la théorie des impulsions océaniques, que Macrobe émit comme une théorie du flux et du reflux de la mer (³). Au delà de ce bras de l'Océan équatorial qui traverse la zône torride, au delà de notre masse de terres continentales, qui sont étendues, en forme de *chlamyde* (⁴) et isolées dans une partie de l'hémisphère boréal, on supposait d'autres masses de terres, dans lesquelles se répètent les mêmes phénomènes climatériques que nous observons chez nous. Il ne paraissait guère probable que la grande portion de la surface du globe, non occupée par notre οἰκουμένη, fût uniquement couverte d'eau. Des idées d'équilibre et de symétrie, dont la fausse application a conduit jusque dans les temps modernes à de nombreux rêves géographiques, semblaient même s'y opposer.

" C'est sous l'empire de ces idées que prirent naissance les groupes isolés de continents dans l'hémisphère opposé, indiqués par Aristote et son école (⁵); les doubles Éthiopiens de Cratès, dont les uns habitaient au sud du bras de mer équa-

---

(¹) Strab. *Geogr.* II, pag. 153-155. Alm. 97-98 cas. — Cleomed. I, 6, édit. Schmidt, 1832, pag. 25. — Gemin. *Élement. Astron.* cap. 13. — Petau, *Uran.* pag. 54. Comparez, pour prononcer sur la justesse de ces idées, les résultats des températures moyennes sous l'équateur, sous les tropiques et dans la zône sous-tropicale, consignés dans Humboldt, *Relation historique,* tome III, pag. 498-501.

(²) Strab. *Geogr.* pag. 56. Alm. pag. 31, cas. — Macrob. *Sat.*, cap. 23.
(³) *In Somn.* Scip. II, 9.
(⁴) Strab. *Geogr.* II, pag. 173, 179.
(⁵) *Meteorolog.* II, 5, *de Mundo,* cap. 3.

torial (¹); *l'autre monde,* ἄλλη οἰκουμένη, de Strabon (²), l'*alter orbis* de Mela (³), une véritable terre australe (⁴); les deux zônes *(cinguli)* habitables de Cicéron, dont l'une est celle de nos antipodes insulaires; enfin, la *terra quadrifida* ou les *quatuor habitationes vel insulae* (quatre masses de terres séparées les unes des autres) de Macrobe (⁵). Dans le système pythagoricien de Philolaus, d'après lequel le soleil n'était qu'un immense réflecteur recevant la lumière d'un corps central (Hestia), la terre et l'Antichthon d'Hicétas de Syracuse (Nicetas, selon quelques manuscrits de Ciceron) se mouvaient parallèlement dans leur orbite commun; mais cet Antichthon n'était que l'hémisphère opposé au nôtre (⁶), hémisphère que les géographes peuplaient à leur gré (⁷). J'ai cru, ajoute Humboldt, devoir donner cet aperçu général des idées que les hommes se sont constamment formées, dès les temps les plus reculés, sur l'existence d'un *autre monde* ou de continents *trans-océaniques.*

" Les pères de l'Église, dont le moine Cosmas s'était fait l'interprète, ont travesti ces conceptions primitives de la manière la plus bizarre, en supposant une *terra ultra oceanum* (⁸), qui encadre le parallélogramme de leur mappemonde. Le moyen âge, ne vivant que de souvenirs qu'il supposait classiques et n'ayant foi dans ses propres découvertes qu'autant qu'il croyait en trouver des indices chez les an-

---

(¹) Strab. *Geogr.* I, pag. 55.
(²) *Ibid.* II, pag. 179.
(³) Mela, I, 9, 4.
(⁴) " Quod si est *alter orbis* sunt que oppositi nobis a meridie Antichthones, etc. (Tzschucke, *Ad Mel.* Vol. II, part. I, pag. 226 et 334.)
(⁵) *Comment. in Somn. Scip.* 11, 9.
(⁶) Boeckh. *Disp. de Plat. syst. Coel. glob.*, 1810, page 19; id. *Philolaos*, 1819, pag. 115, 117, etc.
(⁷) Mela I, pag. 1, 2.
(⁸) Cosmas Indicopl. *Topogr. Christ.* dans Montfaucon, *Coll. Nov. Pat.* tom. II, pag. 189.

ciens, a été agité jusqu'au temps de Colomb par tous les rêves cosmogoniques des siècles antérieurs. „

Je m'arrête ici avec Humboldt, dont la sagacité entrevoyait si bien la vérité, cachée sous le voile de ces *rêves* cosmogoniques, qu'il reconnaît justement, en commençant n'être pas tellement du domaine idéal. Mais ce qu'il dit, en terminant, du moyen âge, n'est pas moins applicable aux nombreux écrivains latins et grecs qu'il cite partout, avec tant d'à propos. Ces écrivains ne vivaient non plus que de souvenirs, et si ceux du moyen âge en parlaient avec moins de clarté, c'est qu'ils étaient bien plus éloignés des origines, que ne l'étaient les philosophes et les géographes de l'époque grecque et romaine. Ces souvenirs, on y avait foi, parce qu'ils se rattachaient à toutes les traditions des peuples. Car ils rappelaient un passé, dont les mystères antiques avaient gardé le secret et dont ces souvenirs n'étaient plus que les pâles reflets. Mais les rares voyageurs de cette époque les retrouvaient vivants dans les ports de mer, sur toutes les côtes de l'Atlantique et jusque dans les villes maritimes de l'Inde : ces souvenirs s'y mêlaient à des souvenirs plus anciens, de prodiges effrayants, de montres surnaturels, de terres disparues sous les flots, et les légendes de la Bretagne, de l'Irlande et de la Norwége en sont encore remplies aujourd'hui. Les pêcheurs de nos côtes les racontaient à l'envie pour alimenter la curiosité et exciter dans la jeunesse le goût des navigations périlleuses. Ils servirent surtout à Colomb pour découvrir les terres trans-océaniques de l'Amérique. Ce qu'il y a, toutefois, d'étrange à cet égard et ce qui prouve bien la légèreté et l'inconstance des écoles modernes, c'est qu'on cessa d'y croire, précisément à l'époque où se vérifièrent, avec le plus d'éclat, les *rêves* du moyen âge.

Les rêveurs de l'école germanique sont pleins de contradictions de ce genre : mais à cette école tout est permis ; elle sait que ses théories, même les plus extravagantes, trouveront toujours chez nous de l'écho. Aussi, quand j'ai osé ressusciter les *rêves* du moyen âge et les souvenirs cosmogoniques des anciens, ont-ils trouvé que je retournais de trois siècles en arrière. Ces souvenirs, les textes nombreux qui existent à leur appui dans les auteurs grecs et latins, dérangent leurs systèmes, bouleversent leur linguistique, échafaudée à grands renforts de mots nouveaux et vides de sens. Les Grecs comme les Latins leur conviennent, quand ils y découvrent, par hasard, quelque chose qui semble leur prêter de l'appui; mais du moment que ces auteurs respectés paraissent contenir des témoignages comme ceux qu'invoqua Colomb, et que reproduit Humboldt, ce ne sont plus que des souvenirs mythiques, que des rêves dignes, tout au plus, de l'ignorance du moyen âge. Comme si les mythes n'étaient pas le voile à l'aide duquel les sages des temps pré-historiques dérobaient au vulgaire la connaissance du monde et les mystères de la science antique. Je le répète, et ce n'est pas sans dessein, c'est l'école germanique, c'est la philosophie allemande, dont nos savants continuent à se faire, depuis surtout un demi-siècle, les serviles copistes, qui ont fourvoyé nos écoles.

" La langue française, disaient les rédacteurs de la *Revue Germanique* ([1]), est la langue de la clarté, de la sociabilité et de la vulgarisation. Enveloppe transparente et solide de l'idée, elle ne lui permet ni de se cacher, ni de se détendre. D'un autre côté, elle ne sépare point; elle unit.... La langue allemande a un tout autre caractère. L'exacte précision et la clarté limpide du français lui font défaut. Elle flotte autour de la pensée en plis épais et indécis, et elle abonde en mots vagues qui laissent à l'esprit la périlleuse facilité de l'à peu près. „

Ce portrait est de MM. Dollfus et Nefftzer, l'un et l'autre

([1]) *De l'esprit français et de l'esprit allemand*, 1er art. de la *Revue Germanique*, 1858, pag. 9.

panégyristes de la langue et des travaux de l'école germanique. Si la langue est l'expression du génie d'un peuple, que dirons-nous d'après ce portrait, du génie germanique et de ses travaux ? J'en laisse toute l'appréciation au lecteur. Tel est, cependant, le drapeau que suivent les professeurs du Collége de France. L'école germanique, dont l'érudition est incontestable, mais qui n'est pas moins embrouillée que sa langue, n'a réalisé, depuis cinquante ans, que des contre-sens en philosophie, comme en philologie et en religion. Elle nous a imposé une technologie nouvelle, non moins obscure que sa linguistique, pour les besoins de laquelle elle a été inventée. Elle nous a imposé ses Aryas et son Aryaque, dont elle ne sait comment se tirer, tout en faisant de cette nuageuse nation ou tribu la source du beau et du grand, et l'Aryanisme scientifique des Allemands a envahi ainsi les domaines académiques, comme il y a quatorze siècles, l'Arianisme religieux, qu'ils travaillent à ressusciter, s'imposa au monde romain.

Remarquez que je ne prétends d'aucune manière ravaler ce qu'il y a de mérites dans les travaux scientifiques de l'Allemagne. Ils sont immenses. Mais je me demande à quoi ils ont abouti. Qu'est-il résulté de leurs savants fatras sur la linguistique, depuis Bopp, le maître de l'école, le chéri du Collége de France ? rien que des rapprochements indécis entre certains groupes de langues, ou des dissertations sans fin sur la valeur d'une lettre permutée, sur la formation d'un adjectif ou des cas d'une déclinaison. Ouvrez les traductions diverses qu'on a faites des Védas et des autres livres sacrés de l'Inde : lisez-en les commentaires, pensés et repensés par les plus savants professeurs de l'époque. En quoi se résument ces chants augustes des Aryas, ces hymnes védiques, composés par les plus sages de l'antiquité brahmanique, eh! bien, au témoignage même de l'oracle d'Oxford, tout se réduit à " des combats entre les nuages et les brouillards ! „

Quoi! c'est là tout ce qu'on a trouvé dans les livres divins de l'Inde ! c'est dans de telles niaiseries que, durant quatre mille ans, les sages adorateurs de Brahma auront passé leur temps! et vous croyez cela, germanistes? En vérité, votre science est bien pauvre; vous rabaissez par trop au niveau de votre ignorance cette littérature dont vous êtes si fiers. Avouez plutôt que vous ne comprenez rien aux Védas. Confessez franchement que vous êtes incapables de pénétrer les mystères voilés sous les termes à double sens de ces poèmes vénérables, dont vous saisissez à peine le côté le plus vulgaire. Ce n'est qu'à ce prix que l'histoire vous saura quelque gré de tant de veilles et d'illustres travaux.

Indignez-vous, si cela vous plaît. C'est un profane qui vous parle. C'est le traducteur du *Popol Vuh*, des livres mexicains et quichés, pour lesquels vous montrez un si profond dédain, c'est lui qui touche sans respect à votre arche sainte et ose vous demander où vous a conduit l'école germanique. Indignez-vous, jetez-moi à la face toutes vos épithètes d'écolâtres hautains. Vous ne m'empêcherez pas de vous dire la vérité. Engoués, comme vous l'êtes, de l'Orient, encore plus que vos maîtres, illusionnés par cette technologie absurde où le germanisme vous a pris comme en des filets, vous tournez le dos à la lumière : vous avez fait fausse route et vous vous êtes obstinés à croire que le soleil n'éclairait que d'un côté. Vous avez dédaigné l'Occident. Vous n'avez pas seulement repoussé les témoignages qui pouvaient vous venir de cet hémisphère; mais vous les avez dénigrés. Vous avez méprisé les monuments, dont l'étude était seule capable de dissiper l'obscurité qui continue à envelopper tous ceux de l'Orient, en dépit de vos honorables labeurs. Vous avez mis tout en œuvre pour faire jaillir la lumière aux lieux où elle semble commencer et vous avez oublié que le soleil, dans sa carrière, fait le tour du monde ou *vice versa*. Vous avez remué la poussière de toutes les bibliothèques, relevé toutes les inscriptions, des bords du Tibre aux marais de l'Euphrate. Puis, lorsque vous vous êtes cru les maîtres de la science antique, vous avez prononcé du haut de vos chaires. Vous, qui tournez en ridicule l'infaillibilité doctrinale du Pontife Romain, vous avez promulgué un *syllabus* sur des matières sujettes à toutes les vicissitudes, à tous les caprices du génie humain.

Mais qui a jamais ouï dire, même aux nations les plus sauvages, que pour parler au nom de la justice, on ne dût consulter qu'une des deux parties en présence, sans écouter l'autre ? Quel généalogiste fut jamais assez insensé pour s'imaginer de dresser un tableau généalogique, en ne prenant les ascendants que d'un seul côté ? Qui serait assez fou, parmi les naturalistes, pour affirmer qu'un enfant pût être engendré sans le secours de l'un des deux conjoints ? C'est, cependant, ainsi que l'école germanique a prétendu asseoir les bases de l'histoire et de la linguistique. La linguistique, surtout.

O Lilliputiens ! vous avez enveloppé Gulliver endormi de vos ligaments : mais Gulliver s'est éveillé et, en se levant, il a rompu vos faibles chaînes. Vous avez offert tous vos encens à la statue de Nabuchodonosor ; mais une pierre est descendue de la montagne et la statue d'or, aux pieds d'argile, s'est brisée en mille pièces.

N'est-il pas bien téméraire de ma part de m'exprimer avec si peu de déférence sur le compte de l'école germanique, objet de tant d'adulations, depuis cinquante ans, en France et en Angleterre ? mais, que voulez-vous ? je n'ai jamais éprouvé de sympathie pour cette école outrecuidante de l'Aryanisme, qui prétend tout peser dans la moitié d'une balance. Eh ! bien, la pierre qui brisera ce monument de l'orgueil scientifique, qui fera rouler en morceaux cette arche creuse, elle est ici : elle est dans les documents de cette bibliothèque que j'ai le plaisir de faire connaître au public.

Vous avez bâti une histoire et une linguistique à votre façon. Vous recommencerez. C'est une peine que vous vous fussiez épargnée, si, attentifs à la voix d'un génie, le seul que l'Allemagne ait eu depuis Leibnitz, Alexandre de Humboldt, vous aviez étudié les langues et les monuments de l'Amérique, où il obtint ses premiers et plus glorieux lauriers. On ne m'objectera pas les difficultés. Vous allez en Asie. Qui vous empêchait d'aller en Amérique? Vous pouviez, sans même vous donner ce travail, consulter les excellents ouvrages, écrits en latin ou en espagnol, à l'époque de Charles-Quint et de Philippe II, ou aller fouiller aux archives de Séville et de Simancas, comme vous avez fouillé celles du reste de l'Europe. Avec un peu d'impartialité, vous eussiez suivi les traces de Humboldt et, depuis cinquante ans, qu'il a écrit son *Essai sur l'histoire de la géographie du nouveau continent* et ses *Vues des Cordillères*, etc., vous eussiez pu doter la science d'une portion incalculable de documents, non moins importants pour la linguistique que pour l'histoire. Vous eussiez rempli les deux plateaux de la balance. Vous seriez aujourd'hui en possession d'un véritable tableau généalogique des peuples et des tribus, d'une histoire et d'une linguistique solides, basées sur l'ensemble des monuments et des langues des deux mondes.

Vous avez beau faire. Aucun argument ne saurait justifier aux yeux des savants équitables votre incurie et votre ignorance. C'est vous qui l'avez voulu. Vous avez bâti un système à grands frais et vous avez prétendu en faire une science. Votre manie a été l'Orient: vous en avez tout fait sortir; vous prétendez encore y ramener toutes les origines. Votre engouement, d'ailleurs, a été si loin, que Max Müller, votre oracle d'Oxford, sans consulter même le *Mithridates* d'Adelung, a fait, pour s'épargner la peine d'une nouvelle étude, une seule fournée de toutes les langues américaines, en les décorant du titre vague de *touraniennes*, dont il serait hors d'état de définir l'acception. Pauvre école germanique! creuse autant que la statue de Nabuchodonosor, sonore comme tout ce qui est creux; en dépit des éléments précieux qui sont entrés dans sa composition, elle ne tardera pas à s'écrouler, ainsi que ces édifices branlants, qui n'ont que du sable pour ciment et pour base.

Avec des esprits aussi éminents, avec des travailleurs aussi remarquables que le sont les pionniers de l'école germanique, quels vastes résultats eussent été acquis par leurs efforts, combinés dans les deux mondes, en continuant la voie où s'était engagé Humboldt! Ce voyageur illustre savait bien ce qu'il fesait, lorsqu'il comparait avec tant de soin les courts vocabulaires qu'il avait pu recueillir aux bords de l'Orénoque avec les langues de notre continent : lorsqu'il pesait dans une égale balance les institutions de l'Amérique et de l'Asie et qu'il rapprochait, avec l'intuition du génie, les cycles et les calendriers du Bogota et du Mexique de ceux du Thibet et de l'Étrurie. Ce n'est pas lui qui m'eût interpellé avec aigreur, en me conseillant, comme un jour certain critique bien connu, de m'en tenir à l'Amérique, sans tenter d'empiéter sur les domaines académiques de l'Égypte et de l'Inde.

Sans écouter les cris d'alarme et de pieuse terreur de ces germanistes intéressés, j'ai marché en avant avec le maître que je m'étais choisi. Allemand de naissance, Humboldt, qui avait du sang français dans les veines, avait choisi la langue française pour écrire ses ouvrages les plus importants; aussi était-il des nôtres cent fois plus que ne le sont nos savants et académiciens de l'école germanique. Ce que j'ai obtenu, en marchant sur ses traces, depuis vingt-cinq ans, est immense. Aussi, quand je viens à envisager les résultats, acquis par mes seuls efforts, je sens vivement que l'essor donné en Europe aux travaux de l'archéologie et de la philologie de l'Orient, n'ait pas à la fois poussé les explorateurs scientifiques dans les deux mondes. Je ne veux pas parler ici de mes travaux antécédants, bien qu'il puissent compter pour quelque chose. Dans ce que j'ai écrit sur l'Amérique, depuis vingt ans, il y a à prendre et à laisser. L'aveu ne m'en coûte rien. L'homme est sujet à l'erreur et celui qui, en écrivant, n'a d'autre objet que la recherche de la vérité, ne saurait se sentir humilié, en avouant qu'il s'est trompé quelquefois dans ses remarques. Il serait bien étonnant, d'ailleurs, qu'on pût arriver tout d'un coup à découvrir la vérité entière. Je n'ai jamais eu la prétention d'écrire des livres parfaits. Les œuvres parfaites sont celles de Dieu, non les créations éphémères de l'homme.

Ce que je puis m'avouer sans orgueil, c'est que, dans mes écrits comme dans mes voyages, je n'ai cherché qu'à m'instruire et s'instruire, c'est chercher la vérité. Je suis né curieux; je suis naturellement observateur. J'ai voulu aller jusqu'au fond des choses, autant qu'il m'était donné de le faire. Je ne me suis attardé devant aucun obstacle. Intéressé dès mon enfance aux récits de l'Amérique, j'ai travaillé à découvrir dans l'histoire l'origine des nations américaines. Sans que j'eusse pris d'avance le parti d'apprendre les langues de l'Occident, le premier document original qui me tomba entre les mains à Mexico, le *Codex Chimalpopoca*, me convainquit à l'instant de la nécessité d'une telle étude. C'était en 1850. Depuis lors, je n'ai cessé de m'en occuper plus ou moins. Cinq ans plus tard, en mettant pour la première fois le pied sur le sol de l'Amérique centrale, à Nicaragua, les mots que j'entendis tout d'abord prononcer par les indigènes, me frappèrent par leur similitude de son et de sens avec des mots latins, flamands, allemands et anglais. C'était ma première impression. Je la consignai, à cette époque, dans une lettre écrite de Guatémala à M. Alfred Maury, depuis membre de l'Institut, lettre qui fut insérée aux *Nouvelles Annales des Voyages* par M. Malte-Brun. Cette impression, au lieu de s'effacer, avec le temps, n'a fait que se fortifier, par l'étude des langues de l'Amérique centrale. On en peut suivre la progression, en parcourant mes différents ouvrages, écrits depuis cette époque.

Dans mon *Histoire des nations civilisées du Mexique*, etc., publiée de 1857 à 1858, encore trop peu au courant de la matière, je me contentai d'insinuer que les Scandinaves auraient bien pu arriver en Amérique, avant l'époque, assignée par les *Sagas*, selon les recherches savantes de Carl Rafn et des autres antiquaires de Copenhague. De retour dans l'Amérique centrale, deux ans après cette publication, je repris d'une manière plus suivie l'étude des langues de ces contrées et, dans la préface de ma *Grammaire Quichée*, publiée en 1861, je témoignais, en rédigeant le vocabulaire monosyllabique qui la suit, de la quantité d'analogies que j'avais découvertes entre les mots du groupe guatémalien et les langues du nord de l'Europe. Le Dr Pruner-Bey, qui en rendit compte à la *Société d'Anthropologie*, ne vit là qu'un jeu d'esprit et des coïncidences, tout en faisant du reste la part de l'imagination. C'était attribuer à la mienne une grande fécondité et le malicieux Docteur qui a découvert tant de choses dans les tubes capillaires, chacun le sait, a de l'imagination à revendre.

Avouons, cependant, que quand, sur deux mille monosyllabes, il y en a six cents d'identiques de son, de sens et souvent même d'orthographe avec des mots de nos langues, cette identité ne saurait être le résultat de l'imagination. Je n'ai pas l'habitude de tirer les mots par les cheveux, docteur, ni de leur faire subir les évolutions sans nombre que se permettent les germanistes, sous le nom un peu vague de permutations. Je les prends tels qu'ils sont et tels je les examine. Je m'en tiendrai par exemple aux premiers de mon vocabulaire. *Ah*, épi, en quiché, me paraît bien ressembler à *ax*, épi en danois; *am* ou *amag*, tribu, à *amt*, canton; *au*, ensemencer un champ, à *aul*, industrie agricole; *ban*, faire, agir, à *bane*, rendre possible, faciliter; *be*, marcher, à *be*, être, en anglais; *bey*, chemin, à *bei*, chemin, en danois; *bi*, dire, à *bid*, dire, en anglais, et de *bi*, le verbe *binaah*, donner un nom, formant le prétérit *binaam*, au vocable flamand *binaem*, surnom. Telle est la copie d'un petit nombre de mots dans deux lettres différentes. Le lecteur est à même de juger de leur ressemblance. Je ne parlerai qu'en passant, de *bob*, coton, comparé au mot français, *bobine*; de *bol*, boule et bouler; de *boz*, éclore, crever, d'où le flamand *botsen*; de *bu* (pron. *bou*) terre molle et *boue*, en français, d'*ich*, la galle comme *itch* en anglais; de *rax* (pron. *rash*), exactement de son et de sens, comme le mot *rash*, anglais, de *run*, courir l'eau, comme le mot *run*, courir, dans la même langue. Il serait fastidieux d'en citer davantage. Il suffit d'ajouter qu'il y en a plus de six cents semblables, dans le vocabulaire de ma *Grammaire Quichée* et des milliers, dans les vocabulaires manuscrits de ma bibliothèque.

L'école germanique serait-elle en état de fournir, pour ce qui concerne le sanscrit et l'aryaque, des exemples aussi frappants et aussi multiples, j'en doute fort. Qu'on ne vienne pas me dire, comme un jour, certain professeur fort connu au collége de France, que plus il y de dissemblance entre un mot européen et un vocable indou, plus il y a de chance pour le premier d'être issu du second, on me permettra de ne pas admettre de si grossières subtilités. Elles conviennent tout au plus aux Grecs du Bas-Empire ou aux jongleurs de l'Inde.

Si j'ai scandalisé les germanistes, en leur mettant devant les yeux les affinités des langues du nord de l'Europe et de celles du groupe guatémalien, que diront-ils, s'ils daignent se donner la peine de parcourir mon vocabulaire maya, publié avec le *Manuscrit Troano*, par ordre de l'Empereur, l'an dernier, à l'Imprimerie Impériale? Ce n'est plus seulement avec le danois, l'anglais ou le flamand que les affinités se font voir, c'est avec le grèc et le grec le plus pur. Sur 15,000 vocables mayas, au moins sept mille présentent une ressemblance si frappante avec la langue d'Homère, que là même ou le mot grec renferme un θ, le maya vous donne la contre-partie avec son *th* barré. Mais ce qui est plus étonnant, c'est que dans le maya seul ou bien dans le mexicain se trouvent les étymologies du grec, dont les vocables s'y décomposent jusqu'à une simple voyelle.

Après tout, les hellénistes n'auraient pas lieu d'en être trop surpris, s'ils s'appliquaient à étudier avec moins de pré-

ventions les auteurs dont ils font ailleurs leurs uniques délices. Plutarque nous donne en peu de mots la clef de ce mystère. C'est, en effet, ce sage moraliste, qui nous apprend, en parlant du continent Cronien, situé naguère sous les latitudes boréales de l'Atlantique, aux confins de l'Amérique et du Groenland, que " les compagnons d'Hercule y ont
„ épuré la nation grecque qui commençait à s'abâtardir et
„ à perdre sa langue et ses mœurs par le commerce des
„ barbares (¹). „ Je cite d'après M. de Humboldt. Étonnez-vous, après cela, germanistes, qu'il se trouve tant de grec dans les langues du Mexique. Si les Hellènes étaient dans la nécessité d'aller autrefois jusqu'en Amérique, pour épurer leur langue et leurs mœurs, n'y aurait-il pas lieu de penser, jusqu'à un certain point, que la langue grecque leur était venue de ces régions occidentales ? Cela se confirmerait encore au moyen de la tradition qui fait dire à Pausanias (²), que ce fut un hyperboréen, Abaris, qui, porté sur une flèche d'or, apporta à Lacédémone le culte de Proserpine et qui bâtit son temple. Plusieurs mythologues veulent même qu'Abaris soit le mythe de la civilisation, ainsi que de l'invention de l'alphabet, qui serait ainsi venu des régions lointaines du nord-ouest au pays classique des Grecs.

Que penser alors de ces barbares, au contact desquels les Grecs perdaient leur langue et leurs mœurs ? qui pouvaient-ils être, si ce n'est les populations asiatiques, ces Aryas, sans doute, ces enfants de prédilection de l'école germanique ? Il faudrait bien le croire, puisque les lettres, avec l'épuration de la langue et des mœurs venaient de l'Occident. En voulez-vous un autre témoignage, c'est celui d'Apollodore (³) : il éclaircit encore plus la question : " Les pommes
„ d'or enlevées par Hercule, dit-il, ne sont point comme

(¹) Plutar. *de defectu Orac.*
(²) Pausan. lib. III.
(³) Apollodor. *Mytholog.* lib. II.

„ quelques-uns le pensent, dans la Libye, elles sont dans
„ l'Atlantide des Hyperboréens, „ c'est à dire dans les terres
atlantiques qui s'avançaient autrefois vers les mers du nord,
terres englouties sous les flots, longtemps après l'Atlantide du
sud, et qui furent le berceau de toute la race celtique, d'où
sortit Abaris.

C'est là une question à traiter ailleurs et que résolvent
amplement les documents américains de ma bibliothèque, si
dédaignés par l'école franco-germanique. Revenons à mes
ouvrages antécédents : il est convenable que je m'en explique
jusqu'au bout. Après avoir exprimé dans le commentaire,
précédant le *Popol Vuh*, l'idée que les Scandinaves auraient
pu transporter en Amérique des lambeaux de nos langues et
de nos institutions, politiques et religieuses, je me hasardai
timidement, l'année d'après, dans la préface de la *Grammaire
Quichée*, à soupçonner " que bien des questions histori-
„ ques, philosophiques et religieuses, nées peut-être au fond
„ de l'Inde et continuées en Asie et en Europe, ont été se
„ dénouer en Amérique, ou *vice versâ*. „

Dès ce moment, les germanistes me regardèrent avec dé-
fiance. Le *vice versâ* était par trop hardi. Leurs disciples, académiciens au petit pied, qui n'oseraient émettre la moindre
idée en contradiction avec les enseignements du Collége de
France, de crainte de perdre, dans l'avenir, une chance à
une chaire ou à un fauteuil immérité, leurs disciples, dis-je,
ne me considérèrent plus que du haut de leur épaule gauche.
Mais, jugez du scandale, quand, en 1864, je publiai, moi,
membre d'une commission impériale au ministère de l'instruction publique, en tête de la *Relation des choses de Yucatan, de Landa*, une introduction ayant ce titre téméraire :
" *Des sources de l'histoire primitive du Mexique et de l'Amérique Centrale, etc. dans les monuments égyptiens et de l'histoire
primitive de l'Égypte dans les monuments américains*. Dès cet
instant, je fus mis décidément au ban de la *camarilla* soi-
disant classique : pour les uns je ne fus plus qu'un insensé,

à jamais indigne des lauriers académiques; d'autres franco-germanistes dénoncèrent pieusement, dans les *Archives de la commission scientifique,* mon travail comme une déplorable rechute, tandis qu'ailleurs les sous-maîtres du Collége de France décidèrent avec dédain que je reculais la science de trois siècles en arrière.

Quant aux gros bonnets, ils se tinrent prudemment à l'écart, trouvant plus commode de laisser couler silencieusement mes ouvrages sans éloge ni blâme, ou de les écarter de la scène, comme on a fait du *Manuscrit Troāno,* au sujet duquel on a trouvé des prétextes pour ne pas se prononcer. Le silence est une arme sûre. Il étouffe sans compromettre personne. Cela peut réussir avec les gens qui n'ont pas la parole libre, pour ceux qui sont liés par la crainte de déplaire aux germanistes de l'Aréopage et de perdre leurs places. Grâces à Dieu, je n'ai de place à gagner ni à perdre. Je mentirais, toutefois, si je disais que je dédaigne un fauteuil à l'Académie. Mais je ne l'aurai jamais au prix d'une flagornerie ou d'une bassesse. Les Académiciens honorables, ceux même que j'aurais attaqués directement ou indirectement dans mes écrits, trouveront bien le moyen de me faire savoir quand ils seront disposés à me donner leurs voix. Jusque là je m'abstiendrai de toute démarche et je continuerai à parler sans déguisement comme par le passé, selon que le cœur m'en dira.

La publication de mes *Quatre Lettres sur le Mexique* mit le comble à mes forfaits. J'y énonçais d'une manière claire et précise que le berceau de la civilisation était dans l'Occident: j'en citais des témoignages, puisés simultanément en Asie et en Amérique; j'y donnais une explication, parfaitement plausible, supposé même que ce ne fût pas la vraie, des mystères historiques, voilés sous les symboles mythologiques de la Grèce et de l'Inde. J'y renversais d'un coup les idoles caressées par les germanistes de l'Institut. Et cependant, il ne s'en est pas trouvé un seul qui ait ouvert la bouche pour me réfuter, si j'avais tort, ou m'applaudir si j'avais raison. Ils ne m'en ont pas moins lu, je le sais: et malgré les difficultés scientifiques, inhérentes à ce livre, malgré les propositions *paradoxales* qu'il contient, il s'est vendu mieux et plus rapidement qu'aucun autre de mes ouvrages. Propositions paradoxales, je le répète; et je ne saurais trop le répéter pour les sourds et les aveugles de l'école germanique. Car j'y renverse de fond en comble leur système chéri, que tout serait venu de l'Orient, civilisation, arts, sciences, institutions religieuses et politiques, sources du langage; tandis qu'avec Homère et la plupart des auteurs grecs et latins, sur lesquels ils ont faussement étayé leurs théories, je leur démontre que tout vient de l'Occident, et que le sanscrit, ainsi que les autres langues de l'Orient, ne sont que les dernières épaves du grand fleuve, dont les sources existaient en Amérique et dans l'Atlantide du nord.

En dépit de mes tâtonnements et des imperfections que contient l'exposition que j'ai publiée des hiéroglyphes mexicains, avec le *Manuscrit Troano*, [1], je n'en dois pas moins à

---

[1] A propos du *Manuscrit Troano*, je dois à ceux de mes lecteurs qui ont tenté d'en déchiffrer les hiéroglyphes, une explication fort importante, que les événements de la dernière guerre et mon absence en Amérique, durant cette année, m'ont empêché de publier. Je ne crains pas de revenir sur ce que j'ai avancé, précédemment, les essais de traduction interlinéaire que j'ai donnés des inscriptions mayas n'étant, comme je l'ai dit alors, que de simples *essais* et pas autre chose. La première rectification à faire est celle qui concerne l'ensemble du document. J'avais cru que le récit commençait à main droite, c'est à dire par le dernier folio, marqué n° I, ainsi que dans les livres orientaux. La traduction continue du *Codex Chimalpopoca*, et l'examen que j'ai pu faire aux ruines de Palenqué, où j'ai passé une partie du mois de janvier dernier, des inscriptions du temple, dit de la Croix, de celui, dit du Soleil, et du SANCTUAIRE DE L'ARBRE MYSTIQUE, que j'ai découvert avec l'aide du préfet du district, m'a convaincu que le récit, dans le *Manuscrit Troano*, devait commencer à main gauche, comme dans les livres européens. La page du titre sommaire se trouve donc au commencement : mais j'ai cru découvrir en même temps que cette page devait se lire, en commençant par le haut, une ligne après l'autre et de gauche à droite. Les groupes ne me paraissent pas devoir se lire

ce document l'explication d'une foule de choses qui m'ont servi dans l'interprétation du *Codex Chimalpopoca* et qui m'ont fait comprendre les amphibologies, cette source si continuelle des difficultés que présentent les monuments anciens. C'est en comparant ces deux documents, que j'ai appris comment on pouvait lire dans les mêmes lignes deux récits, non pas contradictoires, mais complétement différents. C'est ici, en particulier, qu'on reconnaît les services immenses que la philologie est destinée à rendre à la science, dès qu'elle sera sortie des faux errements de l'école germanique et qu'elle aura commencé à partager impartialement ses efforts entre les différents groupes de langues des deux continents. Les savants, orientalistes ou autres, liront alors, comme j'ai lu, en prenant les mots pour leur valeur étymologique et en scandant parfois les noms d'une manière différente, les annales géologiques du monde, liées aux origines des tribus et des nations, là où ils ne trouvaient auparavant que d'arides dynasties de rois ou les aventures ridicules des héros et des dieux.

En admettant qu'ils aient réussi à déchiffrer plus ou moins le sens des inscriptions de Memphis ou de Bizutun, ils n'ont toutefois, réussi qu'à en soulever l'écorce : mais le sens mystérieux que recouvre cette écorce, ils ne l'ignorent pas moins que la foule crédule qui se prosternait naguère devant les statues royales de l'Assyrie ou de l'Égypte. Manéthon le Sebennytique, Hérodote et d'autres auteurs anciens font mention d'un langage sacré, réservé en Égypte à la classe sacerdotale et l'auteur des *Stromates* y fait clairement allusion dans la seconde de ses deux divisions de la méthode hiéro-

---

autrement que je l'ai établi précédemment ; mais je dois répéter ici que la variété des formes, dans un même caractère, constitue quelquefois une nuance fort marquée et une différence dans la lecture des inscriptions. Je ferai mon possible, pour fournir prochainement des explications plus complètes à cet égard.

glyphique : énumérant les trois espèces symboliques (¹), il indique, en effet, celle des énignes comme la dernière en ordre : ἡ δὲ ἀντικρύς ἀλληγορεῖται κατά τινας αἰνίγμους. Des écrivains modernes, tels que Zoëga, Letronne, Champollion, ont parlé, à leur tour, de la duplicité de ce langage mystérieux, composé de paronomases ou de mots à double entente, sans, toutefois, s'en rendre parfaitement compte, tout en cherchant à s'expliquer les paroles de Clément d'Alexandrie.

Sans avoir la prétention de rabaisser le moins du monde les progrès que la science des hiéroglyphes égyptiens a faits depuis Champollion, je ne saurais, néanmoins, m'empêcher de répéter ici ce que Klaproth disait, il y a quarante ans, au sujet du fameux passage des *Stromates*, si lumineusement traité par Letronne (²) : " On ne saurait, toutefois, assurer, dit-il, que cette explication ait levé toutes les difficultés que le passage présentait et qu'il n'ait même, après le travail du célèbre helléniste, besoin d'être encore repris et discuté à l'aide de la connaissance que l'on aura acquise des sujets auxquels il se rapporte. Loin de servir à l'explication des hiéroglyphes, on peut dire, ajoute Klaproth, que ce fragment de Saint Clément d'Alexandrie ne sera lui-même complètement éclairci, que lorsque les hiéroglyphes auront été parfaitement connus, s'il est possible d'espérer que cette découverte puisse jamais s'effectuer. „

Ces réflexions d'un critique, beaucoup trop sévère ordinairement pour Champollion, n'en sont pas moins judicieuses, si l'on considère l'état de mysticisme philosophique où les études égyptiennes sont restées jusqu'ici, en dépit de leur progrès matériel. Il y a déjà longtemps que le baron d'Eckstein, avec cette perspicacité profonde des choses anciennes qui le distinguait, disait, en parlant du " soi-disant *Livre*

(¹) Clem. Alex. *Oper*. pag. 657 et suiv.
(²) *Examen critique des travaux de feu M. de Champollion*, pag. 11.

des Morts de la vieille Egypte „, que " le texte en avait été publié par Lepsius, mais que nul égyptologue n'en avait encore brisé les sceaux (¹) „. On peut en dire encore autant aujourd'hui des tentatives de M. Birch ou de M. le vicomte de Rougé.

" On ne parvient à l'intelligence des mystères, disait „ Macrobe (²), que par les routes obscures de l'allégorie. La „ nature ne les montre pas à découvert aux initiés eux-„ mêmes : c'est seulement aux hommes éminents par leur „ sagesse, qu'il appartient d'être les interprètes de ses secrets; „ il doit suffire aux autres d'être conduits à la vénération „ des choses saintes par des images symboliques. „ Avec l'amphigouri mystique, en usage dans l'école d'Alexandrie, dont on voit des reflets dans cette citation, on avait fini par oublier entièrement le sens primitif des mystères et très probablement du temps de Macrobe, il n'y avait plus que des initiés ordinaires, dont les francs-maçons et les égyptologues ont, de nos jours, recueilli l'héritage. Lepsius et M. de Rougé, dignes enfants de l'école germanique, s'imaginent posséder la clef des hiéroglyphes égyptiens, dont ils entrevoient à peine la superficie : mais ils sont tout au plus de cette classe inférieure d'initiés dont parle Macrobe, et ils resteront éternellement fourvoyés dans les routes obscures de l'allégorie.

Un vieux moine espagnol, ignorant des hiéroglyphes égyptiens, mais qui, en revanche, connaissait quelque peu ceux du Mexique, où il vécut plus de soixante ans, mêlé parmi les indigènes, le père Sahagun, avait montré une bien autre sagacité que ces Messieurs du Collége de France ou de l'Académie de Berlin. Parlant de l'idolâtrie mexicaine qui, depuis la conquête, se réfugiait surtout dans le langage à double sens des mystères antiques, il disait ces paroles remar-

---

(¹) *Essai sur la Cosmogonie de Sanchoniathon*, pag. 136.
(²) *In Somn. Scip.* lib. 1, cap. 2.

quables (¹) : " C'est une chose parfaitement reconnue que les
„ voies ténébreuses où l'ennemi se dérobe aujourd'hui, sont
„ les chants et ballades, dont il garde le secret: car on les
„ lui chante, sans que nul puisse entendre de quoi ils trai-
„ tent, à l'exception de ceux des indigènes qui sont accou-
„ tumés à ce langage ; en sorte qu'ils chantent, sans péril
„ aucun, tout ce qui leur plaît, soit la guerre ou la paix,
„ soit des choses à sa louange, soit au mépris du Christ, sans
„ que d'autres soient en état d'y rien comprendre. „

On croirait entendre à l'autre bout du monde la contre-partie des paroles que Clément d'Alexandrie employait, treize siècles auparavant, pour caractériser les chants et les cérémonies du culte égyptien. Les chants dont parle Sahagun étaient, cependant, en langue mexicaine, comme les litanies que M. de Rougé croit réciter en l'honneur d'Osiris, sont du pur égyptien. Sahagun avait étudié le mexicain dès l'aurore de la domination espagnole: il le possédait d'autant mieux, qu'il l'avait appris avec les plus savants d'entre les indigènes et qu'il avait écrit tous ses ouvrages sur la religion, l'histoire et la langue du Mexique, en nahuatl, avant de les donner en espagnol. Ces écrits témoignent qu'il travailla vainement, toutefois, à pénétrer ce qu'il appelait une caverne d'abominations. Aux gestes, aux manières, à l'intonation, à l'accent qu'on mettait à ces chants, dont il entendait vaguement la superficie, il reconnaissait l'amphibologie qu'ils renfermaient. Il n'y soupçonnait, il ne pouvait même y soupçonner autre chose qu'une aggravation d'idolâtrie.

Quel eût été son étonnement s'il avait réussi à porter la lumière dans " ce labyrinthe infernal „ et à en saisir l'immense réalité! malgré ses connaissances, profondes pour un religieux de cette époque, eût-il été capable d'atteindre à la

---

(¹) *Hist. gen. de las cosas de Nueva España*, lib. II, *in Apend*. Relacion de los cantares, *etc.* tom. I, p. 226.

hauteur des enseignements de la science des Mexicains? Ceux-ci avaient donc bien raison de se garder des hommes qu'ils considéraient, néanmoins, comme leurs amis et de ne pas leur livrer le secret de leur double langage. Les conditions scientifiques de l'Europe étaient trop en dehors d'une science qui commence à peine aujourd'hui, pour qu'un Espagnol, quelque savant qu'il fût, d'ailleurs, pût être initié tout d'un coup à la connaissance de l'histoire géologique du globe et des catastrophes qu'il avait subies, avant et après le déluge, dont le récit est gravé sur tous les monuments de l'Amérique centrale et du Mexique.

C'est cette histoire qu'on trouve consignée dans les fastes religieux de ces contrées: chaque circonstance en était commémorée, jour par jour, selon le rituel, dans les fêtes et les cérémonies, dont Sahagun rapporte si minutieusement, sans les comprendre, les détails dans son ouvrage. C'est la même histoire que commémoraient à Athènes les grandes et les petites Panathénées: c'est la même qui se retrouve dans les rituels de toutes les nations anciennes, dans les Védas comme dans les livres sacrés attribués à Zoroastre, dans les inscriptions du roc de Sémiramis et de Bizutun, dans les hiéroglyphes de l'Égypte, comme dans les mystères d'Eleusis et dans les assemblées augustes des Druides. Ce sont partout les mêmes divinités, les mêmes rites, symbolisant les mêmes faits, célébrant les causes et les effets du renouvellement du monde, au sortir de l'époque glaciaire.

Par l'étude simultanée des monuments de l'Occident et de l'Orient, par cette étude seule, vous soulèverez le voile qui recouvre les annales pré-historiques de la terre. Car ces annales existent en Asie, aussi bien qu'en Afrique, en Europe et en Amérique. Ainsi seulement vous apprendrez à déchiffrer la période de l'époque anté-diluvienne, époque d'une civilisation considérable, dont les récits de l'Atlantide de Platon et du règne de Saturne ne sont que de pâles et symboliques reflets. Alors on connaîtra l'histoire et l'origine des volcans de l'Atlantique et des pays méditerranéens, on saura les causes qui les ont allumés et qui continuent à les entretenir. On saura où se sauvèrent les débris de l'espèce humaine, au déluge, et comment se formèrent les grands courants océaniques qui contribuèrent si puissamment à donner à notre terre ses formes actuelles. C'est dans les documents antiques, que vous lisez encore comme des enfants, que l'on découvrira avec étonnement l'histoire graduelle des couches terrestres; celle de la summersion du golfe du Mexique et de la mer des Antilles; le dessèchement du Sahara et l'ouverture des bassins de la Méditerranée et de la Baltique.

Qu'on ne s'y trompe pas et qu'on se garde, cette fois encore, de mettre mes paroles sur le compte de mon imagination, tout en ayant l'air de vanter ma science. C'est là un subterfuge à l'usage des ignorants qui n'ont pas lu, ou des germanistes aveugles qui ne veulent se rendre à aucune évidence, subterfuge maladroit, au moyen duquel ils s'imaginent excuser leur mauvaise foi ou leur ignorance. Le premier cahier des ANNALES ATLANTIQUES qui paraîtra, j'espère, au commencement de l'année prochaîne, révélera, en quelques pages, tout un monde ancien, dix fois plus vaste que celui que découvrit Colomb.

On s'étonnera, en reconnaissant la véracité admirable d'Hérodote, dont la géographie, incompréhensible jusqu'aujourd'hui, s'éclaircira tout à coup par son accord avec celle du *Codex Chimalpopoca*. On y verra la réalisation des descriptions d'Homère et d'Hésiode, pour ce qui concerne l'Océan et les Champs-Élyséens; l'identité parfaite des récits de Diodore avec le document américain, qui explique en quelques lignes les faits et gestes des dieux et des héros, racontés par l'écrivain de la Sicile. Souvent même ce sont les mêmes noms. En plus d'un endroit les deux histoires marchent pas à pas, au point que l'on croirait que Diodore a puisé dans le livre mexicain, sans être plus initié aux mystères qu'il raconte, que ne le sont Creuzer et Guigniaut, malgré l'étendue de leurs connaissances mythologiques. Quelques courtes explications suffiront ici pour éclaircir bien des choses et en montrer l'intérêt.

Le dieu, le héros, le mâle, par exemple, est toujours le symbole d'une eau vive, d'un courant, signifié, d'ordinaire par le membre viril en érection ou lançant sa semence, tel qu'on le remarque en un si grand nombre de représentations hiéroglyphiques en Égypte. Aux premiers âges du monde, les langues, pauvres encore, ne pouvaient s'exprimer autrement et les noms des organes chez l'homme et chez la femme servaient également à désigner des effets analogues dans la nature physique. N'était-ce pas toujours un écoulement ? De là, en mexicain, le vocable *tlacatl*, homme, *vir*, qui scandé *tlac-atl*, signifie feu et eau. Dans le même ordre d'idées, *cihuatl*, ou mieux, tel que l'écrit Sagahun, *cioatl*, la femme, donne exactement le sens de l'eau circonscrite, contenue en un bassin, dans une déchirure du sol, un ravin, etc., *ci-o-atl*. C'est ainsi que Jupiter, identique avec *Quetz-Alco-Atl*, est un courant issu des grands courants océaniques, qui, durant l'époque glaciaire, commença dans les mers de la Grèce, alors en partie cachées et recouvertes de frimas. Il se creusa sous la croûte glacée de la terre une voie puissante, où il roula paisiblement, en formant les terres inter-atlantiques, jusqu'en Amérique, etc., tamisant en une foule de régions les sédiments accumulés dans les bassins du Pont et, en particulier ce *drift* rouge, si bien observé par Agassiz au Brésil. C'est à quoi fait allusion, en Grèce, la chevelure dorée et la barbe vermeille du dieu, comme au Guatémala, le nom de *Tohil*, qui exprime précisément l'idée de ces couches de sédiment vermeil, tamisé par les eaux.

Chacun des symboles des divinités antiques fut d'abord une sorte de petite carte topographique, qui, par des raccourcissements successifs, se transforma en un caractère hiéroglyphique. Outre les images elles-mêmes, on en trouve encore la preuve dans les noms divins, en les analysant. C'est ainsi que celui de *Quetzal-Coatl*, où l'on peut découvrir cinq ou six significations différentes, selon la césure, donne celle de l'eau montée à Alco *(Argo)*, ou de l'eau entre Quetz *(Kertsch?)* et Alco, tandis que Zeus, *Zéos*, est tout simplement celui de l'abîme de glace, *ce-oz*, en mexicain, dont le nom se reconnaît dans celui de l'île de Ceos ou *Cea*, où le courant commença à se manifester, suivant le *Codex Chimalpopoca;* d'où à Quetz-Alco-Atl, le surnom de *Ce-Acatl*, le tunnel de glace ou de Cea, dont on retrouve encore la trace au Brésil dans le nom de la ville maritime de *Ceara*.

Jupiter, mieux *Iopiter*, dont la langue mexicaine vous donne encore l'explication, signifie " écoulement pénétrant subtilement sous la croûte „ du sol, *io-pit-el*. C'est d'après cette origine géologique qu'Osiris, une des nuances de Jupiter, est symbolisé si souvent dans l'*Uraeus*, ce serpent aux couleurs bleues, vertes, jaunes et rouges, exactement comme le Quetzalcoatl du *Manuscrit Le Tellier*, de la Bibliothèque Royale, couleurs qui représentaient les dépôts variés, emportés par le courant souterrain. Jupiter, épousant sa sœur Junon, c'est le même courant sorti du Pont, s'unissant au lac méditerranéen qui donna son nom à l'Ionie, *Iun-o*, que le mexicain explique encore étymologiquement, comme nulle langue asiatique ne saurait le faire. *Yun* ou *yon* ou *ion*, en effet, d'après le Vocabulaire de Molina, est le prétérit du verbe *yoma*, caresser une femme.

Ces seuls mots suffiraient pour faire tomber à l'instant le voile épais qui a recouvert jusqu'ici le fameux symbole indou du *Yoni-Lingam*, le mâle et la femelle, unis l'un à l'autre, et dont l'origine loin d'appartenir à l'Inde, revient de droit à cette mer fameuse, dans tous les temps, à cette Méditerranée, également célébrée par les Américains et les Brahmes. Quant à Junon, elle était, comme toutes les divinités anciennes, l'expression d'une localité, avant d'être un symbole divin. *Iun* ou *ion*, dans le groupe des langues mexico-guatémaliennes, fait allusion également aux dépôts infects, accumulés dans la mer Ionienne, avant que le courant eût commencé à les enlever, et *o*, la voie, conduisant aux lieux où ils étaient enfermés. Je laisse de côté les interprétations imagées, auxquelles ce nom correspond encore et qui ont servi, dans les temps postérieurs à l'époque primitive, à caractériser les phémonènes divers dont la Méditerranée fut le théâtre, avant qu'Hercule, l'un des grand courants maritimes, enfantés par celui de Jupiter, eût ouvert le détroit de Gibraltar. Junon, cette déesse mystérieuse, flottant entre la mer et les cieux, symbolisait donc cette série de lacs encore cachés, avant leur écoulement, et recouverts en grande partie, jusqu'au dernier cataclysme, d'un vaste linceul de glace, dont son voile était l'image.

Le *Codex Chimalpopoca* m'apprend, en effet, qu'une immense suite de glaciers occupèrent, jusqu'aux jours terribles du déluge, l'étendue des terres où aujourd'hui existent les bassins de la Méditerranée et des mers voisines et que ces glaciers, continuant par dessus la Gaule jusqu'aux îles Britanniques, s'échelonnaient de là, d'un côté, vers les États-Unis, de l'autre, vers l'Amazone et l'Orénoque, dont ils contenaient les eaux, où venaient sourdre paisiblement sous la croûte glacée les ondes chargées des sédiments de Jupiter où *Quetz-Alco-Atl*. Ces glaciers disparurent en grande partie avec la submersion de l'Atlantide méridionale, lorsque le *Gulf-Stream*, encore irrégulier dans sa marche, sortit, brusquement de sa voie, entraînant les eaux de l'Amazone sur l'Afrique, dont il convertit les lacs salés en un désert de sable, en leur ouvrant les bassins de la Méditerranée.

Le voile de Junon symbolisait cette série de glaciers, dans la Grèce et l'Italie, comme le manteau d'*Itzpapalotl* en fût l'image au Mexique. Ce nom se traduit d'ordinaire par « Papillon aux lames d'obsidienne. » Mais *itz*, qui exprime l'obsidienne, cette pierre verte et volcanique, est aussi le vocable qui, dans son sens intime, désigne la neige durcie, aux reflets bleus ; et les lames d'obsidienne, aux bouts roses, que l'on observe dans les aîles du papillon, ne sont probablement pas autre chose que le symbole des pics glacés de cette immense chaîne de glaciers, recevant les premiers la lumière de l'étoile de Vénus ou de l'aurore, avec lesquelles *Itapapalotl* a encore une connexité fort remarquable. Voilà pourquoi, la grande déesse égyptienne, Isis, elle-même, est le symbole d'ensemble de tous ces glaciers, son nom n'étant analytiquement que le mot glace répété, *is-is*, selon la plupart des langues du nord, comme dans celles de l'Amérique centrale, etc. Dans le *Codex Chimalpopoca*, qui explique *tout*, ce nom célèbre s'écrit *izi* ou *ici*, littéralement les signes, les pics de glace, ou bien les signes de la déchirure, *i-ci*, ou de l'aïeule, c'est à dire de l'Océan. Je regrette que M. de Rougé n'ait pas soutenu ce qu'il annonçait naguère, dans une de ses leçons. Ayant trouvé entre les papyrus qu'il déchiffre, que les Égyptiens, dans les statues qu'ils adoraient, rendaient les honneurs divins à des localités, le docte professeur, que cette découverte n'accommodait pas, préféra avancer que le papyrus se trompait. Comme si un hiérogrammate, d'il y a quatre ou cinq mille ans, eût été plus ignorant de la religion égyptienne qu'un professeur du Collége de France.

C'est là, cependant, un fait qu'il faudra qu'on admette: les dieux des anciens étaient des localités ou des phénomènes locaux dans l'ordre naturel. Aujourd'hui même ne suivons-nous pas encore à cet égard l'exemple de nos ancêtres, en décernant des couronnes à l'image d'une province ou d'une cité illustre. Que n'a-t-on pas fait pour la statue de la ville de Strasbourg, durant le siège de Paris, de quels hommages n'a-t-elle pas été l'objet, à cette époque terrible! Qu'un Indien de l'Asie ou de l'Amérique, ignorant nos usages, fût arrivé en ce moment sur la place de la Concorde, à coup sûr il se fût imaginé immédiatement et non sans raison que l'on rendait à cette statue les honneurs divins?

Pour en finir avec mes remarques au sujet de Jupiter et des autres dieux, il suffit d'appliquer la règle qui précède, concernant les eaux vives et les eaux stagnantes, pour éclaircir la plupart des difficultés de la mythologie antique. Les femmes ou les déesses qu'enlève l'époux de Junon, sont les lacs ou les marais que le courant emporte dans sa marche. Ganymède, qui lui donne à boire, est la réunion des eaux qui lui arrivaient par le Pont-Euxin. Ses fils sont des courants enfantés sous la croûte glacée et qui parcourent le globe, souterrainement ou à la surface du sol. Aujourd'hui que la terre est faite et consolidée, on saurait difficilement se rendre compte de l'étendue de ces courants, bien que M. Thomassin ait paru y faire allusion, dans la société géologique, à propos du bassin de la Louisiane. Ce sont ces courants qui, comme Hercule ou Bacchus, font la conquête des régions qu'ils envahissent et qu'ils délivrent des monstres, en les assainissant. C'est leur présence qui fait disparaître les restes de la première époque lacustre, conséquence de l'époque glaciaire, et quand ces héros sublimes sont placés au ciel, cela signifie tout simplement leur réunion aux courants océaniques qui prennent définitivement leur place sur les mers.

En effet, c'est la langue mexicaine qui me donne également l'explication du ciel symbolique de la mythologie. *Ilhuicatl* qui est le ciel, analysé, est l'eau sortant à l'entour ou vers les contours, *il-huic-atl*. A l'aide de la même langue, on apprend comment Hercule défit les Amazones, c'est-à-dire de quelle manière le courant océanique emporta les marais et les estuaires voisins du Maroc. C'étaient ces lacs et ces estuaires, *ama-tzon*, chevelures ou surfaces d'eau entre-mêlées, qui, en se déversant, avaient mis fin aux estuaires de pétrole enflammée qui s'étendaient de la côte de Non en Afrique jusqu'à Cork, en Irlande, *col* ou *gol-con*, bassins de résine, dont on fit les *Gorgones*, aux cheveux remplis de serpents.

Ces quelques traits, esquissés à la hâte du *Codex Chimalpopoca*, ne sauraient donner qu'une faible idée du vaste ensemble de connaissances antiques, réunies dans les documents mexicains. Là, seulement, on trouvera l'explication des phénomènes terrestres des premiers âges, observés aux époques primitives par les mêmes hommes qui furent témoins du cataclysme et des catastrophes subséquentes au déluge. Ces hommes étaient des Américains ou des Atlantes du nord-ouest et ce sont eux qui affirment dans les annales, conservées par le *Codex Chimalpopoca*, que, de l'ouest américain, ils allèrent repeupler les bords de la Méditerranée.

Aussi n'est-ce pas une des choses les moins remarquables des langues du groupe mexico-guatémalien, qu'elles expliquent nettement l'origine et la signification de la plupart des noms des dieux et des héros, comme des cités et des peuples de l'antiquité. C'est là, sans doute, une assertion bien étrange pour des oreilles soi-disant classiques et bien difficile à faire entendre à des hommes qui n'ont jamais adoré que le soleil levant. Ils les accepteront tôt ou tard, néanmoins; car les résultats en sont là et ils ne tarderont pas, je l'espère, à être publiés. La linguistique y trouvera des matériaux immenses, sans avoir besoin de recourir à la technologie et aux enseignements nébuleux de l'école germanique. La linguistique, on le verra alors, ne sera plus, seulement, ce travail aride et fastidieux de recherches de temps verbaux insignifiants ou de déclinaisons : il sera pour les autres, ce qu'il a été pour moi, un moyen d'arriver sûrement à la science véritable de l'histoire, à la connaissance des monuments précieux que nous ont légués les anciens.

Laissé seul, jusqu'aujourd'hui, dans la voie que j'ai suivie à l'encontre de l'école germanique, dédaigné de ceux qui n'ont vu dans la science qu'un marche-pied pour arriver aux honneurs académiques, aux chaires lucratives du Collége de France, j'ai soulevé des questions qu'il faudra bien qu'on agite un jour et ce jour n'est pas loin. Dès l'adolescence, je ne sais quel instinct me poussait dans cette voie où si peu d'hommes avaient marché avant moi, depuis le seizième siècle. Invoquant la science partout où je croyais la voir briller, je l'ai étudiée sans parti pris. C'est ainsi que je me trouvai dans la nécessité de me regimber de bonne heure contre le système de nos colléges, tout en me soumettant à celle d'y recevoir l'instruction commune. Aussi, malgré les instances obligeantes de M. Delebecque, directeur de l'instruction publique, qui cherchait, il y a trente ans, à me pousser dans cette carrière, me refusai-je constamment à prendre mes grades universitaires.

Je ne songeais guère alors à entrer dans l'église : j'étais journaliste à Paris. Mais j'éprouvais une antipathie invincible pour l'université; je la considérais comme une marâtre, étouffant les bons instincts que donne la nature. En suis-je, pour cela, moins instruit que la plupart des bacheliers? Nourri dans les branches diverses de la science classique de l'Europe, j'ai tenu, néanmoins, à les cultiver de pair avec les éléments scientifiques que je découvrais en Amérique, à mesure que j'avançais dans mes voyages et dans l'intelligence des monuments américains. Les unes m'ont ouvert la voie aux autres, et il m'est arrivé plus d'une fois d'éclaircir un passage obscur des textes mexicains ou quichés, par le souvenir ou la comparaison d'un passage grec ou latin. N'ayant en vue, en étudiant, que la connaissance de la vérité historique, la vérité a fini par se montrer à moi dans toute sa splendeur. En cherchant le sens particulier des noms des dieux de l'Egypte ou de l'Assyrie, comme de ceux des Mayas ou des Mexicains, je finis par découvrir que partout les peuples avaient adoré les mêmes divinités, sous les mêmes noms et les mêmes attributs.

Pourquoi, par exemple, *Nabo*, le dieu des onctions royales, selon la *Grammaire Assyrienne*, de Ménant, et le prénom de presque tous les rois de Babylone, ne s'explique-t-il que dans la langue maya? C'est que le maya a conservé jusqu'à ce jour le verbe neutre *nabal*, oindre, consacrer, encore usité dans ce sens pour les prières de l'extrême onction aux malades et la consécration sacerdotale, dans le rituel romain, traduit par le père Ruz. C'est là certainement une chose dont ne se seraient jamais douté ni Oppert, ni Rawlinson ; ils auraient cru méconnaître leur science, en allant chercher des explications aux inscriptions assyriennes en Amérique. Mais, ce qui a dû faire plaisir à M. Ernest Renan, s'il s'en est occupé, c'est de voir que ce verbe *nabal* est précisément le nom du premier mari d'Abigaïl, dans le livre des Rois et que *nabi*, prétérit de ce verbe intéressant, qui signifie l'oint, le consacré, en maya, est le même vocable qu'emploient les auteurs de l'Évangile, pour exprimer l'idée de maître et de prophète. Ce qui doit intéresser davantage les assyriologues, c'est l'origine de ce verbe, dont la racine *nab* est l'actif, signifiant encore simultanément l'or en poudre qu'on versait, dans l'antiquité américaine, sur la tête du consacré et la paume de la main du consécrateur.

N'est-ce pas là un enseignement étymologique bien curieux? Il n'est pas le seul. Le *Vocabulaire maya* que j'ai publié, il y a moins de deux ans et le *Vocabulaire mexicain*, de Molina, vous en fourniront des milliers d'autres analogues et non moins intéressants. Ce nom même de *Maya*, qui est celui de la terre antique et de la langue du Yucatan, aurait, de son côté, bien le droit de vous surprendre. Maya n'était-elle pas la mère de Mercure, de l'Hermès égyptien, dont l'attitude indécente excitait naguère si vivement l'indignation du prude et schismatique Goulianoff, dans son ouvrage contre Champollion? Eh! bien, Mercure est effectivement le fils de Maya, il l'est encore aujourd'hui. Mercure, nuance des Hercules, adorés des Phéniciens, c'est le courant équatorial, si connu des marins, sous le nom de *Gulf-Stream*, dont la puissante marche se trouve symbolisée dans la vigueur masculine de l'Hermès égyptien. Or, le *Codex Chimalpopoca* confirme d'une manière irréfragable ce que Catlin avançait, il y a deux ans (¹), que ce courant est formé des eaux,

---

(¹) *The lifted and subsided rocks of America*, etc. London, Trübner and C°.

amassées dans les vastes lacs souterrains des montagnes Rocheuses et des Andes. Mais ce que le document mexicain ajoute, c'est que le réceptacle principal de ces eaux est le sol inférieur du Yucatan, ce pays sans rivières ni ruisseaux apparents, dont le voyageur américain Stephens avait, il y a près de trente ans, observé la curieuse constitution géologique. C'est de ces citernes immenses que sort le *Gulf-Stream* qui, après s'être mêlé aux résines bouillantes, cachées sous la mer des Antilles, s'élance en avant avec toute la force d'une machine à vapeur. Voilà comment Mercure est le fils de Maya. Or, s'il est le dieu des marchands, c'est que depuis l'époque reculée où le *Gulf-Stream* fit descendre, en ouvrant sa voie, l'Atlantide du sud au fond des eaux, il devint le grand régulateur du commerce antique, le chemin naturel des navigateurs, des côtes d'Amérique à celles de d'Irlande et de la Grande Bretagne, ainsi que des côtes d'Afrique et d'Espagne à celles du Brésil. C'est-là ce que m'enseignent tous les documents mexicains et quichés de ma bibliothèque. Les nuances diverses des Hercules et des Hermès, de même que celles du *Tezcatlipoca* mexicain, c'est à dire de " l'eau fumante sur le miroir „ des mers, ne font qu'exprimer les attributs différents du grand courant équatorial, dont la marche circulaire, comparée à celle du soleil, fit confondre, en une même idée et sous un même nom, et ce courant et l'astre du jour. On comprendra mieux encore la signification profonde de cette confusion mystérieuse de la part des sacerdoces anciens, en reconnaissant, comme je le montre plus haut, la confusion significative du ciel et de l'Océan, dans le vocable *ilhuicatl*. Mais ce qui n'est pas moins convainquant à cet égard, c'est le nom commun, attribué au soleil et à l'eau chaude en marche, *ton-a-tiuh*, visible sur la terre ou sur les eaux ou invisible dans ses canaux souterrains, nom donné également à la chaleur ambiante, *tona-tiuh*, toutes choses que les anciens connaissaient admirablement et dont ils avaient étudié les causes et les effets, de longs siècles avant l'Académie des sciences de Paris ou de Berlin.

Cette signification variée, attribuée au mot soleil, passa du mexicain antique aux autres langues du monde et les corporations sacerdotales, commises au dépôt de la science, en gardèrent pieusement le mystère, jusqu'au temps où l'école d'Alexandrie, sœur aînée de l'école germanique, en se substituant aux collèges sacerdotaux de l'antique Égypte, introduisit le mysticisme et l'amphigouri nuageux à la place des vérités naturelles.

On en trouve des témoignages nombreux dans les auteurs grecs et latins. La science antique s'effaça insensiblement, à mesure que les générations s'éloignaient des temps primitifs et l'anthropomorphisme philosophique et artistique des Grecs finit par faire oublier totalement le sens profond des symboles. On eut des statues comme celle de Phidias et de Praxitèle: on donna des passions réelles aux divinités et on les maria, comme le soi-disant évêque mormon, Pratt, mariait en un de ses sermons, au lac Salé, le père, le fils et le Saint Esprit, ébauchés par lui sur sa grossière nature. Eh! bien, pour régénérer l'histoire, pour arriver surtout à l'homme des premiers âges, dont on recherche aujourd'hui les traces avec tant d'ardeur, il faut se dégager du mysticisme alexandrin qui fait flotter les égyptologues dans " une mer atmosphérique „ de non-sens: il faut secouer les langes où l'école germanique a emmaillotté ses trop confiants adeptes et prendre les origines des langues, non dans les grammaires abstraites de l'Inde, mais dans les idiomes lucides de la Scandinavie, des Pays-Bas et de la Grande Bretagne, dont un si grand nombre de vocables sont identiquement les mêmes en Europe et en Amérique.

Ce n'est ni pour me faire valoir outre mesure, ni par aucun esprit de système, que j'ai employé, dans cet aperçu, un langage si virulent à propos de l'école germanique. L'amour seul de la vérité et le désir de faire tomber le bandeau qui obscurcit tant d'intelligences d'élite, me font parler comme je le fais. Il est positif et les philologues sont d'accord eux-mêmes sur ce point, autant que les ethnographes, que l'ethnographie n'a rien gagné aux travaux de la linguistique, depuis cinquante ans. Ouvrez les recueils des sociétés savantes : il n'y a d'harmonie nulle part; on ne s'entend ni sur les langues, ni sur leur origine, ni sur la distribution des races humaines sur la terre. La géologie, elle-même, qui paraît destinée à ouvrir de si grandes voies à l'histoire, est encore dans l'enfance.

Sur tous ces sujets, en philologie, surtout, je suis loin de de vouloir m'attribuer plus de mérites que les savants qui ont vieilli en Europe sur les livres de l'Égypte, de la Grèce ou de l'Inde. Je me trouve, néanmoins, dans la nécessité d'affirmer que j'ai un mérite de plus qu'eux et un avantage qu'ils n'ont pas. Je n'ai rien dédaigné de ce qui pouvait ajouter à mes connaissances; j'ai mis, comme on le dit vulgairement, le nez partout. En voyageant en Amérique et en conversant avec les indigènes qui m'enseignaient leurs langues et leurs traditions, j'ai appris à me servir de mes deux yeux et de mes deux oreilles : c'est ce que les franco-germanistes n'ont jamais voulu faire et comme le proclame le dicton populaire : « Qui n'entend qu'une cloche, n'entend qu'un son. » Ils ne savent que la moitié des choses, tandis que j'ai les deux moitiés.

Pour avoir eu, dans mes études, des commencements plus humbles que nos gymnosophistes modernes, j'ai marché plus humblement : mais j'ai marché sûrement et je les ai dépassés. Paris, où s'écoulèrent quelques-unes des belles années de ma jeunesse, ne m'avait appris à écrire que des feuilletons et de la politique, comme on en fait à vingt ans. Les circonstances me firent venir à Gand, où je me retrouve, trente ans plus tard, imprimant le catalogue des documents réunis durant mes longues pérégrinations. C'est au séminaire de cette ville que, recueilli en moi-même sous la poussière d'une ancienne bibliothèque, dont mes supérieurs m'avaient fait l'honneur de me confier la réorganisation, j'appris à connaître et à apprécier les livres sérieux, qu'à peine ou ouvre dans ce siècle de journaux insipides et de frivoles revues. Je n'eus pas l'avantage d'achever mon travail : mais ce que j'appris, en remuant ces trésors, est incalculable. Attentif, d'un autre côté, aux enseignements de doctes professeurs, j'accoutumai insensiblement mon esprit à une action plus grave et plus profonde et, ensuite, lorsque, à Versailles, sur la proposition de Mgr. Blanquart de Bailleul, depuis archevêque de Rouen, je fis le voyage de l'Italie et des pays voisins, je joignis, en les parcourant, pendant plusieurs années, la pratique et l'observation personnelle à mes études antérieures. Niebuhr et Nibbi à la main, j'étudiai dans la société du sage Visconti, Rome et la campagne, tout en écoutant, à la Sapienza et au Collége Romain, les savantes leçons des professeurs dont la Ville Éternelle a toujours eu la primauté, sous l'administration paternelle de ses Pontifes-Souverains. Tour à tour disciple de Passaglia, de l'archéologue Secchi, du sagace Bresciani, si profondement versé dans les antiquités phéniciennes et préhistoriques de la Sardaigne, sa patrie; disciple de Perrone, dont la voix me fit entrer, depuis, dans l'Académie de la Religion Catholique, visiteur assidu de la Bibliothèque Vaticane, honoré de l'amitié et de la conversation des cardinaux Mai et Mezzofante, j'amassai peu à peu une variété de connaissances, dont l'ensemble s'enchaîna naturellement à celles que j'eus occasion d'acquérir plus tard au Mexique et dans l'Amérique Centrale.

Est-il étonnant, après une telle préparation, qu'en étudiant, sans parti pris, les langues et les momuments de ces contrées, je sois arrivé aux résultats que je proclame aujourd'hui pour la seconde fois. Aussi puis-je répéter sans crainte, avec l'auteur de la Sagesse [1] : « J'ai désiré l'intelligence
» et elle m'a été donnée. J'ai invoqué le Seigneur et l'esprit

---

[1] *Sap.* cap. VII.

„ de sagesse est venu en moi.... j'ai cru que les richesses
„ n'étaient rien au prix de la sagesse... Je l'ai apprise sans
„ déguisement; j'en fais part aux autres sans envie et je ne
„ cache point les richesses qu'elle renferme. „ Ces richesses,
on sera, je le répète, prochainement à même de les apprécier
et l'on verra combien la sagesse antique était instruite de la
plupart des connaissances scientifiques, aujourd'hui renaissantes. La Bible elle même, oubliée non moins que dédaignée
d'un grand nombre, est remplie de renseignements, dont la
cosmogonie, la géologie et l'histoire tireront leur profit, lorsqu'elle sera mieux connue et surtout mieux comprise. Ses
textes, d'accord, en plus d'un endroit, avec ceux du *Codex Chimalpopoca*, m'ont révélé l'explication de quelques-uns des
secrets les plus intéressants de l'antiquité, cachés sous le voile
des hiéroglyphes et qui mettent en lumière des points d'une
importance considérable pour la science. Leur brièveté, qui
souvent ne permet pas de saisir le sens qu'ont voulu leur attribuer les auteurs sacrés, est un des plus grands obstacles à
leur intelligence, et j'ajouterai l'ignorance si profonde où l'on
est des temps où ils furent écrits. La Bible n'est pas faite
pour le vulgaire, pas plus que les Védas ou le Chou-King et
l'absurdité des sectaires biblistes, répandant à flots ce livre
incompris, n'est comparable qu'à leur mauvaise foi et à leur
ignorance. Il suffit pour les masses d'en tirer, comme le fait
l'Église, les enseignements de doctrine et de morale qu'il renferme. Est-ce à ces masses qu'on pourrait, par exemple, aller
expliquer les époques de la création et les dynasties patriarchales qui précédèrent le déluge? De quelle manière ferait-on admettre à cette tourbe illettrée ce que disait, il y a deux
ans ([1]), avec une science si remarquable le P. de Valroger,
de l'impossibilité d'adapter une chronologie historique à la
Bible, quand la période pré-historique pourrait s'évaluer aussi

---

([1]) *Revue des questions historiques*, février 1869.

— XLVII —

bien à dix mille qu'à cinq mille années et davantage encore, sans en altérer en rien le sens doctrinal?

Si je soulève ici, en passant, cette question délicate, c'est que je veux faire voir qu'on peut, sans alarmer aucunement les consciences, traiter toutes les questions historiques, du moment qu'on ne recherche que la vérité. La lumière ne s'offusque pas de la lumière et la vérité ne saurait admettre la mauvaise foi, trop souvent mise en œuvre dans des investigations de ce genre. Je terminerai, d'ailleurs, en disant que le travail dont j'espère pouvoir prochainement faire connaître la première partie au public, est une traduction, purement et simplement. C'est celle d'un document ancien que chacun encore sera libre de commenter. Ce qu'il convient de répéter, toutefois, c'est que l'interprétation du langage amphibologique de ce document a répandu sur mes connaissances classiques une lumière qui met en relief, en les expliquant, jusqu'aux moindres détails des anciens auteurs latins et grecs. A l'aide de la science mexicaine, j'ai levé le voile bleu du sanctuaire d'Isis, à qui Plutarque fait dire dans son *Traité d'Isis et d'Osiris*, ces paroles remarquables : « Je „ suis ce qui est, ce qui fut, ce qui sera. Nul mortel n'a „ jamais levé le voile qui me couvre. »

εὕρηκα

Gand, 21 Octobre 1871.

BRASSEUR DE BOURBOURG.

BIBLIOTHÈQUE

MEXICO-GUATÉMALIENNE.

ABELLA (P. Fr. Francisco). Informe hecho al Ilmo. Señor Arzobispo de Guatemala sobre el estado de las misiones de Verapaz, firmado por el R. P. Fr. Francisco Abella, de la Orden de Santo Domingo, en 29 de diciembre de 1819. in-fol.

MANUSCRIT, de 9 pp. Suivi des Rapports du Père Luis Escoto, du P. Augustin Blasquez et du P. Francisco Aguilar, formant ensemble 20 pp. Relié dans le vol. *Documentos originales de Verapaz y Lacandon.*

Document intéressant à consulter pour la géographie et l'ethnographie de la haute Verapaz.

ACOSTA (Joaquim). Compendio historico del descubrimiento y colonizacion de la Nueva Granada, en el siglo decimo sexto. Por el coronel Joaquim Acosta. *Paris, 1848. Imprenta de Beau, en San German en Laya.* in-8°.

1 *Carte* et 4 *pl.* sur bois.

ACOSTA (P. Joseph de). De natvra novi orbis libri dvo et De promvlgatione Evangelii apvd barbaros, sive de procvranda Indorvm salvte, libri sex. Avctore Iosepho Acosta presbytero societatis

Iesv. *Salmanticae, apud Guillelmum Foquel*, 1589. in-8°.

7 fnc., 110 pp. Comme un ouvrage entièrement à part, vient ensuite dans le même volume :

— De procvranda salute Indorvm, libri sex. *Salmanticae, apud Guillelmvm Foquel*, 1588. in-8°.

De 112 à 640 pp.

— Historia natural y moral de las Indias, en que se tratan las cosas notables del cielo, elementos, metales, plantas y animales de ellos; y los ritos, ceremonias, leyes, gobierno de los Indios. Por el Padre Joseph de Acosta, de la extinguida compañía de Jesus. Dá la á luz en esta sexta edicion D. A. V. C. *En Madrid, por Pantaleon Aznat, año de* 1792. 2 vol. in-4°.

Le père Acosta, l'un des écrivains les plus connus de l'histoire américaine, naquit à Medina del Campo, dans la Vieille Castille, vers l'an 1538, et entra dans la Compagnie de Jésus en 1553. Après avoir enseigné la théologie à Ocaña, il passa au Pérou et au Mexique et de là aux Antilles. Retourné en Espagne, il fut tour à tour recteur du collége de Valladolid, visiteur d'Aragon et d'Andalousie : nommé ensuite recteur du collége de Salamanque, il y mourut en 1600, ayant assisté antérieurement à la cinquième congrégation générale de son ordre à Rome, où il se montra l'un des plus éloquents défenseurs des indigènes américains. Quiconque a lu l'Histoire encore inédite des Indes Occidentales de Las Casas, reconnaîtra facilement qu'Acosta s'en servit pour la partie de son ouvrage qui concerne le Pérou : il mit également à profit les manuscrits de DURAN (voir ce nom plus bas) pour sa partie mexicaine ; mais il en usa sobrement, sans qu'on puisse, en aucune façon, l'accuser de plagiat.

ACOSTA (José Antonio). Oraciones devotas que comprenden los actos de fé, esperanza, caridad, y afectos para un cristiano, en IDIOMA YUCATECO, con inclusion del Santo Dios, á devocion del pbro D. José Antonio Acosta. *Mérida de Yucatan, imprenta á cargo de Mariano Guzman*, 1851.

In-4° de 16 pp. *en langue maya*, avec le texte espagnol en regard.

Ce document est suivi de deux autres *en maya*. Voir plus bas GUERRA et VELA.

AGUADO (fray Pedro de). Primera Parte de la recopilacion historial resolutoria de Sancta Marta y Nuevo Reyno de Granada de las Indias del mar Oceano : en la qual se trata del primer descubrimiento de Sancta Marta y Nuevo Reyno, y en lo sucedido hasta el año de sesenta y ocho, con las guerras y fundaciones de todas las cibdades y villas del. Hecho y acabado por el reverendo padre fray Pedro de Aguado, fraile de la Orden de Sanct-Francisco de la regular observancia, Ministro Provincial de la Provincia de Sancta Fée del mismo nuevo Reyno de Granada, el qual va repartido en diez y seis libros. In-fol.

MANUSCRIT, de 490 ff. Le père Aguado était natif de Castille, où il prit l'habit de la régulière observance de Saint-François. Il passa de bonne heure en Amérique et paraît avoir été de ceux des religieux de son ordre qui entrèrent des premiers dans la Nouvelle Grenade avec le conquérant Quesada. Son histoire restée manuscrite a servi principalement à fray PEDRO SIMON et à ALONSO DE ZAMORA pour la composition de leurs ouvrages sur ce même pays. Aguado fut le premier provincial de l'ordre de Saint-François à Santa Fé de Bogota.

Le présent manuscrit est la copie, sauf les dernières pages, de la première partie de cet important document, copié aux archives de l'Académie Royale d'Histoire de Madrid.

AGUEROS (Fray Pedro). Descripcion historial de la provincia y archipielago de Chiloé en el reyno de Chile, y obispado de la Concepcion, dedicada á nuestro catolico Monarca Don Carlos IV (que Dios guarde) por el Padre Fray Pedro Gonzalez de Agueros, Ex-Guardian del Colegio de Propaganda Fide de Ocopa y Arzobispo de Lima, etc. (*Madrid*) *Benito Cano*, año de 1791. in-4°.

Estampe avec l'arbre au Christ de la vallée de Limache et *carte*.

AGUIRRE (Francisco Xavier de). Informe de Don Francisco Xavier de Aguirre, alcalde mayor que fué de la provincia de Verapaz á los Señores de la junta del gobierno del Real Consulado de Guatemala. Escrito en la hacienda de los Llanos, á 3 de febrero de 1803. In-fol.

MANUSCRIT original de 8 pp., relié dans le vol. : *Documentos originales de Verapaz y Lacandon.*
Ce document, renfermant des détails curieux, rend compte de la condition matérielle de la province de Verapaz, au commencement de ce siècle. Il est l'original envoyé à Guatémala par l'auteur et je le tiens de la bonté de feu Mgr. Garcia Pelaez, archevêque de Guatémala.

ALARCON (Fr. Baltasar de). Sermones en lengua CAKCHIQUEL, escritos por varios padres de la orden de San-Francisco, y recogidos por el M. R. M. Padre Fray Baltasar de Alarcon, procurador general de la misma orden en la prov. del Dulce Nombre de Jesus de Guatemala. In-4°.

MANUSCRIT de 153 ff., comprenant 23 sermons *en langue Cakchiquèle*, écrits par des auteurs et en des temps différents. Aucun ne porte de signature et c'est d'après le papier renfermé dans l'un d'eux et placé à la fin du volume, que j'ai supposé que le père Alarcon les avait réunis. Plusieurs de ces sermons sont d'une écriture fort soignée et de la fin du XVIe siècle.
La langue Cakchiquèle, que FLORES (voir plus bas) appelle la langue métropolitaine de Guatémala, était effectivement celle de la ville capitale de cette province, qui, à la suite des conquêtes d'Alvarado, lui donna son nom. La capitale des Cakchiquels, appelée par eux Iximché, était connue à ceux de la langue mexicaine sous le nom de Tecpan-Quauhtemalan et occupait le haut d'un plateau, environné de profonds ravins, à une lieue de la commune actuelle de Tepan-Guatémala. C'est dans cette ville, aujourd'hui en ruines, qu'Alvarado et les autres conquérants constituèrent, en 1523, la première cité espagnole de Guatémala, depuis transférée à plusieurs reprises jusqu'à la Nueva Guatémala, capitale actuelle. Les indigènes de la langue Cakchiquèle s'étendent autour de là jusqu'aux villages situés au nord et à l'ouest des grands volcans de Fuego et de Agua et de ces localités vers le nord jusqu'à la rive droite du fleuve Motagua, au nord-ouest jusqu'au pied du volcan d'Atitan. Le Quiché et le Tzutuhil sont des dialectes du Cakchiquel.

ALBORNOZ (P. Fr. Juan de). Arte de la Lengua CHIAPANECA, compuesto por el padre fray Juan de Albornoz, de la orden de Predicadores, de la provincia de San Vicente de Chiapas y Guatemala. in-4°.

MANUSCRIT de 22 ff. Ce document est aujourd'hui le seul monument connu de l'ancienne langue de Chiapas, compris les trois autres qui font partie de cette collection (voir BARRIENTOS et NUÑEZ. La lettre en est mauvaise et paraît être du milieu du XVII⁰ siècle. Le manuscrit est signé à la fin d'une autre encre, mais, ce semble bien, de la même main que les corrections, " Fr. Juan de Albornoz. „ Je n'ai rien découvert qui fût relatif à cet auteur. Tout ce que je sais de ce document, c'est qu'il provient d'Acala, paroisse voisine de Chiapa de Indios, où il était gardé avec le catéchisme de BARRIENTOS et les deux opuscules chiapanèques de NUÑEZ, dans la famille d'Estevan Nucamendi, dernier gouverneur indigène de cette localité. Les quatre étaient reliés ensemble et on me les apporta, en 1859, par ordre de Don Angel Corso, alors gouverneur de l'état de Chiapas. Celui-ci m'en fit présent, ainsi que de plusieurs autres documents: il eut en même temps l'obligeance de faire réunir devant moi trois ou quatre vieillards, seuls restes de l'antique population indigène qui eussent conservé l'usage de leur langue. C'est d'eux que je tiens le court vocabulaire que j'en ai composé. On peut donc considérer les quatre pièces de cette collection comme uniques aujourd'hui.

Les *Artes de las lenguas de Chiapa, Zoques, Celdales y Cinacantecas*, attribués au père Francisco de Cepeda, n'existent plus ou ne se sont pas retrouvés. Ce religieux, en effet, n'en était pas l'auteur. Remesal dit seulement qu'il fut envoyé à Mexico, pour les y faire imprimer: " Se „ dió orden, écrit-il, que el padre F. Francisco de Cepeda fuesse a „ Mexico y alla imprimiesse las artes de las lenguas de Chiapa, „ Zoques, Celdales y Cinacantecas, y el padre lo hizó assi, y traxo „ impressas las artes muy corregidas y emendadas, y las repartieron „ por toda la tierra, etc. „ Remesal, *Hist. de Chiapa y Guatemala*, lib. X, cap. XVI, pag. 637.

On ne saurait guère attribuer ces différentes grammaires à un seul auteur; elles n'étaient pas, d'ailleurs, contenues en un seul ouvrage, ainsi que le donne à entendre ici Remesal. Pour la langue tzendale, on avait l'*Ars Tzeldaica* de DOMINGO DE ARA (voir ce nom), ainsi que d'autres ouvrages, déjà préparés en d'autres langues.

La langue, dite *Chiapanèque*, de la ville de Chiapa-de-Indios où elle était parlée, se bornait à cette localité, à celle d'Acala et à un très-petit nombre d'autres villages voisins. Elle ne ressemble à aucun autre idiome parmi ceux qu'on parlait dans la province et ne paraît avoir d'analogie réelle qu'avec celle des Dirias de Nicaragua. Dans un document de ma collection, les Chiapanèques affirment qu'ils avaient colonisé une partie de cette province, plus de mille ans avant la conquête. Les autres langues de la province de Chiapas étaient le Tzendal, le Zotzil ou Zotzlem (autrement Cinacanteca) et le Zoqui. On en trouvera les grammaires et vocabulaires dans ma collection.

ALEGRE (Francisco Xavier). Historia de la Compañía de Jesus en Nueva España, que estaba escribiendo el P. Francisco Xavier Alegre al tiempo de su espulsion. Publicala para probar la utilidad que prestara á la America Mexicana la solicitada reposicion de dicha compañía, Carlos Maria Bustamante, individuo del supremo poder conservador. *Mexico, imprenta de J. M. Lara.* 3 vol. in-4°. *Portraits* divers lith.

Vol. I, 1841; vol. II et III, 1842.

Alegre était Mexicain, natif de Veracruz comme Clavigero; il était né en 1729. Entré dans la Compagnie de Jésus, en 1747, au noviciat de Tepotzotlan, il enseigna à Mexico les Belles-Lettres latines et ensuite la philosophie à la Havane où il fut envoyé pour cause de santé. Il retourna plus tard à Mexico pour y continuer, par ordre de ses supérieurs, l'histoire de la Compagnie qu'il laissa inachevée. Déporté en Italie en 1767, il prit sa résidence à Bologne. Il s'y distingua par de nombreux travaux imprimés et inédits et mourut dans la même ville en 1788. L'histoire présente est un des meilleurs ouvrages qui nous soient restés sur cette matière, écrits par les jésuites mexicains.

ALGUNOS sermones en **LENGUA QUICHE** de Rabinal.

MANUSCRIT de 98 ff. Le premier et le dernier sermon sont complets; il manque des feuillets aux leçons intermédiaires. Ils paraissent avoir été écrits vers la fin du dernier siècle.

La langue Quichée, l'un des deux principaux dialectes du Cakchiquel, paraît avoir succédé, presque partout où il se parle, au Mam ou au Pokoman : son siége principal était Gumarcaah, plus généralement connu sous le nom d'Utlatlan, et dont les ruines existent à une demi-lieue environ du bourg actuel de Santa-Cruz del Quiché. Les indigènes de cette langue habitent au nord-ouest de Santa-Cruz jusqu'au district inclus de Sacapulas, occupent les cantons de Totonicapan et de Quetzaltenango, ainsi que ceux qui s'étendent du pied du volcan d'Atitan, au sud-ouest jusqu'à Retaluleu. Ils sont établis au nord du Motagua, depuis San Miguel Chicah et Rabinal, dans les petites localités qui vont rejoindre Santa-Cruz au sud-ouest, etc.

Le Quiché, orthographié alternativement aussi Qiché et Kiché, est une langue élégante et d'une grande richesse. Sa grammaire est une des plus complètes que l'on possède. Voir plus bas XIMENEZ.

ALVA (Bartolomé de). Confesionario mayor, y menor en LENGUA MEXICANA, y platicas contra las supersticiones de idolatria, que el dia de oy an quedado á los Naturales de la Nueva España, é instruccion de los Santos Sacramentos, etc. Al Ilustrisimo Señor D. Francisco Manso y Zuñiga, Arçobispo de Mexico, etc. Nuevamente compuesto por el Bachiller Don Bartolomé de Alva, beneficiado del partido de Chiapa de Mota. *Año de* 1634. *Impreso en Mexico, por Francisco Salbayo*, etc. In-4° vél.

Titre et prélim. 8 fnc. et 52 ff.
L'auteur de ce livre était indigène mexicain et descendait des anciens rois de Tetzcuco: très savant dans sa langue, il écrivit divers autres ouvrages dans le même idiome et traduisit en nahuatl trois comédies de Lope de Vega.

AMARO (Juan Romualdo). Doctrina extractada de los catecismos MEXICANOS de los padres Carochi y Castaño, autores muy selectos, traducidos al castellano, para mejor instruccion de los Indios, en las oraciones y misterios principales de la doctrina, por el presbitero capellan Don Juan Romualdo Amaro, catedratico que fué en dicho idioma en el colegio seminario de Tepotzotlan, etc. Va añadido á este catecismo el preambulo de la confesion para la mejor disposicion de los Indios en el Santo Sacramento de la Penitencia, etc. *Mexico*, 1840. *Imprenta de Luis Abadiano y Valdes*. 1 vol. pet. in-4°.

3 fnc., 79 pp.

AMICH (P. Fr. José). Compendio historico de los trabajos, faticas, sudores y muertes que los ministros evangelicos de la seráfica religion han padecido por la conversion de las almas de los gentiles, en las montañas de los Andes, pertenecientes á las provincias del Peru, etc., escrito por el P. Fr. José Amich, predicador apostolico y escritor del colegio seráfico de propaganda Fide de Santa Rosa de Ocopa. Van en seguida " Noticias historicas sobre las misiones en la republica de Bolivia por el P. Ceferino Mussani, minimo observante. „ *Paris, libreria de Rosa y Bouret*, 1854. pet. in-8°.

ANGEL (P.Fr.). Arte de lengua CAKCHIQUEL, compuesto por el Padre fray Angel. in-4°.

MANUSCRIT de 94 ff., d'une écriture qui paraît appartenir à la fin du XVIII° siècle.
Cet ouvrage ne porte en tête aucun nom d'auteur. Voir la notice qui accompagne le suivant.

— Vocabulario de la lengua CAKCHIQUEL, compuesto por el Padre fray Angel. in-4°.

MANUSCRIT de 225 ff., de la même écriture que le précédent.
Cet ouvrage, non plus que le précédent, ne porte en tête aucun nom d'auteur; on trouve seulement à la fin la note suivante: " El P. Fr. „ Angel suplica à los que lean este vocabulario borren aquellas „ palabras que pueden causar ruina espiritual y el uso las imprime en „ la memoria. „ Bien que cette note ne soit pas de la même écriture que le vocabulaire, il est à croire que le livre est de lui. Car il est important de faire observer à ce propos qu'un grand nombre d'ouvrages manuscrits, composés par les religieux des divers ordres au Mexique ou dans l'Amérique centrale, sont rarement écrits de leur main propre: la plupart dictaient leurs ouvrages à de jeunes élèves indigènes; c'est ce qui explique, d'ailleurs, les incorrections, parfois étranges quant à l'orthographe, qu'on y trouve fréquemment.

ANGLERIA (Petri Martyris ab). De rebvs Oceanicis et novo Orbe, Decades tres Petri Martyris ab Angleria Mediolanensis. Item ejvsdem, De Babylonica legatione, libri III. Et item De rebus Æthiopicis, Indicis, Lusitanicis et Hispanicis, opuscula quœdam historica doctissima, quæ hodiè non facilè alibi reperiuntur, DAMIANI à GOES Equitis Lusitani, etc. *Coloniae, Apud Germinum Calenium* etc. 1574. in-8° vél.

Pedro Martyr d'Anghiera (en latin de Angleria), le premier des historiens de l'Amérique, était natif d'Arona, sur les bords du lac Majeur, en Italie, à peu de distance d'Anghiera, dont il porta si glorieusement le nom. Dès l'âge de 20 ans, on le distinguait à Rome pour son érudition et son éloquence. Il suivit, en 1487, en Espagne D. Inigo Lopez de Mendoza, comte de Tendilla; il fut reçu comme il le méritait par les Rois Catholiques, en particulier par la Reine Isabelle qui l'attacha à sa personne. Il fut depuis envoyé par Elle comme Ambassadeur à la république de Venise. Il mourut à Grenade en 1526.

Ses ouvrages, où l'on reconnaît un esprit aussi libéral, que profond et investigateur, seront, toujours une source précieuse pour l'histoire des découvertes espagnoles en Amérique : Pedro Martyr avait su les apprécier, comme nul écrivain moderne ne l'a fait depuis ; il prouve à lui seul qu'à cette époque, la science de l'histoire était, sous bien des rapports, plus avancée qu'aujourd'hui.

ANOTACIONES á la historia de Guatemala, sacadas de un manuscrito de la coleccion del Dr. Don Mariano Padilla. in-fol.

MANUSCRIT de 4 ff. copié par moi sur l'original qui existe aujourd'hui dans la bibliothèque de l'université de Guatémala.

N° 9 du vol. *Documentos originales y copias para servir á la historia de Chiapas, Yucatan y Guatemala.*

ANUNCIACION (Fray Juan de la). Nican ompehua yn temachtilli, yn itechpoui Dominical. Yc temachtilotiaz cecexiuhtica : Ynicuac ymilhuiuh quiztiaz inceceme Domingome, yniuh tecpantica yancuican Calendario, oquimotlalili oquimotecpanili ypan nauatlatolli, yn yehuatzin Fray Juan de la Anunciacion, Teopixqui Sant Augustin. *En Mexico, por Antonio Ricardo*, 1577. 2 vol. in-4°.

Tome I (le titre, la première page de la table et la première des sermons manquent), 2 fnc., 124 ff. — Tome II, au lieu des dimanches signalés dans le titre par le vocable *Domingome*, dans celui-ci il y a *Sanctome*, etc., 1 fnc. 130-228 ff., suivis de l'ouvrage intitulé :

— Cathecismo en lengua MEXICANA y española, breve y muy compendioso, para saber la Doctrina

Christiana y enseñarla. Compuesto por el muy Reverendo Padre Fray Juan de la Anunciacion, superior del Monasterio de Sant Augustin de Mexico. *En Mexico por Antonio Ricardo*, 1577.

229-260 ff. Calendrier, 3 ff., Prières en mexicain, 5 ff., avis au lecteur, 1 f., le reste pour la Doctrine, à deux colonnes, espagnol-mexicain. m. 2 ff. à la fin.

Le P. Juan de la Anunciacion était natif de Grenade, en Andalousie. Il entra dans la règle de Saint Augustin à Mexico, où il se livra de bonne heure à l'instruction des indigènes. Il mourut à Mexico, en 1594, âgé de plus de quatre vingts ans. Il laissa un assez grand nombre d'ouvrages spirituels, en langue mexicaine, tous très-estimés pour la pureté et l'élégance du style.

APUNTES en lengua QUEKCHI, y pequeño confesionario en la misma lengua. In-8°.

MANUSCRIT de 18 ff., sans nom d'auteur; les vocables d'une sorte de petit vocabulaire n'ont pas été complétés en espagnol.

Le Quekchi, autrement dit *Cacchi*, est la langue de Coban, dans la Verapaz (Guatémala), ainsi que de plusieurs localités voisines. Voir plus bas, au nom de CARDENAS (Ilmo Sr.)

ARA (Ilmō Sr. Fray Domingo de). Bocabulario de lengua TZELDAL segun el orden de Copanabaztla (Tzendal y español). In-4° vél.

MANUSCRIT de 150 ff. Au verso qui précède le titre, se trouvent ces mots : " De consensu superioris habet ad ejus ussum fray Alonso de Guzman, „ et au verso du f. 128, le dernier du vocabulaire : " Año de 1616 años se translado este bocabulario. „ Les 4 ff. suivants donnent le commencement de l'*Arte* du père Domingo de Ara, sous ce titre: " Ars Tzeldaica facta a R° p. Fr. Dominico de Ara, ordinis Prædicatorum, „ dans un latin tout-à-fait barbare. Suivent 7 ff. d'additions et 4 ayant rapport à la dévotion du rosaire en espagnol.

Quoiqu'écrit de deux mains différentes et surchargé de noms et d'additions, cet ouvrage est bien, toutefois, le vocabulaire original de Fr. Domingo de Ara, appelé ailleurs de Hara et de Lara, dont il est question dans Remesal. Lorsque l'original se trouva trop usé, celui-ci fut copié par ordre et remplaça probablement l'ancien dans la bibliothèque du couvent de Copanahuaztla, d'où il passa, lors de l'abandon de cette ville, au monastère des Dominicains de Ciudad Real (San Cristobal). C'est là que m'en fit présent, avec plusieurs autres manuscrits précieux, le père Paniagua, dernier provincial de l'ordre, au moment de sa suppression par Juares, en 1859.

— Vocabulario en lengua TZELDAL juxta ussū oppidii De Copanabastla (castellano y tzendal). In-4° vél.

MANUSCRIT de 220 ff. C'est la seconde partie du vocabulaire de Fr. Domingo de Ara. Au premier feuillet il porte ces mots : " De licencia sui prælati ad usum habet Fray Alonso de Guzman — traslado este bocabulario el sobre dicho Pe el año de 1620. años en la provincia de Tzeldales en el pueblo de Taquin Vitz. „
Au bas: " España, seis pesos. „ Le f. 221, dernier du vocabulaire, porte au verso : " Unus Deus una fides unuz baptisma, „ et plus bas : " Soli Deo honor et gloria. „

— Doctrina christiana y explicacion de los principales misterios de la fé catholica, espuestos en lengua TZELDAL por el Ilmo señor D. Fray Domingo de Ara, obispo electo de Chiapa, año de 1560; obra trasladada de su original por el padre Fray Jacinto del Castillo, año de 1621. In-fol. vél.

MANUSCRIT de 128 ff., d'une écriture fine et aisée, le mieux conservé des divers manuscrits de l'auteur.
L'ouvrage, en entier en langue tzeldale, est partagé en chapitres ou homélies sans numéros d'ordre. Du commencement jusqu'au fol. 73 inclusivement, tous commencent par le même verset tiré de l'Évangile : " Qui crediderit et baptizatus fuerit, salvus erit. „ Du ỹ du fol. 73 au ỹ du fol. 106, ils traitent des commandements de Dieu et de l'Église. De là jusqu'à la fin, des œuvres de miséricorde, des péchés capitaux, de l'unité de l'église et de la création de l'homme. Au ỹ du fol. 117, l'auteur se nomme " hoon atatomi FRAY DOMINGO DE ARA, „ moi votre père, etc., mots qui tranchent la question de l'orthographe de son nom. Plus bas, dans le même paragraphe final, se trouve la date du mois de Septembre 1560, c'est à dire 12 ans avant sa mort.
Au dessous vient séparément la protestation du transcripteur, Fray Jacinto del Castillo, qui paraît avoir mis la dernière main à cette copie au mois de Septembre 1621. Il signe du titre de " Visiteur, „ au pueblo de San Juan Cancuc.

— Egregium opus Fratris Dominici de Hara. De comparationibus et similitudinibus (in lingua TZELDAICA). petit in-4°.

MANUSCRIT de 140 ff. C'est l'œuvre par excellence de l'auteur, dont les travaux sont restés pour la bibliographie un mystère presqu'autant que la véritable orthographe de son nom. L'écriture, menue et déliée, si elle n'est pas de lui-même, doit-être celle de son *amanuense* ou copiste; car elle est de son époque et l'on sait que les religieux espagnols, en Amérique, dictaient le plus souvent les ouvrages dont ils étaient les auteurs. Le copiste, d'ordinaire aussi, était un jeune disciple indigène; de là les erreurs et le peu d'orthographe qu'il y a quelquefois dans ce genre d'ouvrages. La page du titre porte une signature d'une écriture différente, celle de " Laureca de Ximena „, qu'on retrouve à la fin des traités spirituels qui suivent cet opuscule, ainsi que plusieurs autres. Ces traités sont:

Un sermon en langue tzendale intitulé:

— In festo sanctissimi sacramenti, 4 ff.

Un traité, intitulé:

— Modus administrandi sacramentum matrimonii, 5 ff. en tzendal (tzeldal, en vieux style).

Un autre traité, intitulé:

— Sermo pro disponendis nubentibus, 6 ff. en tzendal.

Un traité, intitulé:

— Ztitzo ghibal hatezcan zpaz Confession zghoyoc zcan ych Communion Ecuctac. 15 ff. en tzendal.

Le volume termine avec la grammaire tzendale de Domingo de Ara, intitulée:

— Incipit ars tzeldaica J. R. P. F. Dominici de Hara, ad laudem Domini nostri inventa et illustrata.

Ouvrage complet en 28 feuillets, dont le dernier seul est à demi-perdu. Une sorte de table des matières termine le volume qui est un véritable joyau bibliographique.

Ainsi qu'on vient de le voir, le nom de l'auteur est alternativement orthographié de ou del Hara et de Ara. Remesal l'écrit de Ara; mais dans le *Teatro eclesiastico de la primitiva Iglesia de las Indias Occidentales* de Gil Gonzalez Davila, ainsi que dans Pinelo et Beristain, on trouve de Lara.

Tout ce que l'on sait de Fr. Domingo de Ara, c'est qu'il étudia au monastère de San Estevan de Salamanque où il prit l'habit de Saint Dominique. Il fut du nombre des missionnaires de son ordre que Las Casas amena en Amérique en 1545. Élu provincial de la province de

Chiapas, en 1556, il fixa son séjour au monastère de Copanahuaztla, où se concentrèrent les études de l'ordre dans cette province : c'est là qu'il composa ses divers ouvrages et où ils restèrent en dépôt après sa mort. Nommé évêque de Chiapas, par suite de la démission de Las Casas, en 1570, il mourut l'année suivante à Copanahuaztla, avant d'avoir reçu la consécration épiscopale. " Supo el P. Fr. Do-
„ mingo, dit Remesal, la lengua de aquella Provincia con eminencia, y
„ por no la deprender, ni trabajar solo para si, hizó arte y vocabu-
„ lario della para los venideros, y *es tan propria su lengua y tan casta*
„ (me escrivió el P. Fr. Domingo Vidal, consultado por mi en este
„ caso), *y tan significativa, que dudo que la de Ciceron sea mas propria*
„ *Latina.* „ Hist. de S. Vicente de Chiapa y Guatemala, lib. XI, cap. I. On voit par cette citation que Remesal même ignorait sinon l'existence, au moins le titre spécial des autres ouvrages de ce religieux.

Entre les langues diverses, parlées dans les provinces dites de las Chiapas, on en comptait quatre principales : le Chiapanèque proprement dit qui se bornait à la cité de Chiapa de Indios et à trois ou quatre bourgades environnantes ; le Zoque, parlé dans toute la province de Tecpatlan, partie occidentale de l'état de Chiapas ; le Zotzlem, Tzotzile ou langue de Cinacantan et le Tzendal qui ne sont que des dialectes peu différents l'un de l'autre : le premier était usité à Cinacantan, à Chamula, à San Bartolomé de los Llanos, ainsi que dans les plaines au sud de Ciudad Real (San Cristobal), et le second occupait toute la montagne, de cette ville immédiatement au sud et au nord de Teopixca jusqu'à Palenqué et Tabasco. Les indigènes de ces montagnes, couvertes de ruines, parlent encore aujourd'hui le tzendal qui est la langue où le nom de Votan était commémoré.

ARANA XAHILA (Don Francisco Ernantez). Manuscrit Cakchiquel. Mémorial de Tecpan-Atitlan (Solola), histoire des deux familles royales du royaume des Cakchiquels d'Iximché ou Guatémala, rédigé en langue CAKCHIQUÈLE par le prince Don Francisco Ernantez Arana-Xahila, des rois Ahpozotziles. Texte cakchiquel et essai de traduction française en regard, faite à Rabinal en 1856. In-fol.

MANUSCRIT de 68 ff. Copie de l'original, faite par moi avec la traduction, durant mon séjour à Rabinal. C'est un document du plus haut intérêt. Il comprend l'histoire primitive symbolique, analogue à celle du *Popol Vuh,* mais avec des variantes nombreuses et remarquables. Vient ensuite l'histoire propre du royaume cakchiquel, fixé à Iximché, dont les ruines existen à une lieue environ de la commune de Tepan-Guatémala. Le style de l'ouvrage est varié et pittoresque et renferme des passages fort animés. L'auteur, don Francisco Xahila, de la race des rois Ahpozotziles, était le petit-fils du roi Hunyg, qui mourut de la peste cinq ans avant l'arrivée des Espagnols, c'est à dire en 1519. Le manuscrit continue de la main du même auteur jusqu'en 1562. Don Francisco Gebuta Queh, de la même famille, le reprend jusque vers la fin. Il y a dans la partie de la conquête par les Espagnols des choses accablantes contre le conquérant Pedro de Alvarado.

Je tiens le document original de l'amitié de Don Juan Gavarrete.

ARAUJO PORTO-ALEGRE (Manoel de). Colombo poema por Manoel de Araujo Porto-Alegre. *Rio de Janeiro, livraria de B. L. Garnier*. 1866. 2 vol. in-4°.

Cet ouvrage intéressant, sorti de l'imprimerie impériale de Vienne en Autriche, est dédié à S. M. Dom Pedro II, empereur du Brésil, par l'auteur, actuellement consul général du Brésil à Lisbonne.

ARAUZ (D. Clemente). Informe del Alcalde Mayor de Tegucigalpa, D. Clemente Arauz, sobre el estado de los Sambos-Mosquitos y medio de esterminarlos — 31 de Octubre de 1735. Copiado de los Archivos de la Capitania general de Guatemala. In-4.° 7 ff.

Vient ensuite.

Copia del informe hecho por el Gobernador de Veragua al Cabildo de Guatemala á quien lo pidió su Magestad, sobre las Misiones de la Talamanca, fecho Setiembre 13 de 1775, sacado de los Archivos de la Capitania general de Guatemala. In-fol. 7 ff.

MANUSCRIT de 14 ff., comprenant les deux documents réunis sous la même copie. L'un et l'autre renferment des détails intéressants pour l'histoire de l'Amérique centrale. Le premier, ainsi que l'indique le titre, est loin d'être favorable à la population mêlée, dite des Mosquitos, où les Anglais avaient naguère constitué un roi. — Le second contient des détails ethnographiques curieux sur la Talamanca, cette partie de la république de Costa-Rica, encore si peu connue aujourd'hui.

ARBOLEGA (Garcia de). Manual de la isla de Cuba. Compendio de su historia, geografia, estadistica y administracion. Su autor D. José Garcia de Arbolega. Con 5 planos y 32 laminas. 2ª ed. *Habana, imprenta del Tiempo*, 1859. in-16.

ARENAS (Pedro de). Vocabulario manual de las lenguas castellana y MEXICANA. En que se contienen palabras, preguntas, y respuestas mas comunes y ordinarias que se suelen ofrecer, etc., el trato y comunicacion entre Españoles e Indios. Compuesto por Pedro de Arenas. *En Mexico, por la Viuda de Francisco Lupercio, y por su original, en la Puebla, por la Viuda de Miguel de Ortega y Bonilla*. In-8°.

Exemplaire original d'un vocabulaire réimprimé plusieurs fois. Bien que sans date, on sait qu'il est de l'année 1611, ainsi que l'indique le privilége. Réimprimé en 1728, 1793 et 1831.
D. Pedro de Arenas était Mexicain; on ignore en quelle partie du Mexique il naquit. Il voyagea avec fruit dans toute l'étendue de la Nouvelle Espagne, et l'évêque Granados, dans les *Tardes Americanas*, mentionne son nom entre ceux de Torquemada, de Sigüenza et de Gemelli-Careri, comme explorateur des antiquités historiques des Mexicains et comme un écrivain dans les mêmes idées. On ne connaît, toutefois, de lui, que l'ouvrage cité plus haut.

AREVALO (D. Rafael). Libro de Actas del Ayuntamiento de la ciudad de Santiago de Guatemala. Comprende los seis primeros años, desde la fundacion de la misma ciudad en 1524 hasta 1530, copiado literalmente por D. Rafael Arevalo, secretario de la municipalidad de la Nueva Guatemala, año de 1856. *Guatemala, imprenta de Luna*, 1856. in-4°.

Cet ouvrage, très intéressant pour ce qui touche à l'histoire de la conquête et de l'établissement des Espagnols au Guatémala, comprend tous les actes du conseil communal de la cité de Guatémala, même antérieurs à la fondation de la première ville proprement dite, durant les six premières années de l'érection de la cité dans l'antique capitale des Cakchiquels, Tecpan-Quauhtemalan, dont les ruines existent auprès de la ville actuelle de Tepan-Guatémala.

— Coleccion de documentos antiguos del archivo del ayuntamiento de la ciudad de Guatemala, formada por su secretario D. Rafael de Arevalo. *Guatemala, imprenta de Luna,* 1857. in-4°.

<small>Ce volume, publié par l'éditeur du *Museo Guatemalteco,* renferme des lettres inédites de Pedro de Alvarado, du premier évêque Marroquin, de Las Casas, etc., et forme le corollaire du précédent. Les deux sont devenus également rares à Guatémala.</small>

ARIAS Y MIRANDA (José). Examen crítico historico del influjo que tuvo en el comercio, industria y poblacion de España su dominacion en America. Obra premiada por la Real Academia de la Historia, en el concurso de 1853. Su autor D. José Arias y Miranda, etc. (Avec cette épigraphe): *Difficile est proprie communia dicere.* Horacio. *Madrid, imprenta de la Real Academia de la historia.* 1854. in-4°.

<small>C'est un ouvrage curieux et renfermant des faits généralement peu connus et intéressants, comme appréciation au point de vue de l'histoire américaine.</small>

ARLEGUI (Fr. Joseph). Chronica de la provincia de N. S. P. S. Francisco de Zacatecas: compuesta por el M. R. P. Fr. Joseph Arlegui, Ex-Ministro provincial y chronista de dicha provincia, etc. *En Mexico, por Joseph Bernardo de Hogal,* año de 1737. in-4°.

<small>14 fnc., 412 pp.; 9 ff. sommaires.
Cet ouvrage, aujourd'hui extrêmement rare, a été réimprimé en 1851.</small>

— Le même ouvrage, accompagné d'une suite, ayant pour titre: Memorias para la continuacion de la Cronica de la muy religiosa provincia de N. S. P. San Francisco de las Zacatecas. Acopiadas por Fr. Antonio Galvez, año de 1827. *Reimpreso en Mexico por Cumplido,* 1851. in-4°.

<small>Au verso du titre, estampe représentant Saint François d'Assise; 11 fnc., 488 pp.</small>

ARMAS (Francisco de). Esclavitud (de la) en Cuba por Francisco de Armas y Céspedes.
Madrid, establecimiento tipografico de F. Fontanet. 1866. in-8°, pp. VIII, 479.

<small>Ce livre, écrit avec un talent incontestable par un Cubain intéressé dans la question, la traite avec beaucoup de ménagement, tout en concluant à l'abolition graduelle de l'esclavage.</small>

ARRICIVITA (Fr. Juan Domingo). Cronica seráfica y apostolica del colegio de Propaganda Fide de la Santa Cruz de Queretaro en la Nueva España, etc. Escrita por el P. Fr. Juan Domingo Arricivita, etc. Segunda parte. *En Mexico: Por Don Felipe de Zuñiga y Ontiveros, año de* 1792. in-fol. vél.

<small>9 fnc., 605 pp., 4 fnc.
Cet ouvrage, intéressant sous beaucoup de rapports, contient la description des *Casas Grandes* du Rio Gila et des détails curieux sur le nagualisme.</small>

ARROYO DE LA CUESTA (Fr. Philipp). Alphabetus Rivulus obeundus, exprimationum causa horum Indorum MUTSUN Missionis Sanct. Joann. Baptistæ, exquisitarum a Fr. Philipp. Ab Ar. Yo. de la Cuesta, supradictæ missionis Indior. Minist., etc. Año de 1815. — A Vocabulary or phrase book of the Mutsun language of Alta California. *London, Trübner and Co.* 1862. gr. in-8°.

<small>Volume de la *collection de M. Shea.*</small>

— Extracto de la gramatica MUTZUN, ó de la lengua de los Naturales de la mision de San Juan Bautista, compuesta por el Rev. Padre Fray Juan Arroyo de la Cuesta, del orden seráfico de N. P. San Francisco, ministro de dicha mision en 1816. *Nueva York*, 1861. gr. in-8°.

<small>Volume de la *collection de M. Shea.*</small>

ARTE DE LA LENGUA NEVOME que se dice

Pima, propia de Sonora; con la Doctrina cristiana y confesionario añadidos. *San Augustin de la Florida*, año de 1862. gr. in-8°.

Volume de la *collection de M. Shea*.

ARTE DE LA LENGUA VULGAR MEXICANA de Guatemala, qual se habla en Ezcuintla y otros pueblos del Reyno. In-4°.

MANUSCRIT de 30 ff., très bien écrit, mais rogné jusqu'au bout, et qui n'a pas été entièrement complété. C'est, avec un imprimé, également rogné, tout ce qui reste de l'ancienne langue Vulgaire mexicaine de l'Amérique centrale. J'ai tout lieu de croire que cette langue *Vulgaire* est la même que M. Squier, d'après Juarros, appelle le *Nahuat*. Elle diffère surtout du mexicain pur, en ce que la consonne *t* après *t* se trouve retranchée dans le corps et à la fin des mots.

ARTE DE LENGUA ZOQUE para la mayor gloria de Dios Nuestro Señor. in-4°.

MANUSCRIT de 16 ff., du commencement du dernier siècle. Auteur anonyme.

La langue Zoque, Tzoque ou Tzoqui, est une de celles de l'état de Chiapas, et dont les populations sont fixées aux confins de cet état et de ceux d'Oaxaca et de Tabasco. Voir au tableau des langues.

AUTENTICIDAD de los prodigios del SEÑOR DE TILA. in-fol.

MANUSCRIT de 4 ff. acte public, servant de témoignage aux miracles opérés par le crucifix de la paroisse de Tila, bourgade célèbre entre les Indiens de Chiapas, objet d'un pèlerinage considérable, et connue pour avoir dans son voisinage un lac de pétrole et des eaux minérales fort remarquables. Tila est situé dans les montagnes, à 15 lieues environ au N. O. des ruines de Palenqué.

N° 2 du vol. *Documentos originales y copias para servir á la historia de Chiapas, Yucatan y Guatemala*.

AUTO DE FUNDACION del convento de N. S. P. San Francisco de Ciudad Real de Chiapa, del dia 14 del mes de junio, año de 1577. *Oficio publico*. in-fol.

MANUSCRIT de 14 ff., original sur papier au timbre royal de 1740.

N° 1 du vol. *Documentos originales y copias para servir á la historia de Chiapas, Yucatan y Guatemala.*

AVILA (P. F. Francisco de). Arte de la lengua MEXICANA, y breves platicas de los mysterios de N. Santa Fee catholica, y otras para exortacion de su obligacion á los Indios. Compuesto por el P. F. Francisco de Avila, del Orden de los Menores de N. P. San Francisco. *En Mexico, por los herederos de la Viuda de Miguel de Ribera Calderon. Año de* 1717. in-8°.

11 fnc., 37 ff., vél.

L'auteur de cet opuscule était de Mexico. Ayant pris l'habit de Saint-François, il fut lecteur en théologie dans le couvent de son ordre et curé de Milpa-Alta, dans le diocèse de Mexico.

AYETA (Fr. Francisco de). Ultimo recurso de la provincia de San Joseph de Yucathan; destierro de tinieblas, en que ha estado sepultada su inocencia, y confundidos sus meritos. Justicia desagraviada y hasta aora, no defendida, ni debidamente manifestada. Pleyto con la clerencia de Yucathan. Sobre diferentes doctrinas, que con violentos despojos, unos con mano de justicia, y otros sin ella, se han usurpado á dicha provincia.

Deux mémoires in-fol., le 1er de 200 fol., le 2e de 224 fol., adressés par le P. Fr. Francisco de Ayeta, de l'ordre de Saint-François au Yucatan, au roi d'Espagne. Ils ont rapport aux dissensions entre le clergé régulier et le clergé séculier sur la possession de certaines paroisses : ils renferment une foule de faits non moins curieux qu'intéressants.

Le nom de l'auteur se trouve à la fin du premier mémoire. Ils sont l'un et l'autre sans date, ni lieu d'impression : mais ils paraissent avoir été imprimés à Madrid, dans la seconde moitié du XVIIe siècle.

Ayeta appartenait à la province *franciscaine*, dite du Saint Évangile: il fut visiteur des missions du Nouveau Mexique, commissaire de l'Inquisition dans la Nouvelle Espagne et procureur général de sa province à Madrid.

L'ouvrage est peut être le même que cite Pinelo, intitulé : *la Verdad Vindicada*, imprimé, selon cet auteur, en 1690. Beristain, à propos de l'ouvrage présent, dit ces paroles : " Et preciso confesar que fué terrible la pluma de nuestro Ayeta, y pareció no respetar á los Obispos. Pero ¡ quantas veces equivocamos la ingenuidad y la amargura de la verdad con la desvergüenza y la injuria! „

BACHILLER Y MORALES (Antonio). Antigüedades Americanas. Noticias que tuvieron los Europeos de la América antes del descubrimiento de Cristobal Colon, recogídas por A. Bachiller y Morales, etc. *Habana, oficina del Faro Industrial,* 1845. in-4°.

138 pp., 1 fnc. *Carte.*

Cet ouvrage est en partie tiré des travaux de la Société royale des antiquaires du Nord, auxquels l'auteur a ajouté des faits à lui connus personnellement ou extraits d'anciens ouvrages espagnols peu connus. Cubain de naissance, il était naguère encore professeur de droit à l'université de la Havane, où il avait un nom distingué.

— Apuntes para la historia de las letras y de la instruccion publica de la isla de Cuba, por Antonio Bachiller y Morales. *Habana, imprenta de P. Massana,* 1859. 3 vol. in-4°.

BAPTISTA (Fray Joan). Aduertencias para los confessores de los Natvrales. Compvesto por el padre fray Joan Baptista, de la orden del Seraphico Padre Sanct Francisco, Lector de Theologia, y Guardian del conuento de Sanctiago Tlatilvlco : de la provincia del Sancto Euangelio. *En Mexico, en el convento de Sanctiago Tlatilvlco, por M. Ocharte, año de* 1600. 2 part. in-8°, en deux vol.

" Primera parte „ 8 fnc., 112 ff., 58 fnc. Du f. 37 ỹ. au f. 51 ℞. se trouvent les demandes et réponses du catéchisme, en espagnol et en mexicain. — " Segunda parte „ 13 fnc., 112 ff. de texte, 2 ff. d'erratas. Dans le texte, entre les ff. 1-39, se trouvent les instructions pour la confession en mexicain ; entre les ff. 40-85, le confessionnaire en mexicain et en espagnol ; jusqu'à la fin, les prières de la communion en mexicain, puis la table.

Joan Baptista, l'un des hommes les plus distingués entre tant d'autres de l'ordre de Saint François, à Mexico, naquit dans cette ville en 1555. Professeur de philosophie et de théologie au collége du monastère de Tlatilolco, de cette capitale, il y eut pour élève Torquemada, le célèbre auteur de la *Monarquia Indiana*. Il y étudia la langue mexicaine dans laquelle il excella, et laissa un grand nombre d'ouvrages manuscrits ou imprimés. Il mourut, à ce qu'il paraît, vers l'an 1615.

BAQUEIRO (Serapio). Ensayo historico sobre las revoluciones de Yucatan desde el año de 1840 hasta 1864 por Serapio Baqueiro. *Merida de Yucatan. Imprenta literaria de Eligio Ancona*, 1865. in-4.

296 pp. Livre fort curieux et le seul existant sur l'origine et les causes de la guerre de castes, qui, depuis 1840, continue d'ensanglanter et d'appauvrir le Yucatan. Malheureusement l'ouvrage n'est pas terminé : il finit brusquement en décembre 1848. Il est devenu presque introuvable aujourd'hui : l'auteur, en me remettant cet exemplaire au mois de décembre 1870, m'annonça qu'il avait eu de la peine à se le procurer, complet, tel qu'il est; il ajouta que les circonstances politiques l'avaient obligé à en arrêter l'impression et qu'il ne lui serait permis sous aucun rapport de le continuer. Serapio Baqueiro est un jeune homme de grand talent et d'un caractère éminemment sérieux.

BARCENA (José Maria Roa). Catecismo elemental de la historia de Mexico, desde su fundacion hasta mediados del siglo XIX, formado con vista de las mejores obras y propio para servir de texto á la enseñanza de este ramo en nuestros establecimientos de instruccion publica. Por D. J. M. Roa Barcena. *México, imprenta de Andrade y Escalante.* 1862. in-8°.

— Ensayo de una historia anecdótica de México, en los tiempos anteriores á la conquista española por Don José Maria Roa Bárcena. — Publicado en el Cronista de México. *México, imprenta literaria*, 1862. pet. in-8°. pp. 440.

Ce petit livre est bien écrit et renferme beaucoup de choses dans un cadre fort restreint. Pour avoir été republié d'après un journal, il est devenu, quoique moderne, assez rare aujourd'hui, même au Mexique.

BARCO CENTENERA (D. Martin del). La Argentina ó la conquista del Rio de la Plata, poema historico por D. Martin del Barco Centenera, arcediano del Rio de la Plata, dedicado al Marquez de Castel Rodrigo, de Lisboa, 10 de Mayo de 1601.

<small>Cet ouvrage forme la presque totalité du tome III de la *Historia Argentina* de DIAZ DE GUZMAN (voir ce nom) : il est suivi de : *Tablas de latitudes y longitudes de los principales puntos del Rio de la Plata,* etc. por Alexandro MALASPINA.</small>

BARLÆI (Gasparis). Rerum per octennium in Brasilia et alibi gestarum sub praefectura Illustrissimi Comitis I. Mauritii Nassavii etc. Comitis historia. Editio segunda. Cui accesserunt GUILIELMI PISONIS Medici Amstelœdamensis Tractatus

1° De aeribus, aquis et locis in Brasilia.
2° De arundine saccharifera.
3° De Melle silvestri.
4° De Radice altili Mandihoca.
Clivis Tobiae Silberling. 1660. in-8° vél.

<small>4 fnc. 664 pp. 11 fnc. titre gravé. Vocabulaire chilien de pp. 474-491.</small>

BARREIRO (Miguel). Porvenir de Yucatan y ligera ojeada sobre su situacion actual, por el Lic. Miguel Barreiro, secretario del Excmō Sr. Comisario Imperial de esta Península. *Mérida, imprenta de R. Pedrera,* 1864. petit in-8°. 76 pp.

<small>Petit livre devenu fort rare, même au Yucatan, à cause de la position de l'auteur, qui était secrétaire du commissaire impérial gouverneur du Yucatan, au nom de S. M. l'Empereur Maximilien.</small>

BARRIENTOS (P. Fr. Luis). Doctrina christiana en lengua CHIAPANECA, escrita por el padre M^{tro} Fray Luis Barrientos de la Orden de Predicadores. 1690 años. in-4°.

<small>MANUSCRIT de 8 ff., d'autant plus précieux qu'il est unique sous tous les rapports. Sur le ỳ. du dernier folio, il porte : " 1690 años. Fin del confisionario de lengua Chapaneca facta oi dia de la concepcion facta pluma mui grande de fray Luis Barrientos. „ Cette note est écrite d'une main différente du manuscrit, ce qui ferait croire que ce document est le travail original de l'auteur.</small>

Le père Luis Barrientos est bien probablement le même qu'on trouve mentionné dans Remesal (lib. XI, cap. XII, pag. 695.) sous le nom de Pedro de Barrientos; ou bien lui ou l'annotateur se trompe sur le prénom, à moins qu'il n'ait également porté les deux, Pedro et Luis. Selon Remesal, il était Portugais de nation et avait pris en 1554 l'habit de Saint Dominique, au couvent de la Peña de Francia, en Castille. Passé en Amérique, ce fut lui qui bâtit le beau monastère de Chiapa de Indios dont il fut le premier prieur. Il apprit la langue chiapanèque et la connut mieux que la sienne propre, ajoute l'annaliste: ce fut lui qui enleva de l'antique citadelle, dont les ruines dominent le fleuve et la ville actuelle, l'idole du dieu Mahuiti qu'il mit en pièces et brûla. Après avoir travaillé longtemps avec succès à la conversion des indigènes, il mourut en 1588, laissant divers MSS. d'instructions, comme aussi des leçons de l'art vétérinaire.

BELTRAN DE SANTA-ROSA MARIA (Fr. Pedro). Arte del idioma MAYA reducido a sucintas reglas. Y semi-lexicon yucateco por el R. P. Fr. Pedro Beltran de Santa-Rosa María, hijo de esta Santa Recoleccion franciscana de Mérida, etc. Formólo y Dictólo, siendo Maestro de Lengua Maya en el convento capitular de N. S. P. S. Francisco de dicha ciudad. Año de 1742. Segunda édicion. *Merida de Yucatan. Imprenta de José Dolores Espinosa. Julio,* 1859. in-4°.

7 fnc. 242 pp.

— Declaracion de la Doctrina cristiana en el idioma YUCATECO. Por el Reverendo padre Fr. Pedro Beltran de Santa-Rosa. Añadiendole el acto de contricion en verso y en prosa. *Mérida. Reimpresa por J. D. Espinosa. Marzo,* 1860. in-8°.

23 pp. Le père Beltran de Santa-Rosa Maria était natif de Mérida de Yucatan, où il prit, dès sa jeunesse, l'habit de Saint François. Profitant des travaux faits avant lui, et en particulier de ceux du père Gabriel de Saint Bonaventure, il composa sa Grammaire, dans le temps qu'il enseignait la langue maya au monastère principal de San-Benito de sa ville natale, dont les grandes ruines recouvrent aujourd'hui celles de l'antique demeure des pontifes d'Ahchum-Caan. Beltran fut tour à tour gardien de ce monastère et visiteur de son ordre. Il mou-

rut à Mérida dans le dernier quart du siècle passé, laissant, outre sa Grammaire, divers ouvrages de piété en langue maya.

Il possédait parfaitement sa langue : mais il n'en comprit pas le génie comme son prédécesseur, le père Gabriel de Saint Bonaventure, auquel il emprunta, toutefois, une partie de son travail ; aussi sa grammaire, diffuse et mal conçue, manque-t-elle de lucidité.

BERISTAIN DE SOUZA (Dr. D. José Mariano). Bibliotheca Hispano-Americana Septentrional ó catálogo y noticia de los literatos que ó nacidos, ó educados, ó florecientes en la America Septentrional española han dado á luz algun escrito, ó lo han dexado preparado para la prensa. La escribia el Dr. D. José Mariano Beristain de Souza, Dean de la Metropolitana de Mexico. *En Mexico.* 1816-1821.

3 vol. petit in-fol. Tome Ier, *Calle de Santo Domingo, esquina de Tacuba*, 1810. Sans nom d'imprimeur. — Tome II et III, *Oficina de Don Alexandro Valdés*, 1819-1821.

Le Dr. Beristain naquit, ainsi qu'il le dit dans l'article qu'il se consacre à lui-même, à Puebla de los Angeles, en 1756. Ayant passé son grade de bachelier en philosophie, il alla en Espagne, à la suite de son évêque, nommé archevêque de Valence. Il y obtint la chaire de théologie à l'université de Valladolid et fut nommé consulteur du conseil suprême de Castille. De retour à Puebla comme secrétaire de l'évêque, et n'ayant pu s'accorder avec le chapitre, il reprit le chemin de l'Espagne, où il n'arriva qu'après avoir fait naufrage dans le canal de Bahama. Ayant ensuite été nommé chanoine de Mexico par le roi, et commandeur de l'ordre de Charles III, il reprit le chemin de son pays. Il y occupa tour à tour un grand nombre de dignités importantes et mourut en 1817, ne laissant d'imprimées que les 184 premières pages du tome Ier de sa " Bibliotheca Americana. „ Le reste fut publié par son neveu D. José Rafael Enriquez Trespalacios Beristain.

Le catalogue des ouvrages de Beristain est fort nombreux. Il passa toujours pour un ami des lettres, mais d'un servilisme extravagant. Une note manuscrite à son article, dans l'exemplaire de ma collection, dit de lui ces mots : " Beristain fué el hombre mas servil que parió madre ¡ Lastima que fuera mi paisano ! „ L'auteur de cette note, Juan Evangelista Guadalajara, ainsi qu'il se fait connaître dans cet exemplaire qui lui appartint avant moi, en a surchargé les marges, aussi bien que les pages blanches, en tête et en queue des trois volumes, d'un grand nombre d'annotations, de rectifications et d'articles supplémentaires qui seraient des plus utiles pour une seconde édition du

Beristain. Ces annotations, faites par un homme parfaitement au courant des hommes et des choses de son pays, en font un exemplaire non seulement précieux, mais unique. Il s'y trouve, en outre, quatorze portraits gravés ou lithographiés tirés de différentes publications.

BERLANDIER (D. Luis) y **CHOVEL** (D. Rafael). Diario de Viage. La comision de limites que puso el gobierno de la Republica bajo la direccion del Exmō Sr. general de division D. Manuel de Mier y Teran. La escribieron por su orden los individuos de la misma comision, D. Luis Berlandier y D. Rafael Chovel. *México, tipografia de Juan R. Navarro,* 1850. in-4°. *Portrait.*

BIENVENIDA (Fr. Lorenzo de). Carta escrita de Yucatan al Serenissimo Señor Don Felipe de Austria despues Felipe Segundo Rey de España. Fecha á 10 de hebrero de 1548, y firmada fray Lorenzo de Bienvenida. In-fol.

MANUSCRIT de 14 pages, copié aux archives de l'Academie Royale d'histoire de Madrid.

Ce document, bien que court, est fort intéressant pour ce qui concerne les premières années de la domination espagnole au Yucatan : Il contient des details curieux sur les anciens édifices de Mérida. Il a été traduit et publié en français dans la collection des *Voyages et mémoires sur l'Amérique, de M. Ternaux-Compans.*

Le Frère Lorenzo de Bienvenida, de la province de Santiago (Saint Jacques) en Espagne, passa au Yucatan, en 1534. Il fut successivement gardien des couvents d'Izamal, de Mérida et de Campêche et fit trois fois le voyage d'Espagne pour les affaires de son ordre. Après avoir été employé aux missions de Costa Rica, il retourna au Yucatan, où il mourut de 1560 à 1565.

BOTURINI (Lorenzo). Idea de una nueva historia general de la America septentrional. Fundada sobre material copioso de figuras, symbolos, caracteres, y Geroglificos, Cantares y Manuscritos de Autores Indios, ultimamente descubiertos, etc. Por el cavallero Lorenzo Boturini Benaducci. *En Madrid, en la imprenta de Zuñiga, año de* 1746. in-4°.

19 fnc. front. et portrait de Boturini, gravés à Madrid par Mathias de Irala; 167 pp. — CATALOGO DEL MUSEO HISTORICO INDIANO des Cavallero L. B. Benaducci, señor de la Torre y de Hono, 3 fnc., 96 pp. Portrait de l'auteur.

Boturini était Milanais de naissance. En 1736, il passa au Mexique, avec une licence de la cour d'Espagne : il se mit promptement en rapport avec les Mexicains indigènes et apprit avec eux la langue nahuatl. Après avoir employé huit années de pénibles et de dispendieuses recherches à rassembler les documents inscrits dans son catalogue, d'avares susceptibilités l'empêchèrent de continuer : il fut saisi, privé de tout ce qu'il possédait, emprisonné avec des malfaiteurs et ensuite envoyé en Espagne pour y être jugé. Le Roi d'Espagne, dit M. de Humboldt, le déclara innocent : mais cette déclaration ne lui rendit pas sa propriété. Sa collection resta ensevelie dans les archives de Mexico, d'où, aux époques révolutionnaires, elle disparut en partie et fut depuis acquise par M. Aubin, de Paris, qui l'apporta en Europe.

BRASSEUR DE BOURBOURG (l'abbé.) Lettres pour servir d'introduction à l'histoire primitive des nations civilisées de l'Amérique septentrionale, adressées à M. le duc de Valmy. (Le même titre suit en espagnol.) *Mexico, imprenta de M. Murguia*, 1851. in-4°.

75 pp., à deux colonnes, en français et en espagnol.

Cet ouvrage est le premier fruit de mes travaux d'archéologie et d'histoire mexicaines. Il est fort rare et cet exemplaire est le seul qui me reste. Il en existe à peine une douzaine en Europe et ce qui se trouvait à Mexico, a disparu. [1]

— Histoire du Canada, de son Église et de ses Missions, depuis la découverte de l'Amérique jusqu'à nos jours, écrite sur des documents inédits compulsés dans les archives de l'archevêché et de la ville de Quebec, etc. *Paris, Sagnier et Bray et Plancy, Société de Saint Victor*, 1852. 2 vol. in-8°, reliés en un seul.

---

[1] Mon premier essai d'histoire américaine fut un récit de la *Vie de Mgr. de Laval, premier évêque de Quebec*, publié, avec portrait, dans cette ville, durant l'hiver de 1845-46 et dont je ne possède aucun exemplaire.

— Resumen histórico y cronologico de los Reyes de Guatemala, antes de la conquista. Extractado de los documentos originales y compilado por el abate E. C. Brasseur de Bourbourg.

— Nociones de un viaje á los estados de San Salvador y Guatemala, leidas en la sesion pública anual (de la sociedad geográfica de Paris), del 17 de abril de 1857, por el mismo (extractos del *Museo Guatemalteco*, n° 29-41 y 42. *Guatemala, imprenta de Luna*, 1857.) in-4°.

<small>Forme en tout, avec quelques autres parties du *Museo Guatemalteco*, 24 pp.
Le premier de ces opuscules est un abrégé chronologique de l'histoire synchronique des rois du Quiché et du Cakchiquel, écrite en grande partie d'après le MANUSCRIT CAKCHIQUEL (voir ce nom), à la demande de mes amis au Guatémala. Il n'en existe aucun exemplaire en Europe et il est devenu fort rare au Guatémala même.</small>

— Histoire des nations civilisées du Mexique et de l'Amérique centrale, durant les siècles antérieurs à Christophe Colomb, écrite sur des documents originaux et entièrement inédits, puisés aux anciennes archives des indigènes. *Paris, Arthus Bertrand*, 1857-8. 4 vol. in-8° jésus.

<small>Avec une *carte* du Mexique ancien.</small>

— Histoire du commerce et de l'industrie chez les nations aztèques avant la découverte de l'Amérique par Christophe Colomb, etc. Extrait des *Nouvelles Annales des Voyages*, juin et juillet 1858. *Paris*, 1858. in-8°.

— De Guatémala à Rabinal. Épisode d'un séjour dans l'Amérique Centrale pendant les années 1855 à 56.

<small>Extrait de la *Revue Européenne*, n°s 1 et 2, année 1859. Paris. gr. in-8°, 56 pp.</small>

— Voyage sur l'isthme de Tehuantepec, dans l'état de Chiapas et la république de Guatémala, exécuté dans les années 1859 et 1860. *Paris, Arthus Bertrand*, 1861. in-8°.

<small>Extrait des *Nouvelles Annales de Voyages,* et qui ne contient que le voyage sur l'isthme de Tehuantepec, des difficultés ayant empêché la publication du suivant.</small>

— Opuscules divers réunis, comprenant :

1° Aperçus d'un voyage dans les États de San Salvador et de Guatémala, lus dans la séance publique annuelle (de la Société de Géographie de Paris) du 17 avril 1857. 24 pp.

2° Notes d'un voyage dans l'Amérique Centrale, lettres à M. Alfred Maury, Bibliothécaire de l'Institut. Extrait des *Nouvelles Annales des Voyages*, août 1855. 31 pp.

3° Voyage de M. l'abbé Brasseur de Bourbourg à Tehuantepec, dans l'État de Chiapas, et son arrivée à Guatémala. Une lettre adressée à M. Brasseur par M. Vandegehuchte, ingénieur à Guatémala, avec une description topographique de cet État. Extrait des *Nouvelles Annales des Voyages*, année 1860. 24 pp. *carte.*

4° Quelques traces d'une émigration de l'Europe Septentrionale en Amérique dans les traditions et les langues de l'Amérique Centrale, lettre adressée à M. C. C. Rafn, secrétaire de la Société Royale des Antiquaires du nord à Copenhague. Extrait des *Nouvelles Annales des Voyages*. Décembre 1858. 32 pp.

5° Le mystère de l'île de Pâques, communication de M. V. A. Malte Brun à M. Brasseur de Bourbourg et réponse y relative, du 12 janvier 1870. Extrait des *Nouvelles Annales des Voyages*.

6° Archéologie Américaine. Cours de M. l'abbé Brasseur de Bourbourg (Soirées littéraires de la Sorbonne). Antiquités du Mexique et de l'Amérique Centrale, etc. Extrait de la *Revue des Cours Littéraires de la France et de l'Étranger*. Mai 1864. 10 pp. à deux colonnes.

7° Lettre de M. E. G. Squier à propos de la lettre de M. Brasseur de Bourbourg, insérée au cahier des *Annales* d'août 1855. 15 pp.

— Popol Vuh. Le Livre Sacré et les mythes de l'antiquité américaine avec les livres héroïques et historiques des Quichés. Ouvrage original des indigènes de Guatémala, texte quiché et traduction française en regard, accompagnée de notes philologiques et d'un commentaire sur la mythologie et les migrations des peuples anciens de l'Amérique, etc. composé sur des documents originaux et inédits. *Paris, Arthus Bertrand,* 1861. in-8°. *Cartes et figures*.

Exemplaire rare, sur papier demi-velin, jésus.

— Gramatica de la lengua quiche. Grammaire de la langue quichée, espagnole-française, mise en parallèle avec ses deux dialectes, Cakchiquel et Tzutohil, tirée des manuscrits des meilleurs auteurs guatémaliens. Ouvrage accompagné de notes philologiques, avec un vocabulaire, comprenant les sources principales du quiché comparées aux langues germaniques. Et suivi d'un essai sur la poésie, la musique, la danse et l'art dramatique chez les Mexicains et les Guatémaltèques avant la conquête, servant d'introduction au RABINAL ACHI, drame indigène avec sa musique originale, texte quiché et traduction française en regard. *Paris, Arthus*

Bertrand, 1862. in-8° jésus, avec 12 pp. de musique du *Rabinal Achi*.

— Esquisses d'histoire, d'archéologie, d'ethnographie et de linguistique, pouvant servir d'instructions générales. Rédigées pour le Comité des séances historiques (Commission Scientifique du Mexique). *Paris, Imprimerie Impériale*, 1864. in-4°, 43 pp.

<small>Republié dans le tome 1er des *Archives de la Commission Scientifique du Mexique*.</small>

— Relation des choses de Yucatan de Diego de Landa. Texte espagnol et traduction française en regard, comprenant les signes du calendrier et de l'alphabet hiéroglyphique de la langue maya, accompagné de documents divers historiques et chronologiques, avec une grammaire et un vocabulaire abrégés maya-français; précédés d'un essai sur les sources de l'histoire primitive du Mexique et de l'Amérique centrale, etc., d'après les monuments égyptiens et de l'histoire primitive de l'Egypte d'après les monuments américains, *Paris, Arthus Bertrand; Maisonneuve et Cie.* 1864. in-8°.

<small>Seul exemplaire ayant un portrait de DIEGO DE LANDA, acquis au Yucatan.</small>

— S'il existe des sources de l'histoire primitive du Mexique dans les monuments égyptiens et de l'histoire primitive de l'ancien monde dans les monuments américains? Extrait du volume intitulé: RELATION DES CHOSES DE YUCATAN. *Paris, Auguste Durand; Maisonneuve et Cie.* 1864. in-8°.

— Rapports divers sur le Yucatan, adressés à S. E. le Ministre de l'Instruction publique en 1864 et 1865, et extraits des *Archives de la Commission scientifique du Mexique. Paris, Imprimerie Impériale,* 1865. in-8°. *Cartes* et *gravures* sur bois.

— Recherches sur les ruines de Palenqūé et sur les origines de la civilisation du Mexique. Texte publié avec les dessins de M. de Waldeck, sous les auspices de S. E. M. le Ministre de l'Instruction publique. *Paris, Arthus Bertrand,* 1866. gr. in-fol. pap. vélin, avec 56 pl. des ruines de Palenqué, vases, bas-reliefs, etc., dessinés par M. de Waldeck.

<small>Cet ouvrage a un autre titre qui le précède : " Monuments anciens du Mexique. — Palenqūé et autres ruines de l'ancienne civilisation du Mexique, collection de Vues, Bas-Reliefs, Morceaux d'Architecture, Coupes, Vases, Terres Cuites, Cartes et Plans, dessinés d'après nature et relevés par M. de Waldeck, texte rédigé par M. Brasseur de Bourbourg. — Il existe de cet ouvrage une édition tirée grand in-4°, sans planches.</small>

— Quatre Lettres sur le Mexique. Exposition absolue du système hiéroglyphique mexicain; la fin de l'âge de pierre. Époque glaciaire temporaire. Commencement de l'âge de bronze. Origines de la civilisation et des religions de l'antiquité. D'après le Teo-Amoxtli et autres documents Mexicains. *Paris, Maisonneuve et Cie.* 1868. in-8°. Nombreuses *gravures* sur bois dans le texte.

— Lettre à M. Léon de Rosny sur la découverte de documents relatifs à la haute antiquité américaine, et sur le déchiffrement de l'écriture phonétique et figurative de la langue maya. *Paris, Amyot,* 1869. in-8°. 2 *planches.*

<small>Extrait des *Mémoires de la Société d'Ethnographie de Paris.*</small>

— Catalogue des caractères mayas (fondus à l'imprimerie impériale pour la publication du Manuscrit Troano. Études sur le système graphique et la langue des Mayas). *(Paris, Imprimerie Impériale, 1869). gr. in-4°.*

23 pp. Ce catalogue, extrait des *Études sur le système graphique et la langue des Mayas*, n'a été tiré à part que pour l'usage de l'Imprimerie Impériale.

— Manuscrit Troano. — Études sur le système graphique et la langue des Mayas. *Paris, Imprimerie Impériale, 1869-70. 2 vol. in-4°.*

Cet ouvrage a été publié par ordre de S. M. l'Empereur et par les soins du Ministre de l'Instruction publique. Le tome 1er comprend l'exposé du système graphique des Mayas, pour lequel 600 caractères ont été fondus à l'imprimerie impériale. Vient ensuite le MSS. Troano, reproduit fidèlement en 70 planches, imprimées en lithochromie. — Le tome II comprend la grammaire, la chrestomathie et le vocabulaire maya-français et espagnol.

BRUYAS (R. P. Jacobo). Radices verborum Iroquæorum. Auctore R. P. Jacobo Bruyas, Societatis Jesu. *Neo-Eboraci; typis J. M. Shea. gr. in-8°.*

Volume de la *collection de M. Shea*.

BURGOA (Fr. Francisco de). Palestra historial virtudes, y exemplares Apostolicos, fundado del zelo de Insignes Heroes de la Sagrada Orden de Predicadores en este Nuevo Mundo de la America, y Provincia de Guaxaca, en las Indias Occidentales: dispuesta, y ordenada por el muy R. P. M. Fr. Francisco de Burgoa, hijo de la misma Provincia, su provincial dos vezes, y una su Definidor en Roma, corrector y visitador General de Libros, Comissario y Calificador por la suprema y General Inquisicion, y Vicario actual de la Casa de Huaxolotitlan. *Impresso en Mexico: En la Imprenta de Juan Ribera, Año de* 1670. in-fol.

Front. gravé aux symboles de l'Immaculée Conception et de Saint Dominique (le titre manque). 8 fnc. 267 ff. table incomplète.

Le père Burgoa, dont aucun catalogue bibliographique ne fait mention, naquit à Oaxaca (Mexique), à la fin du XVIe siècle. Il prit l'habit de Saint Dominique en 1620 et exerça longtemps le ministère sacerdotal parmi les Indiens de son pays. Élu Provincial, en 1649, il fut envoyé à Rome, en 1656, pour assister au chapitre général de son ordre. Il mourut dans un grand âge à Teozapotlan, en 1681. Burgoa possédait en perfection la langue Zapotèque et la Mixe, et comprenait plusieurs autres idiomes indigènes. Il publia divers ouvrages à Mexico et un Panégyrique de Saint Thomas d'Aquin à Madrid, en 1658. Mais ses travaux les plus intéressants, sous tous les rapports, sont la *Palestra historial*, histoire de la vie des principaux membres de l'ordre de Saint Dominique, dans la province d'Oaxaca, et, surtout l'ouvrage suivant.

— Geografica descripcion de la parte Septentrional del Polo Artico de la America, y Nueva Iglesia de las Indias Occidentales, y sitio astronomico de esta Provincia de Predicadores de Antequera Valle de Oaxaca : en diez y siete grados de Tropico de Cancer : de baxo de los aspectos, y radiaciones de Planetas morales, que la fundaron con virtudes celestes, influyendola en santidad, y doctrina. Consagrala A su esclarecido Patriarca Santo Domingo, decoroso Timbre de Guzmanes, Planeta celeste del zodiaco de luzes, can Mayor del Agosto fertil de la predicacion evangelica, descanso de la militante Jerusalen, y dia septimo para el alivio de la Iglesia : el P. Mº Fr. Francisco de Burgoa, etc. *Impresso en Mexico: En la imprenta de Juan Ruyz. Año de 1674. 2 tom. in-fol. vél.*

Tom. I. Front. gravé comme le précédent. 9 fnc. 198 ff. — Tom. II. front. gravé ; titre : " Segundo Tomo de la Segunda parte de la Historia Geografica descripcion de la parte septentrional del Polo Artico de la America, etc. „ 199-423 ff. 3 fnc. Chapitre sans numéro d'ordre, en supplément : " CAP. — *De la vida y costumbres de el Padre Fr. Nicolas de Rojas*. 18 ff. 10 fnc. de table. Exempl. neuf.

Cet ouvrage est le plus important de ceux du père Burgoa. Il est rempli de détails fort intéressants sur l'histoire des petits royaumes de l'état d'Oaxaca, sur les princes, les prêtres, les temples, les palais, les grottes sépulcrales, la religion et les rites de l'idolatrie antique de cette contrée. Burgoa aimait le paysage et le pittoresque ; on le sent à la lecture de son ouvrage, bien que le style en soit souvent emphatique et diffus. C'est néanmoins l'unique source qui nous soit restée de l'histoire des indigènes d'Oaxaca. On y trouve en particulier la description des temples et des palais de Mictlan, du cérémonial observé pour le pontife suprême qui y faisait son séjour, etc.

Ouvrage excessivement rare, même à Mexico, formant une collection complète avec le précédent.

BUSTAMANTE (Carlos Maria de). Suplemento á la historía de los tres siglos de Mexico, durante el gobierno español. Escrito por el padre Andres Cavo. Preséntalo el Lic. Carlos Maria de Bustamante, como continuador de aquella obra. *Mexico*, 1836-1838. *Imprenta de Luis Abadiano*. 2 vol. in-4° vél., formant les tomes III et IV de l'ouvrage de CAVO.

Bustamante commence sa continuation au 25 juin 1767, jour de l'expulsion des jesuites de Mexico, dont il se montre partout l'ami et le défenseur : il la termine avec l'acte de l'indépendance mexicaine et la proclamation de l'empereur Augustin 1er (Iturbide), en 1821. Don Carlos Maria de Bustamante, auteur et éditeur d'un grand nombre d'ouvrages sur l'histoire ancienne et moderne du Mexique, naquit en 1774, à Oaxaca, d'un père espagnol, José Antonio Sanchez de Bustamante. Il commença ses études dans sa ville natale et prit ses grades en droit à Mexico. Outre la jurisprudence, il étudia la théologie. Après une carrière brillante comme avocat, durant plusieurs années, il commença, en 1805, la publication du " *Diario de Mexico* „, qu'il continua en dépit des obstacles que lui suscita surtout le vice-roi Iturrigaray. Il adhéra avec ardeur aux premiers mouvements de l'indépendance et, à la suite de la proclamation de la constitution de Cadix, en 1812, profitant de la liberté de la presse, il publia le journal " *el Juguetillo* „ (le petit jouet) ; mais cette liberté ayant été bientôt après suspendue par le gouvernement et sa propre liberté se trouvant menacée, il alla se cacher à Tacubaya, d'où il ne tarda pas à se joindre aux amis de l'indépendance. Depuis cette époque jusqu'à la chute définitive du gouvernement espagnol, sa vie fut plusieurs fois en péril : il venait de sortir du château de San Juan, à la Vera-Cruz, lorsque l'indépendance du Mexique fut proclamée à Iguala. Sous le court règne d'Iturbide, sa franchise lui suscita de nouvelles persécutions : il en souffrit plus encore après la chute de l'empire, et, en 1827, il fut jeté en prison pour la liberté extrême de son langage dans la presse périodique. En 1836, à la création de la junte du pouvoir suprême conservateur, il fut élu l'un des cinq qui la formaient et continua d'en faire partie jusqu'à la révolution de 1841 qui renversa cette forme de gouvernement. De 1824 jusqu'à l'époque de sa mort, il ne cessa de faire partie du gouvernement d'une manière ou d'une autre, ayant presque toujours été député d'Oaxaca. Dans ses dernières années, devenu veuf, il se remaria à une jeune femme, malgré son âge avancé. L'invasion des États-Unis et l'entrée des troupes américaines à Mexico achevèrent d'abattre ses forces, déjà affaiblies par suite de cette union. L'histoire de cette invasion fut son dernier ouvrage : il mourut comme il avait vécu, en chrétien sincère, au mois de septembre 1848. Une note manuscrite ajoutée à son nom par un ami dans mon exemplaire de Beristain, dit ainsi : " Ha sido de una facundía y retentiva singular : celebre anticuario é historiador de la revolucion mexicana; pero su eximia piedad lo ha inclinado á creer cosas que resiste la critica é ilustracion del siglo. „

BUSTILLO (D. Juan Gonzalez). Extracto ó Relacion methodica, y puntual de los autos de reconocimiento, practicado en virtud de comision del Señor Presidente de la Real Audiencia de este Reino de Guatemala. *Impreso en la Oficina de D. Antonio Sanchez Cubillas, en el Pueblo de Mixco, en la casa que llaman de Comunidad de Santo Domingo. Año de* 1774. in-fol., 86 pp.

— Razon puntual de los sucesos mas memorables, y de los extragos, y daños que ha padecido la ciudad de Guatemala y su vecindario, desde que se fundó en el parage llamado Ciudad Vieja, ó Almolonga, y de donde se trasladó á el en que actualmente se halla. *Mixco, etc.* 1774. in-fol. 12 pp.

— Razon particular de los templos, casas de comunidades, y edificios publicos, y por mayor del numero de los vecinos de la capital Guatemala; y del deplorable estado á que se hallan reducidos por los terremotos de la tarde del veinte y nueve de julio, trece y catorce de diciembre del año proximo passado de setenta y tres. *En la Oficina de Don Antonio Sanchez Cubillas, en el establecimiento provisional de la Hermita* (despues la Nueva Guatemala). *Año de* 1774. in-fol. 19 pp. et 14 de suite.

Les trois ensemble dans le même volume.
Ouvrages curieux pour l'histoire de la destruction de la Antigua

Guatemala et l'édification de la capitale actuelle. Mixco, où furent imprimés les deux premiers opuscules, est un village pittoresque situé à mi-côte des monts Cakchiquels, à l'ouest de la capitale actuelle.

CABRERA (Dr. D. Pablo Felis). Teatro critico Americano ó Nueba tentativa pª la solucion del gran Problema Historico sobre la Poblacion de la America. Discurso I, para su introducion compuesto por el Dʳ Dⁿ Pablo Felis Cabrera. Tomo I. in-fol.

MANUSCRIT en 54 ff. Ce document est l'original de celui qui fut en partie publié, en anglais, avec le Rapport d'ANTONIO DEL RIO, sous le titre: *Discovery of the ruins of an ancient city, etc. London,* 1822. C'est le travail de plagiaire que combat avec tant d'amertume, dans son ouvrage, le chanoine ORDOÑEZ, voir ce nom, *Historia del cielo y de la tierra, etc.* Tout ce que l'on sait de Cabrera, c'est qu'il était Italien et qu'il fut quelque temps domicilié à Guatémala, où il profita des manuscrits qu'Ordoñez y avait laissés.

CALDAS (Sebastian Rosica de). Copia de Carta escrita a su Majestad D. Carlos Segundo, Rey de las Españas y Nuevo Mundo, por Don Sebastian Alvarez Alfonso Rosica de Caldas, Sr. de la casa de Caldas, etc. governador y capitan general de las provincias de Guatemala y presidente de la Real Audiencia, sobre la conquista, reducion y conversion de las provincias del Lacandon, en 30 de Enero de este año de 1667. *Impresso en Goatemala por Joseph de Pineda Ybarra,* 1667. in-fol. 11 pp.

Document unique aujourd'hui et dont il n'y a même pas d'exemplaire à Guatémala, la presque totalité de ceux qui existaient ayant disparu avec les terribles événements du tremblement de terre de 1773, par suite desquels eut lieu la translation de la Antigua à la Nueva Guatemala.

L'auteur de ce document était gouverneur et capitaine général du royaume de Guatémala, au nom du Roi d'Espagne.

CAMPOSECA (Marcial). Confesionario para confesar á los Indios por su idioma, sacado en LENGUA CHANABAL por Marcial Camposeca para el uso del

M. R. P. Fray Benito Correa, en Comitan, á 16 de julio del año de 1813. in-4°.

MANUSCRIT, de 7 ff. seulement, mais avec celui du père PAZ (voir ce nom) unique monument connu de la languè Chanabal. Cette langue, selon ce que disent les gens de Comitan, ne s'appellerait ainsi, que parce qu'elle serait issue et composée des quatre langues voisines, existantes autour du canton de Comitan: le Tzendal à l'est, le Tzotzil au nord, le Mam de Soconusco à l'ouest et le Pokoman de Jacaltenango, au sud. La langue Chanabal se borne donc à un très petit nombre de localités, autour de Comitan et dans un rayon d'environ douze lieues de diamètre, étendu en particulier vers la frontière du Guatémala, au sud.

CANCER (V. Fray Luis). Varias coplas, versos é himnos en LENGUA DE COBAN Verapaz, sobre los misterios de la religion para uso de los Neofitos de la dicha provincia, compuestos por el Ven. Padre Fray Luis Cancer, de la orden de Santo Domingo. In-4°.

MANUSCRIT de 33 ff. Ce document provient des anciennes archives de l'évêché de Coban, dans la Verapaz. Lorsque j'arrivai à Rabinal, il était dans la possession d'Ignacio Coloché, alors secrétaire de la municipalité indigène et qui m'en fit présent avec plusieurs autres documents du même genre. Il m'assura qu'il remontait traditionnellement au Ven. Luis Cancer, l'un des premiers apôtres de la Verapaz. Fray Luis Cancer, né à Balbastro, en Arragon, fut le compagnon de Las Casas et d'Angulo, et l'on sait avec quelle sainte ardeur il défendit la liberté des indigènes, dans la réunion des évêques et des théologiens qui se tint à Mexico, en 1546. D'accord avec Las Casas, ce fut lui qui composa les premiers chants chrétiens, destinés à gagner les indigènes de la Verapaz, où les introduisirent quelques marchands convertis à la nouvelle foi. Ces chants furent écrits d'abord dans l'idiome quiché de Zacapulas, puis en Cacchi de Coban, etc. Étant retourné en Espagne, dans l'intérêt des Indiens, il fut envoyé de là dans la Floride, où il fut mis à mort par les barbares, en 1549.

Ce MS. est le seul monument de ce genre existant aujourd'hui. On y trouve les airs notés sur lesquels les cantiques se chantaient.

CANTARERO (José Pio). Oracion funebre pronunciada por el clerigo menorista José Pio Cantarero, indigno familiar que fué del Exelentisimo é Ilmō Sr. Dr. y Maestro Don Jorge de Viteri y Ungo, dignisimo Obispo de Nicaragua. El dia 25 de agosto, en las exequias que hizó el sentimental Barrio de Sn Felipe para recordar la memoria de su buen Pastor el inmortal Sr. Viteri. — *(Leon de Nicaragua)* Año de 1853. in-4°. Voir au volume, ZECEÑA (Basilio), *Oracion*, etc.

CANTOS EN LENGUA MEXICANA, unos originales, y otros trasladados de la lengua Othomi, sacados de un Manuscrito antiguo, sin nombre de autor, en la biblioteca de la universidad de Mexico. pet. in-fol.

MANUSCRIT de 18 ff., copié par moi à la bibliothèque de l'Université de Mexico, au mois de février 1865. Il ne portait aucun nom, ni date: il paraît appartenir par l'écriture au XVIIe siècle, bien que les chants qui y sont contenus remontent en grande partie à des temps antérieurs à la conquête espagnole. Chacun de ces chants porte en tête une indication de l'air et de l'intonation qu'il fallait lui donner, comme aussi parfois de l'instrument dont on l'accompagnait, d'après la mesure musicale du rythme mexicain.

CARDENAS (Illmō fray Thomas de). Arte de la LENGUA CACCHI, de Coban en la Verapaz, compuesto por el Illmō Sr. Don fray Thomas de Cardenas, de la Orden de Predicadores, quarto obispo de Coban. in-4°.

MANUSCRIT, de 75 ff. un manque. Ce document provient des anciennes archives épiscopales de Coban et me fut donné à Rabinal par Ignacio Coloché, alors secrétaire de la municipalité indigène. Il m'assura que la tradition l'attribuait au quatrième évêque de la Verapaz. Ce quatrième évêque fut Fray Thomas de Cardenas, qui avait été précédemment prieur du couvent des Dominicains de Cordoue où il avait reçu l'habit de son ordre, en 1534. Ce fut lui qui fonda la commune de Zacapulas, en amenant dans la plaine les indigènes de la ville des hauteurs où ils étaient fortifiés. Nommé évêque de la Verapaz, en 1565, il mourut à Coban, en 1580.

La langue Cacchi, alternativement orthographiée Cakchi, et Quekchi, n'est nullement le Cakchiquel, ainsi que semblerait le penser Ludwig *(American Aborigenal languages,* table, pag. 250). C'est une langue très-distincte, apparentée au Pocomchi, au Pokoman et au Chol, comme au Maya, dont elle semble être le lien intermédiaire, pour venir ensuite s'unir aux trois dialectes Quiché, Cakchiquel et Tzutuhil de la langue métropolitaine de Guatémala. Le Cacchi se parle encore aujourd'hui à Coban et à San Pedro Carcha ; si le Quekchi en diffère, ce ne peut être que de fort peu de chose ; il est le dialecte parlé à Cahabon et à Lanquin, dernières communes de la Verapaz, vers le nord.

CARDENAS Y CANO (Don Gabriel de). Ensayo Cronologico para la historia general de la Florida. Contiene los descubrimientos, y principales sucesos, acaecidos en este Gran Reino, á los Españoles, Franceses, Suecos, Dinamarqueses, Ingleses, y otras naciones, entresi y con los Indios : cuias Costumbres, Genios, Idolatria, Govierno, Batallas, y Astucias, se refieren : y los Viages de algunos Capitanes, y Pilotos, por el Mar de el Norte, à buscar Paso à Oriente, ò union de aquella Tierra, con Asia. Desde el año de 1512, que descubrio la Florida, Juan Ponce de Leon, hasta el de 1722. Escrito por Don Gabriel de Cardenas Z Cano, (pseudonyme de ANT. GONZ. BARCIA) *En Madrid, En la Oficina Real, y á Costa de Nicolas Rodriguez Franco, año de* 1723.

15 fnc., 268 pp., 6 fnc. Voir GARCILASO DE LA VEGA.

CAROCHI (P. Horacio). Arte de la LENGUA MEXICANA con la declaracion de los adverbios della. Al Ilmō y Rmō. Señor Don Juan de Mañozca, Arzobispo de Mexico, etc. por el padre Horacio Carochi Rector del Colegio de la Cª de Jesus de San Pedro y San Pablo de Mexico. *Año de* 1645. *En Mexico : Por Juan Ruiz*. in-4°.

5 fnc. 132 ff.

Le père Carochi (en italien Carocci) naquit à Florence en 1586. Ayant pris la règle de Saint Ignace, il fut envoyé à Mexico avant la conclusion de ses études. Il fut tour à tour secrétaire de la province, recteur du collége de Tepotzotlan et supérieur de la maison Professe de Mexico, où il mourut en 1686. Outre sa Grammaire qui est aussi estimée qu'elle est rare, il laissa MSS. un vocabulaire considérable de la langue mexicaine, des sermons dans la même langue, ainsi qu'un vocabulaire et une grammaire de la langue othomie.

Cet exemplaire est un des plus beaux existants.

CARRASCOSA (Romualdo). Al Exmō Sr. Gobernador y Comandante General del Departamento de Tabasco, etc. Estadistica del distrito de la Sierra, en el mismo departamento. *San Juan Bautista, Enero 7 de 1854.* in-4°.

Voir au volume : *Documentos Estadisticos para servir à la historia y geografia de los Departamentos de Chiapas y Tabasco.*

CARRIEDO (Juan B.). Estudios historicos y estadisticos del estado Oaxaqueño. Escritos por Juan B. Carriedo. *Oaxaca, imprenta del autor*, 1850 et 1849. 2 vol. in-4°.

Détails de statistique, d'histoire et d'archéologie, intéressants et fort peu connus sur l'état d'Oaxaca, au Mexique. A la fin du tome 1er se trouve le fac-simile de la signature de l'historien Burgoa, dont Carriedo a extrait en partie son ouvrage. Voir ce nom.

CARRILLO (D. Crescencio). Historia de Welinna leyenda Yucateca en dos partes y un apéndice de notas históricas y críticas por D. Crescencio Carrillo, presbítero. *Merida. Imprenta de José Dolores Espinosa.* 1862. in-4°.

Cet ouvrage est une espèce de roman historique, dû à une plume féconde et toujours occupée. C'est problablement l'unique exemplaire en Europe.

— El Repertorio Pintoresco ó Miscelanea instructiva y amena consagrada á la religion, la historia del pais, la filosofia, la industria y las bellas letras. Editor y litógrafo D. José D. Espinosa Rendon, redactor D. Crescencio Carrillo presbitero. *Merida. Imprenta de José D. Espinosa*, 1863. in-4°, de 586 pp.

Ce volume renferme un nombre de documents curieux sur l'histoire, l'industrie, l'histoire naturelle, et l'archéologie du Yucatan. Il contient des éphémérides intéressantes, des portraits dessinés sur pierre et des vues de monuments anciens et modernes, d'une exécution très faible, mais qui ne laisse pas de donner une idée assez juste des choses qu'elles représentent. Ajoutons que Don Crescencio Carrillo est de tous les littérateurs de son pays le plus actif et le plus abondant.

— Estudio historico sobre la raza indigena de Yucatan, por D. Crescencio Carillo, presbitero. *Veracruz, 1865. Tipografia de J. M. Blanco.* in-4°, 26 pp.

— Observacion critico historica ó Defensa del clero Yucateco por D. Crescencio Carrillo, presbitero. *Merida, Imprenta de José D. Espinosa é hijos,* 1866. in-4° mayor.

A la suite:

— Disertacion sobre la literatura antigua de Yucatan, por Crescencio Carrillo, presbitero. gr. in-4°.

Ensemble 38 ff.

CARTA DEL PROVINCIAL de Santo Domingo al obispo de Guatemala, sobre los asuntos de Verapaz y de Lacandon. In-fol.

MANUSCRIT en 2 ff., traitant des missions parmi les Lacandons et Itzas du Peten (XVIIe siècle).

Relié au vol. *Documentos originales de Verapaz y Lacandon.*

CARTILLA Y CATECISMO de la doctrina cristiana en castellano y QQUECHUA. Con adicion de algunas oraciones muy devotas, oracion preparatoria para antes de rezar la Doctrina Cristiana, actos de Fé, Esperanza, y Caridad, modo de oir el Santo Sacrificio de la Misa, Esplicacion del significado de las vestiduras sagradas, del Ayuno y de la Usura, para que los padres de familia instruyan à sus hijos y domesticos. *Cuzco. Año de 1845, Imprenta del Seminario.* in-4°, 32 pp.

Cet ouvrage ne porte aucun nom d'auteur, ni d'indice qui puisse le faire découvrir.

CASTILLA (Sr. Dr. Dn. José Maria). Oracion funebre que en las solemnes exequias celebradas en la Santa Iglesia Metropolitana, al cadaver del Ilmō y Excmō Sr. Dr. Dn. Fray Ramon Casaus y Torres, digno arzobispo de esta diocesis, etc., predicó el Sr. Dr. Dn. José Maria Castilla, canonigo de esta Santa Iglesia y Rector del Colegio Tridentino, el dia 26 de junio de 1846. in-4°.

<small>Oraison funèbre en latin, 17 pp., précédée de :</small>

Relacion de las esequias que se hicieron en la Santa Iglesia catedral de Guatemala al Exmō é Ilmō Sr. Dr. y Mtro Don Fray Ramon Fco Casaus y Torres (Q. S. G. H.) dignísimo Arzobispo de esta metrópoli, etc. *Guatemala*, 1846. *Imprenta de la Paz.* in-4°, XVI pp. et 4.

<small>L'auteur de cet opuscule, chanoine de la cathédrale de Guatémala, où il est mort il y a peu d'années, passait pour un bâtard du roi Charles IV, d'Espagne.</small>

CATECISMO (tercero) y exposicion de la doctrina christiana por sermones (en QQUICHUA y español). Para que los curas, y otros ministros prediquen, y enseñen á los Indios, y á las demas personas : conforme á lo que se proveyó en el Santo Concilio Provincial de Lima el año pasado de 1583. Mandado reimprimir por el Concilio provincial del año de 1773. *En la oficina de la calle de San Jacinto.* in-4°.

<small>Sans date ni nom de libraire, ni d'auteur.
Lic. et mandement de Don Toribio Alfonso Mogrovejo, du 23 juillet 1583, 1 f. 9 proemio, 515 pp.
Tous les sermons sont en paragraphes, alternativement en espagnol et en qquichua ou langue des Incas. Les sermons XIX et XXIII ont, en particulier, rapport aux superstitions des indigènes.</small>

CAULIN (Fr. Antonio). Historia coro-graphica natural y evangelica de la Nueva Andalucia provincias de Cumana, Guayana y Vertientes del Rio Orinoco; por el M. R. P. Fr. Antonio Caulin, dos vezes Prov¹ de los Observantes de Granada. *(Madrid)*, 1779. in-fol.

Titre gravé, 8 fnc., 482 pp. *carte 3 pl.*, représentant le martyre du P. André Lopez, celui de Nicolas Gervais de Labride, religieux du diocèse de Lyon, nommé évêque par Benoît XIII. Il fut mis à mort par les Caraïbes, avec son chapelain et quelques autres.

CAVO (P. Andres). Los tres siglos de Mexico durante el gobierno espagnol, hasta la entrada del ejército trigarante, obra escrita en Roma por el Padre Andres Cavo de la compañía de Jésus. Publicala con notas y suplemento, el Lic. CARLOS MARIA DE BUSTAMANTE, etc. *Mexico, Imprenta de Luis Abadiano*, 1836-1838. 4 vol. in-4°.

Les deux premiers volumes seuls sont du père Cavo, qui les écrivit sous le titre de *Historia civil y politica de Mexico*. Mais Bustamante, à qui je ne veux, d'ailleurs, rien ôter de son mérite, avait la manie de changer les titres des ouvrages dont il fut l'éditeur. La suite qu'il donna à l'ouvrage de Cavo, porte pour titre : *Suplemento á la historia de los tres siglos de Mexico*, etc. Voir BUSTAMANTE (Carlos Maria de). L'ouvrage entier a été republié à Mexico en 1852, 1 vol. grand in-4°.

Le père Andres Cavo était Mexicain : il naquit à Guadelaxara en 1739. Il entra chez les Jésuites de Mexico en 1758, et c'est là qu'il écrivit son ouvrage qu'il mena jusqu'à l'expulsion de son ordre. Déporté avec les autres jésuites mexicains, en 1767, il résida depuis constamment à Rome, où il vivait encore en 1794, travaillant à son *Histoire du Mexique*.

CEDULAS REALES (Tres) dirigidas á los Oidores de la Audiencia Real de la ciudad de Mexico y al governador y capitan general, Presidente de Guatemala. 1677-1680. in-fol.

MANUSCRIT en 2 ff. copies par ordre, des originaux, reliées au vol. *Documentos originales de Verapaz y Lacandon*.

CELARAIN (D. Juan Pablo) y D. José Antonio Garcia. Itinerarios y Leguarios que proceden de Merida capital del Estado de Yucatan á las vigias de su parte litoral : á las cabeceras de los partidos que lo componen; de estas á las que son limítrofes; y de los puntos mas notables de su costa (facilitados por el Sr. Don Juan Pablo Celarain y el Sr. Cura D. José Antonio Garcia) *Merida. Tipografia á cargo de Manuel Mimenza.* 1851. in-8°, 32 pp.

<small>Petit livre rempli de détails intéressants et absolument inédits. Voir : SIERRA, *Pequeño Catecismo de Geografía*, etc.</small>

CHARLEVOIX (le P. Pierre François Xavier de). Histoire de l'île Espagnole ou de Saint Domingue. Écrite particulièrement sur des mémoires manuscrits du père J. B. Le Pers, jésuite, missionnaire à Saint Domingue, et sur les pièces originales qui se conservent au dépôt de la marine par le P. Pierre François Xavier de Charlevoix, de la compagnie de Jésus. *Paris, Pralard,* 1731, 2 vol. in-4°, cartes et vignettes.

— Histoire du Paraguay, par le P. Pierre François Xavier de Charlevoix de la Compagnie de Jésus. *Paris, Didot,* etc., 1757. 6 vol. in-12. *Cartes.*

<small>Cet ouvrage est le meilleur et le plus exact que l'on ait sur le Paraguay, en français. Il est intéressant surtout pour les détails qu'il contient sur le " Grand-Chaco. „ L'auteur, né à Saint-Quentin en 1682, mourut en 1761. Il partit pour les missions du Canada, en 1720, remonta le Saint Laurent et les lacs, fit une excursion au pays des Illinois et descendit le Mississippi. Il visita Saint-Domingue, en 1722.</small>

CHICA (P. Fr. Manuel Mª de la). Informe hecho al Ilmō Señor Arzobispo de Guatemala sobre el estado de las misiones de Verapaz, firmado por el R. Padre Fr. Manuel Maria de la Chica, Ord. Pred. fecho del Convento de Santo Domingo de Guatemala á 23 de Octubre de 1819. in-fol.

<small>MANUSCRIT, en 16 pp. Suivi du Rapport du père Francisco ABELLA, formant 9 pp. relié au vol. *Documentos originales de Verapaz y Lacandon.*</small>

CHIMALPOPOCATL GALICIA (Lic. Faustino).

Devocionario para oir Misa (en lengua MEXICANA). Dedicado á los Indios p^r el Lic. Faustino Chimalpopocatl Galicia. in-32.

MANUSCRIT de 33 pp. écrit en entier de la main de l'auteur, vers l'année 1848, en langue nahuatl.

— Silabario de Idioma MEXICANO por el Lic. D. Faustino Chimalpopocatl Galicia. *Mexico* : 1849. *Imprenta de las Escalerillas,* n. *7, dirigida por M. Castro.* in-8°, 16 pp.

L'auteur de cet opuscule, ainsi que du précédent, descendant d'un frère de l'empereur Montézuma, fut, en des temps meilleurs, professeur de langue mexicaine à l'université de Mexico. Il est consulté et considéré par les indigènes comme leur avocat par excellence dans toutes leurs difficultés. J'ajouterai que la fille de D. Faustino accompagna, en qualité de dame d'honneur, Sa Majesté l'Impératrice Charlotte, dans le voyage entrepris au Yucatan, par cette infortunée princesse, en 1865.

CHONAY (Presb. Dionisio José). Titulo de los Señores de Totonicapan, escrito en lengua quiché, el año de 1554, y traducido al Castellano el año de 1834, por el Padre Dionisio José Chonay, indigena, Cura de Sacapulas. El original quiche se conserva en el archivo municipal de Totonicapan (Guatemala). in-fol.

MANUSCRIT de 18 ff. copié par moi à Totonicapan, au mois de juin 1860. Ce document traduit par le père Chonay, sur l'original quiché, dans l'intérêt des indigènes de Totonicapan, est une histoire complète de la nation quichée, variante de celle que contient le *Popol Vuh* (voir BRASSEUR DE BOURBOURG) : elle est remplie de détails d'un haut intérêt pour cette contrée, comme pour l'histoire générale des tribus indigènes de l'Amérique centrale et du Mexique.

CLAVIGERO (D. Francesco Saverio). Storia antica del Messico cavata da' migliori storici spagnuoli e da' manoscritti, e dalle pitture antiche degl' Indiani : Divisa in dieci libri, e corredata di carte geografiche e di varie figure : e dissertazione sulla Terra, sugli Animali, e sugli abitatori del

Messico : opera dell' abate D. Francesco Saverio Clavigero. *In Cesena 1780. Per Gregorio Biasini, all' insegna di Pallade*. 4 vol. in-4°, *cartes* et *planches*, vél.

Édition originale de l'auteur.

Clavigero naquit à la Veracruz, en 1731, et entra au noviciat des Jésuites de Tepotzotlan, en 1748. Ses études furent plus brillantes que profondes et au collége de Puebla où il fut envoyé à l'âge de 20 ans, il se laissa aller plus ou moins à la lecture de la philosophie moderne, bien qu'à l'insu de ses supérieurs. De retour à Mexico, il se dédia à l'étude des documents concernant l'ancienne histoire du Mexique, qu'il trouva en abondance dans la bibliothèque du collége de San Pedro y San Pablo, de son ordre. Expulsé du Mexique avec les autres membres de la compagnie de Jésus, en 1767, il se retira à Cesène où il composa son " Histoire du Mexique „. Il l'écrivit d'abord en espagnol ; mais l'autorisation de l'imprimer lui ayant été refusée en Espagne, il la traduisit en italien. Cet ouvrage fut depuis traduit en espagnol et publié à Londres, en 1826. Ackerman et Cie, 2 vol. in-8°. Clavigero mourut à Bologne en 1787.

CODAZZI (Agustin). Atlas fisico y politico de la Republíca de Venezuela, dedicado por su autor el coronel de ingenieros Agustin Codazzi al congreso constituyente de 1830. *Caraccas*, 1840. gr. in-fol., titre gravé, 8 pp. et 20 cartes, dont plusieurs dont subdivisées.

Atlas très-estimé et fort rare. Il est le complément obligé de l'ouvrage suivant.

— Resúmen de la geografía de Venezuela por Agustin Codazzi, formado sobre el mismo plan que el de Balbi y segun los conocimientos prácticos adquiridos por el autor en el curso de la comision corográfica que puso á su cargo el gobierno de Venezuela. *Paris, imprenta de H. Fournier y C*^{a}. 1841.

Cet ouvrage, imprimé à Paris, n'y a jamais été vendu qu'occasionnellement, les exemplaires en ayant été expédiés à peu près tous au Vénézuela, où se grava l'Atlas précédent qui en est le complément. L'un et l'autre sont également estimés et on peut les considérer comme les meilleurs ouvrages de géographie et de statistique moderne, publiés dans l'Amérique espagnole.

CODEX CHIMALPOPOCA (Copie du), contenant les Époques, dites Histoire des Soleils et l'Histoire des Royaumes de Colhuacan et de Mexico, texte MEXICAIN (corrigé d'après celui de M. Aubin), avec un essai de traduction française en regard. gr. in-4°.

MANUSCRIT de 93 ff., copié et traduit par le signataire de la bibliothèque. C'est la copie du document marqué au n° 13, § VIII du catalogue de BOTURINI, sous le titre de : *Historia de los Reynos de Colhuacan y Mexico*, etc.

Ce document, où pour la première fois j'ai soulevé le voile énigmatique qui recouvrait les symboles de la religion et de l'histoire du Mexique, est le plus important de tous ceux qui nous soient restés des annales antiques mexicaines. Il renferme chronologiquement l'histoire géologique du monde, par séries de 13 ans, à commencer de plus de dix mille ans avant l'ère chrétienne, suivant les calculs mexicains.

COGOLLUDO (Fr. Diego Lopez de). Los tres siglos de la dominacion española en Yucatan, ó sea Historia de esta provincia desde la conquista hasta la independencia. Escribióla Fr. Diego Lopez de Cogolludo, provincial que fué de la orden franciscana; y la continua un Yucateco. Tomo 1°, *Campeche: Imprenta de José Maria Peralta*, 1842. — Tomo 2°, *Merida, Imprenta de Castillo y C°*, 1845. in-4°.

Cet ouvrage est la seconde édition de l'*Historia de Yucathan* de Cogolludo, faite par un littérateur du pays, Don Justo Sierra, mort depuis peu d'années, et qui eut, à l'imitation de Bustamante, le mauvais goût de changer les titres des ouvrages anciens. Les notes et appendices qu'il ajouta sont de mince valeur, et la continuation qu'il annonce au titre n'eut jamais lieu. Cogolludo, qu'il critique beaucoup trop, avait les défauts de son temps, comme Justo Sierra avait outre mesure ceux du sien. Le premier est un peu trop crédule à l'endroit des miracles et s'étend trop sur l'histoire des couvents de son ordre; le second, incrédule et démolisseur, aide par une philosophie fausse et sans science, à achever la ruine de l'église, à laquelle seule le Yucatan doit les avantages dont il ait joui, depuis la conquête, la soumission des indigènes, la paix, son université aujourd'hui anéantie par un faux libéralisme, et ses institutions littéraires.

Cogolludo était natif de Alcala de Henares, en Espagne, où il avait pris l'habit de Saint François, en 1629.

COLECCION DE CEDULAS REALES, desde el año de 1632 hasta el año de 1769, concernientes al gobierno de las Religiones en las Americas, y especialmente en el Reyno de Guatemala, etc. in-fol.

<small>Ces cédules sont au nombre de vingt-neuf et les six premières manuscrites, portent le grand sceau Royal aux armes d'Espagne. Quatorze sont signées de la main du monarque régnant " Yo el Rey. „
Chacune d'elles est un document original, relatif aux communautés religieuses de l'Amérique espagnole, dans leurs rapports avec le gouvernement colonial et celui de la mère patrie.</small>

COLINA (Ilmō Sr. Carlos Maria). Pastorales varias del Ilmō Sr. Dr Don Carlos Maria, dignisímo Obispo que fué de Chiapas y hoy dia de la Puebla de los Angeles, *Guadalaxara, Dionisio Rodriguez,* 1854. — *Chiapa, Joaquim Armendariz,* 1856. — *Guatemala, Imprenta de la Paz,* 1857-1859. — *Guatemala, L. Luna,* 1863. — *Puebla, Neve y C^a.* 1864. 1 vol. in-fol. *portrait* photogr.

<small>Ce volume comprend la plupart des Lettres Pastorales de Mgr. Colina, évêque de Chiapas et aujourd'hui de Puebla, relatives à l'usurpation des biens de l'église de Chiapas par l'administration civile, ainsi que celle qui fut écrite en commun avec les évêques de Guatemala au sujet des attaques de l'Italie sur le Saint Siége. La dernière fut écrite en commun avec les évêques du Mexique, lors de l'avènement de l'empereur Maximilien et de l'impératrice Charlotte.
Ces lettres sont aujourd'hui presque introuvables et forment un document intéressant pour l'histoire de l'époque.</small>

— Cartilla de Coro que comprende toda clase de asistencias, funciones, solemnidades, cargos, oficios, deberes y obligaciones que hay que desempeñar en la santa Iglesia catedral de Chiapas, asi por S. M. J. Sr. Dean y cabildo, como por sus capellanes, clero y demás dependientes, segun el órden de restauracion, conveniente ritualidad y engrandecimiento dados á la misma Iglesia por su actual prelado el Ilmō. Sr. Dr. D. Cárlos María

Colina y Rubio, dignísimo obispo de esta diócesis, etc. *Madrid, imprenta de D. Luis Palacios*, 1859. 1 vol. in-8.

COMPENDIO DE LA HISTORIA de Venezuela desde su descubrimiento y conquista hasta que se declaró estado independiente. *Caraccas, imprenta de A. Damiron.* 1840. in-4.

Ce livre ne porte aucune signature; mais la lecture du privilége, qui précède le volume, laisserait croire qu'il est l'œuvre même de son éditeur et imprimeur, A. Damiron, à Caraccas.

CONFESIONARIO en la lengua de San Miguel Chicah, dialecto de la lengua QUICHE de Rabinal. in-4.

MANUSCRIT de 11 ff., écrits seulement au recto. San Miguel Chicah, commune d'environ 3000 âmes, est située dans la chaîne des monts qui sépare Rabinal de la ville de Salama, dans la Verapaz; c'était naguère une localité dépendante de Rabinal, dont elle se détacha, il y a cinquante ans environ. Il y a fort peu de différence d'un dialecte à l'autre.

CONTESTACION que el Exmō Sr. Gobernador Constitucional del Estado, dió á la comunicacion oficial que el Ilustrísimo Sr. Obispo le dirigio, con motivo de los supremos decretos de 12 y 13 de julio ultimo y circular de la secretaría á las autoridades politicas del mismo. *Tuxtla, imprenta del Gobierno, á cargo de Vicente Molina y Lara*, 1859. in-4°.

Voir au volume: *Documentos estadísticos para servir á la historia y geografía de los departamentos de Chiapas y Tabasco.*

Ce document est une réponse de l'administration civile du département de Chiapas à l'une des pastorales de l'évêque diocésain, concernant l'usurpation des biens de l'église. Voir plus haut COLINA.

CORTES (Hernan). Historia de Nueva España, escrita por su esclarecido conquistador Hernan Cortes, aumentada con otros documentos, y notas, por el Ilmō Sr. Don Francisco Antonio Lorenzana, arzobispo de Mexico. *En Mexico, en la imprenta del superior Gobierno, del Br. D. Joseph Antonio de Hogal. Año de* 1770. in-fol.

Coll. : Titre avec gravure et front. gravé par Navarro; 9 fnc. pour la préface, etc. " Viage de HERNAN CORTES desde la Antigua Vera-Cruz à Mexico, para la inteligencia de los pueblos, que expressa en sus cartas, y se ponen en el mapa „ XVI pp. Carte de la Nouvelle-Espagne, dressée par J. Ant. de Alzate y Ramirez, à Mexico, en 1769 : plan du grand Temple de Tenochtitlan ; et une planche représ. l'ancien calendrier mexicain. " Texte „ 400 pp., " indice „ 9 fnc. La carte de la Californie se trouve entre les pp. 328 et 329. Elle a été dressée et gravée à Mexico en 1541 par le pilote *Domingo del Castillo*.

Ouvrage rare, mais connu pour les documents intéressants qu'il contient. Entre les pp. 176-177, sous le titre de *Cordillera de los pueblos que antes de la conquista pagaban tributo á el Emperador Muctezuma, y en que especie y cantidad*, se trouvent 31 pl. (num. 32), offrant le *fac-simile* d'une collection hiéroglyphique qui faisait partie de celle de Boturini.

Le présent exemplaire est d'autant plus précieux qu'il porte au bas du titre le monographe de D. J. DE A. XICOTENCATL, descendant du valeureux guerrier tlaxcaltèque, l'adversaire de Cortez, à qui il a appartenu.

— Cartas y relaciones de Hernan Cortés al emperador Carlos V, colegidas é ilustradas por Don Pascual de Gallangos. *Paris, imprenta central de los ferro-carriles A. Chaix y C^a.* 1866. gr. in-8°.

Cette collection des Lettres de Cortès, fort peu connue du public, pour n'avoir pas été mise dans le commerce ordinaire, est la plus belle et la plus complète qui ait encore été publiée. Elle contient non-seulement les lettres de ceux de ses lieutenants qui ont rapport à la suite de ses conquêtes, mais l'ensemble entier des lettres et relations du conquérant du Mexique : entre ces dernières, je citerai la longue lettre, datée de Mexico, 3 septembre 1526, où il rend compte à son souverain de son expédition au travers des marais de Tabasco et d'Acalan pour se rendre par la région du Peten-Itza au Golfe Dulce et au Honduras. C'est une des pièces les plus intéressantes de ce magnifique recueil.

On regrette seulement, en lisant les notes qui accompagnent cette splendide publication, qu'elles ne soient pas plus correctes. L'annotateur est fort savant, sans doute, dans la langue et l'histoire des Arabes; mais, bien qu'Espagnol, il montre fort peu de connaissance de la géographie et de l'histoire des antiques colonies que son pays possédait naguère en Amérique. Le public érudit n'en doit pas moins de reconnaissance au véritable éditeur de ce recueil, Don Luis de Cuadra, banquier à Paris. Honneur au financier qui sait faire de sa fortune un si noble et légitime usage.

— Sumario de la residencia tomada á Don Fernando Cortes, Gobernador y Capitan General de la Nueva España, y á otros gobernadores y oficiales de la misma. Palaografiado del original por el Lic. Ignacio Lopez Rayon. (Documentos para la historia de Mexico, en el Archivo Mexicano). *Mexico tipografia di Vicente Garcia Torres*, 1852. 2 vol. in-4°.

Ces deux volumes comprennent la procédure faite à Cortès et aux autres conquérants, selon l'usage du gouvernement espagnol, en leur faisant rendre compte de leurs actes, devant tous les témoins à charge et à décharge, cités solennellement dans ces circonstances. Ils sont remplis de détails curieux et entièrement inédits relatifs à la conquête, et qu'on ne trouve que là.

COSTUMBRES, leyendas y tradiciones de Yucatan, sacadas de varios autores. in-fol.

MANUSCRIT de 20 ff., copie de pièces du " Registro Yucateco, „ non-originales, renfermant des détails fort curieux sur les usages des indigènes du Yucatan; n° 5 du vol. *Documentos originales y copias para servir á la historia de Chiapas, Yucatan y Guatemala.*

CRUZ (D. Luis de la). Descripcion de la naturaleza de los terrenos que se comprenden en los Andes, poseidos por los Peguenches: y los demas espacios hasta el rio de Chadileubu, reconocidos por D. Luis de la Cruz, alcalde mayor provincial del ilustre cabildo de la Concepcion de Chile.

De la pag. 159 à la pag. 232, au tome II de la *Historia Argentina de* Diaz de Guzman. (Voir ce nom.)

CUEBA (Fray Pedro de la). Parabolas y exemplos sacados de los costumbres del Campo, obra escrita en lengua ZAPOTECA para el consuelo é instruccion de los naturales de la misma lengua por el R. P. M. Fray Pedro de la Cueba, de la orden de Predicadores. In-4°. vél.

MANUSCRIT original de 123 ff., portant les noms des divers grades de parenté, en Zapotèque. Plus bas, après un mot illisible, le nom de l'auteur, Pedro de la Cueba, avec paraphe. f. 3. " De lo que causa el aguacero llovediço sobre la tierra, „ titre suivi de blanc. Deux feuillets blancs manquent pour l'ordre de la numération. Au feuillet, précédant le commencement de l'ouvrage, j'ai écrit un titre en espagnol, d'après les données que fournit la table des matières, ainsi que l'histoire de la vie de l'auteur, d'après BURGOA (voir ce nom). Enfin 16 ff. de table. Le livre est complet.

Fray Pedro de la Cueba (Cueva dans Burgoa) naquit à Antequera (cité d'Oaxaca) de parents renommés entre les premiers conquérants de ce pays. Il prit tout jeune l'habit de Saint Dominique et se distingua par ses sermons dans la langue Zapotèque. Aussi disait-on de son temps d'un bon orateur : *Il prêche comme un Pedro Cueva*. Élu prieur du couvent d'Oaxaca, il mourut en 1611, avant d'avoir fini son temps. Outre de nombreux Mss. existant naguère dans la bibiothèque de son monastère, on a de lui : *Arte de la Gramatica de la lengua Zapoteca, conforme á la Gramatica Latina que escribió Antonio Nebrija. Impr. en Mexico*, 1607. in-8°. Le manuscrit en entier est de la même main que la signature.

CUEVAS AGUIRRE (D. Joseph Francisco de). Extracto de los autos de diligencias y reconocimientos de los rios, lagunas, vertientes y desagües de la capital Mexico, y su valle: de los campos para su comunicacion, y su comercio: de los daños que se vieron : remedios que se arbitraron : de los puntos en particular decididos: de su practica, de otros á mayor examen reservados, para con mejor acierto resolverlos. Todo por disposicion del Excmō Señor D. Juan Francisco de Huemez y Horcasitas, Vi-Rey, etc. Lo escribió de su mandato el Lic. D. Joseph Francisco de Cuevas Aguirre y Espinosa, etc. *En Mexico, por la viuda de D. Joseph Bernardo de Hogal. Año de* 1748. in-fol.

71 pp. avec carte imprimée en rouge de la allée de Mexico.

CURA DE TAKTIC. Confesionario en lengua KAHCHI, en metodo breve, escrito por un padre cura de la orden de Santo Domingo del pueblo de Taktic, año de 1812. in-4°.

MANUSCRIT en 10 ff. Cet opuscule me fut donné par un curé de Taktic, commune où l'on parle la langue Pocomchi et située non loin de Coban. Il me dit qu'il avait été écrit par un de ses prédécesseurs, religieux dominicain de la Verapaz. Du 7ᵉ f. *verso* commence " Para administrar el Sacramento del matrimonio „; suivi, au *recto* du 8ᵉ, des noms de nombre, en langue cacchi, et au 8ᵉ f. *recto* du " Modo de administrar el Sacrᵗᵒ del Viatico. „

DAVILA (Fernando Antonio). Bosquejo del curato de Quezaltenango por el cura encargado de la misma parroquia, Presbitero Fernando Antonio Davila. *Guatemala : Imprenta de la Paz.* 1846. in-4°.

115 pp. ouvrage de statistique assez curieux.

DAVILA PADILLA (Ilmō. Fray Agustin). Varia historia de la Nueva España y Florida, donde se tratan muchas cosas notables, ceremonias de Indios, y adoracion de sus idolos, descubrimientos, milagros, vidas de varones ilustres, y otras cosas sucedidas en esta Provincia. Por el Maestro Fray Agustin Davila Padilla, al Principe de España. Segunda impresion. *Año de* 1634. *Impreso en Valladolid, por Juan Bautista Varesio.* in-fol. vél.

2 fnc. 654 pp. 3 fnc.
Davila Padilla naquit à Mexico d'une famille noble des premiers conquérants. Il prit l'habit de Saint Dominique en 1579 et fut élevé au siége archiépiscopal de Santo Domingo en 1599. Il mourut en 1604. On sait qu'il puisa une partie de son histoire dans l'ouvrage alors inédit de Duran, MS. publié en 1867, par D. Fernando Ramirez, ex-ministre d'État de Sa Majesté l'empereur Maximilien. Voir plus bas au nom de Duran.

DELGADO (P. Fr. Damian). Compendio del Arte Quiché del P. Fr. Damian Delgado, Ord. Praed. Siguese la Doctrina Christiana en lengua quiche del mismo Autor, con sermones del mismo Padre y otros de la Orden de N. P. Santo Domingo.

MANUSCRIT in-4° de 35 ff. L' " Arte „ comprend les 9 premiers ff., les 11 suivants contiennent la "Doctrina Christiana „, les autres des matières diverses ; la salutation des alcaldes indigènes, se transmettant leur baton de commandement, " Mudança de varas „ et autres salutations, plus ou moins imitées des discours que prononçaient anciennement les seigneurs indigènes, dans les occasions solennelles. La dernière portion importante de ce manuscrit est un sermon pour le Vendredi Saint, composé et prêché par le P. Damian Delgado, au titre duquel le copiste a ajouté ces mots : " Con este solo sermon sabrás bien lengua. „

— Sermones varios predicados en lengua QUICHE por el padre fray Damian Delgado, y trasladados para el uso de los padres de la Santa Orden de n^{tro} padre Santo Domingo en Rabinal (por el padre fr. Domingo de Basseta), etc.

MANUSCRIT in-4º de 123 ff. Les 83 premiers comprennent des homélies et sermons sur les dimanches et fêtes du père Damian Delgado, précédés de ces mots : " Quaderno de Evangelios en la lengua „ quiché, los quales saque de un librito viejo que no tenia principio, „ et terminant avec ceux-ci : " Fin de los Evangelios que estaban escrip„ tos de letra de Fr. Damian Delgado. „   Signé " Basseta. „

Les deux sermons suivants sont encore de la main du père Domingo de Basseta; mais ne paraissent pas être de lui ; ils furent écrits ou recopiés par lui dans les dernières années du XVIIᵉ siècle, son vocabulaire, que je possède, étant de l'année 1698. — Les trois suivants sont postérieurs, et selon la note qui les termine, furent prêchés dans les bourgs de Zacualpa, de San Antonio et de Santa Cruz del Quiché, par le père Fr. Joaquim Ramirez, de Aguilera, en 1712. Les trois derniers ne portent aucune indication.

Le P. Fr. Damian Delgado, auteur des homélies sur les Évangiles, de l'ordre de Saint Dominique, au Guatémala, était natif de Madrilejos, dans la Castille. Il passa de bonne heure en Amérique et se dédia entièrement à l'instruction des indigènes : il posséda à un haut degré les langues quiché et cakchiquèle, et écrivit, outre ses sermons, *Arte y Vocabulario* de ces langues, mentionnés par Beristain.

DELGADO (P. Fr. Joseph). Memoria de los parajes y Rios que ay desde el Pueblo de S. Miguel Manche hasta los Indios Ahizaes, el camino y Indios, desde junio 7 hasta setiembre 26 de 1677. Fecho de Bacalar, en 26 de setiembre de 1677. firmado " Joseph Delgado „. in-fol.

MANUSCRIT en 8 ff., en y comprenant des notes additionnelles, d'un extrême intérêt pour tout ce qui a rapport à l'intérieur de la province si peu connue de Peten-Itza.

Relié au vol. *Documentos originales de Verapaz y Lacandon.*

— Carta e informacion del Padre Joseph Delgado al Rdō Padre Provincial de Santo Domingo de Guatemala sobre los sucesos y entradas al Lacandon, etc., escrita del rancho de San Lucas del Chol á 10 de marzo de 1682. Traslado. in-fol.

MANUSCRIT en 2 ff., copie par ordre.

— Informe del Padre Joseph Delgado sobre el mismo asunto, escrito en San Lucas de los choles, á 17 de Marzo de 1682. in-fol.

MANUSCRIT de 1 f., original, relié avec le vol. *Documentos originales de Verapaz y Lacandon.*

— Viage de Bacalar, y encuentro de los de Bacalar, los nombres están en el derrotero que dí á V. P. M. R. etc. Carta fecha Octubre 28 del año de 1703 : firmada Joseph Delgado. in-fol.

MANUSCRIT en 1 f., relié au vol. *Documentos originales de Verapaz y Lacandon.*

Le père Joseph Delgado, de l'ordre de Saint Dominique et religieux de la province de Guatémala, était un missionnaire aussi courageux que zélé : il exerça, durant de longues années, un ministère pénible parmi les populations de la haute Verapaz et du Peten, où il termina probablement ses jours. Ses lettres et relations, bien que courtes, sont remplies de renseignements intéressants au plus haut degré pour la connaissance géographique et ethnographique de ces contrées.

DESCRIPCION DE LA CONQUISTA, reconquista y gloriosa defensa de la Ciudad de Buenos Aires, en la invasion que los ingleses hicieron en los años de 1806 y 1807.

Document suivi de :

— Romances historicos de la reconquista y defensa de Buenos Aires, en la invasion que los ingleses hicieron en los años de 1806 y 1807. *Reimpresos en la imprenta de la Revista.*

Se trouvent l'un et l'autre au tome II de la *Historia Argentina* de DIAZ DE GUZMAN (voir ce nom).

DIAZ DEL CASTILLO (Bernal). Traslado de capitulos que se hallan en el archivo de la Ciudad de Guathemala, de Bernal Diaz del Castillo, en contra de los religiosos de Santo Domingo. in-fol.

MANUSCRIT de 22 fol. qui a pour auteur le célèbre conquérant, compagnon et historien de Cortès; il fut copié en entier de la main du père FRANCISCO XIMENEZ aux archives communales de Guatémala et commence par ces mots : " Este es un traslado de una provança é infor-
„ macion contra nosotros, y yo Franco Ximenez he trasladado pª nues-
„ tro deposito. „ Ce document, qui est un rapport et des plaintes contre les religieux de Saint-Dominique, est daté du 22 novembre 1547.

Bernal Diaz del Castillo, dont l'existence a été mise en doute aux États-Unis, il y a une vingtaine d'années, était natif de Medina del Campo en Espagne. C'est à lui qu'on doit le livre intitulé : *Historia Verdadera de la Nueva España*, qu'il acheva le 27 février 1568. Il fut plusieurs fois corrégidor de la cité de Guatémala où il avait fixé sa résidence et où il a encore aujourd'hui des descendants. C'est aux archives de cette ville que l'on conserve le manuscrit original de son histoire, où l'on trouve de notables différences avec les exemplaires publiés. Il paraît qu'il mourut dans cette ville vers l'an 1593.

DIAZ DE GUZMAN (Rui). Historia Argentina del descubrimiento, poblacion y conquista de las provincias del Rio de la Plata escrita por Rui Diaz de Guzman, en el año 1612. Ilustrada con disertaciones y un indice historico y geografico para la mas facil inteligencia del texto. *Reimpresa en Buenos Aires. Imprenta de la Revista*, 1851. 3 vol. reliés en 2.

Sous le titre de *Historia Argentina*, les éditeurs de cet ouvrage ont formé une sorte de collection de recueils historiques sur ce pays. Le premier vol. comprend l'ouvrage ci-dessus de 187 pp. texte très serré, suivi d'une partie de l'ouvrage du P. GUEVARA, de la Cie de Jésus, intitulée : *Historia del Paraguay, Rio de la Plata y Tucuman*. Voir ce nom au catalogue.

Le tome IIe commence avec l'histoire des Guaranis, 82 pp., par D. GONZALO DE DOBLAS. Voir ce nom. Suivi de : Descripcion de Patagonia y de las partes adyacentes de la America meridional, etc,, escrita en ingles por D. Tomas Falkner, en 130 pp. 2º d'un catalogue de mots patagons, recueillis par Don Antonio de Viedma et Pigafetta, en 4 pp. — 3º de: Descripcion de la naturaleza de los terrenos que se comprenden en los Andes poseidos por los Peguenches, etc., por D. LUIS DE LA CRUZ. Voir ce nom. — 4º Descripcion de la conquista, reconquista y gloriosa defensa de la ciudad de Buenos Aires, etc., de la p. 233 à la p. 280. — 5º Romances historicos de la historia de la reconquista y defensa de Buenos Aires, jusqu'à la page 356.

Le tome III comprend le poème de *la Argentina*, par BARCO CENTENERA. Voir ce nom. — 2º Tablas de latitudes, etc., del Rio de la Plata, por D. A. MALASPINA. Voir ce nom.

DICTIONNAIRE FRANÇOIS ONONDAGUÉ, édité d'après un manuscrit du 17ᵉ siècle par JEAN MARIE SHEA. *Nouvelle-York, à la Presse Cramoisy*, 1859. gr. in-8º.

DIEZ (P. Fr. Manuel). Conciones in lingua TZELDAICA, exaratas a Reverendo Patre Fr. Manuel Diez, Ordinis Sᵗⁱ Dominici, de Provincia Sancti Vincentii, dicta de Chiapa et Guatemala. 1675. in-4º.

MANUSCRIT en 103 ff., comprenant 23 sermons en langue tzendale. Le nom de l'auteur s'y trouve signé deux fois, d'abord au *recto* du fol. 1 et au *verso* de l'avant-dernier, à la suite d'une sorte d'allocution aux alcaldes du lieu où il écrivait. Ce lieu semblerait être le pueblo de Tzibac-ha, autrement appelé Ocotitan, des mots " Tzibac-ha vinic, „ homme ou habitant de Tzibac-ha, qui se trouvent sous la dernière signature, à moins qu'ils n'indiquent ainsi le lieu de sa naissance. Ces sermons furent prêchés en différents endroits, comme on le voit au titre de quelques-uns, qui portent les dates de 1672 et de 1675.

DOBLAS (Gonzalo de). Memoria Historica sobre la provincia de Misiones de indios Guaranis — por D. Gonzalo de Doblas, teniente gobernador del Departamente de la Concepcion : dirigida á D. Felix de Azara en 27 Septiembre de 1785.

82 pp. d'un texte très-serré commençant le 2ᵈ vol. de la *Historia Argentina* de DIAZ DE GUZMAN (voir ce nom).

DOCTRINA CHRISTIANA abreviada en lengua ZOTZLEM. in-4º.

MANUSCRIT de 21 pp., sans nom d'auteur, d'une écriture qui paraît appartenir au commencement du siècle.

Le Zotzlem, Tzotzil ou langue Cinacanteca, forme avec le Tzendal, dont il est un dialecte, le groupe principal de l'état de Chiapas. Il tire son nom de l'antique cité de Zotzlem, dite Tzinacantlan par les Mexicains, qui y tenaient garnison sous Montezuma. Elle était située sur une colline escarpée à l'entrée de la plaine de Ciudad Real, dont elle commandait l'approche, réduite aujourd'hui au bourg de Cinacantan, à 2 l. de cette ville. La langue Zotzlem est encore aujourd'hui celle d'une portion considérable de la population indigène de Chiapas.

DOCTRINA Y PLATICAS devotas con otras oraciones sacadas del catecismo, lo todo en lengua TZOQUE. in-4.

MANUSCRIT de 23 ff. anonyme, écriture grossière du XVIIe siècle.

La langue Tzoque, Zoque ou Zoqui, ainsi qu'on orthographie alternativement ce nom, était celle de l'état de Chiapas que l'on parlait dans la province de Tecpatlan située aux confins des départements actuels d'Oaxaca et de Tabasco : elle est réduite aujourd'hui à un nombre relativement peu considérable d'indigènes, habitant principalement les bourgades occidentales du département de Chiapas. Le Zoque n'a guère d'affinité avec les autres langues de ce département. Selon Burgoa, il en offrirait avec le Mixtèque et le Zapotèque et serait le trait d'union de ces langues avec les idiomes voisins.

DOMINGUEZ (D. Francisco). Catecismo de la Doctrina cristiana puesto en el idioma TOTONACO de la cierra baja de Naolingo, distinto del de la cierra alta de Papantla, por el Lic. D. Francisco Dominguez, cura interino de Xalpan. *Reimpreso en Puebla en la imprenta del hospital de San Pedro.* 1837. in-8°.

38 pp. De la page 26 à 38, ce petit livre présente un vocabulaire comparatif des deux dialectes totonaques, le dialecte appelé de la Totonacalpa et celui de Naolingo. Dans l'un, comme dans l'autre, on reconnaît une ressemblance lointaine avec la langue nahuatl ou mexicaine, dont le Totonaque me paraît dériver.

Cette langue est encore aujourd'hui celle d'une grande partie des indigènes du département de la Vera-Cruz et des montagnes qui s'élèvent au nord-ouest de cette ville.

DOMINGUEZ Y ARGAIZ (Dr. D. Francisco Eugenio). Platicas de los principales mysterios de nuestro Sta Fee, con breve exortacion al fin del modo con que deben excitarse al dolor de las culpas. Hechas en el Idioma YUCATECO, por orden del Ilmō y Rmō Sr. Dr. D. F. Ignacio de Padilla, Arzobispo-Obispo de Yucatan, por el Doctor D. Francisco Eugenio Dominguez y Argaiz. *Impresso en Mexico, en la imprenta del Real Colegio de S. Ildefonso, Año de* 1758. in-4°.

5 fnc., 24 pp., hymne en maya 1 fnc.

Cet opuscule est écrit en un maya pur et correct, fort supérieur à celui du père RUZ, dont il évite les redondances, en se conformant ainsi aux véritables règles de la langue. L'auteur était, à l'époque où il l'écrivit, curé de la paroisse du Saint Nom de Jésus, à Mérida de Yucatan.

DURAN (P. Fray Diego). Historia de las Indias de Nueva España y islas de tierra firme, por el padre fray Diego Duran, religioso de la orden de predicadores (escritor del siglo XVI). La publica José F. Ramirez. *Mexico. Imprenta de J. M. Andrade y F. Escalante*, 1867. in-4°.

XVI et 535 pp.

Ce volume est le tome Ier de l'ouvrage qui devait en avoir deux. D. José Fernando Ramirez, qui en avait acquis le manuscrit à Madrid, en commença la publication, étant ministre d'état de S. M. l'Empereur Maximilien. Les tristes événements qui finirent par la mort de l'infortuné souverain, ayant obligé M. Ramirez à s'exiler, cette publication est demeurée suspendue.

Duran était natif de Mexico, dit Davila Padilla; il passa sa vie dans un état continuel de maladie. Cela ne l'empêcha pas de se dédier à l'histoire et aux antiquités de son pays qu'il connut mieux que personne. On ignore l'époque de sa naissance et de sa mort; on sait seulement qu'il fit profession, en 1556, au couvent des Dominicains, et qu'il écrivit les deux parties de son ouvrage, de 1579 à 1581.

EGUIARA et EGUREN (D. Joannes Josephus de). Bibliotheca Mexicana, sive eruditorum historia virorum, qui in America Boreali nati, vel alibi geniti, in ipsam domicilio aut studiis asciti, quavis linguâ scripto aliquid tradiderunt : Eorum praesertim qui pro fide catholicâ et pietate ampliandâ fovendâque, egregie factis et quibus vis scriptis, floruere editis aut ineditis, etc., authore D. Joanne Josepho de Eguiara et Eguren, mexicano, electo Episcopo Jucatanensi, etc. *Tomus primus.* Exhibens literas A B C. *Mexici : Ex novâ Typographia in aedibus Authoris. Anno Domini* 1755. in-fol. vél.

<small>6 fnc. " De bibliotheca D. Doctoris Joannis Josephi Eguiara et Mexicanorum ingenio Aprilis Dialogus, authore Vincencio Lopez, etc.„ 12 fnc., " Anteloquia. „ 59 fnc., " Protestatio. „ 1 fnc., " Bibliotheca...„ 543 pp.</small>

<small>Eguiara naquit à Mexico à la fin du XVIIe siècle. Doyen de la cathédrale de Mexico, il fut nommé à l'évêché du Yucatan qu'il refusa pour pouvoir continuer sa carrière littéraire. Il mourut à Mexico, le 29 janvier 1788. Il laissa plusieurs autres ouvrages imprimés ou manuscrits; de ce nombre, quatre cahiers in-fol., continuation de la *Bibliotheca Mexicana* jusqu'à la lettre J, restée incomplète.</small>

ESCAMILLA (Manuscrito de Don José Maria). Succecion chronologica de los Presidentes que han governado este Reyno de Goath. — Obispos de Goathemala y noticias curiosas chronologicas destas Indias (con particular historia de la ruina acaecida en el año de 1773, escrita en forma de diario; y redificacion de la ciudad de la Nueva Guatemala en el valle de las Vacas). in-fol.

<small>MANUSCRIT en 42 ff. du plus haut intérêt pour ce qui concerne les années précédant la ruine de la Antigua et la fondation de la Nueva Guatemala. Il est rempli de détails curieux sur les éruptions du volcan et la ruine de la Antigua. Ce document se trouvant anonyme, je l'ai mis sous le nom de Don José Maria Escamilla qui m'en fit présent à San Juan Sacatépeques, en 1856.</small>

EXECUTORIA de las tierras de los pueblos de Chiapa, Acala y Chiapilla, en contra de las pretenciones de los indios de Iztapa. Fecho en 16 del mes de Septiembre de 1706. in-fol.

<small>MANUSCRIT en 64 ff. sur papier timbré; original de la procédure reconnaissant aux indigènes de Chiapa, d'Acala et de Chiapilla la légi-</small>

timité de leurs droits sur leurs territoires. Document, rempli de notions historiques intéressantes où les Chiapanèques font connaître que, plus de mille ans avant la conquête, ils étaient en possession de leurs droits territoriaux et avaient envoyé des colonies au Nicaragua.

FABREGAT (Lino). Esposizione delle figure geroglifice del Codice Borgiano-Messicano, dedicata all' Emō e Rmō principe il sig. cardenale Borgia, prefetto della SS. Congregazione di Propagande Fide per il Rev. Lino Fabregat della Compagnia di Gesú, Messicano. in-fol.

MANUSCRIT de 232 pp. copié d'après l'original sur la copie de la bibliothèque nationale de Mexico. Alexandre de Humboldt cite fréquemment ce document auquel il fit, à Velletri, de nombreux emprunts, relatifs à la chronologie et à l'astronomie mexicaine, qu'il inséra depuis dans ses *Vues des Cordillères*, etc.

Le père Lino Fabregat, jésuite mexicain, d'origine française, était né au Mexique. Compatriote de Clavigero et d'Alegre, il fut, comme eux, déporté en Italie, à l'époque de l'expulsion de la compagnie de Jésus par les ordres du roi Charles III. Devenu le secrétaire particulier et l'ami du Cardinal Borgia, évêque de Velletri et Préfet de la Propagande, ce fut lui, à ce qu'il paraîtrait, qui sauva d'une entière ruine le précieux manuscrit, dit BORGIA, actuellement au musée de la Propagande, qu'il commenta pour l'étude spéciale du Cardinal. Ce document est le 1er du vol. III, dans la collection de Lord Kingsborough.

L'exposition faite par Fabregat prouve qu'il connaissait admirablement les histoires et les traditions du Mexique, nous moins que la langue. Le travail sur l'astronomie et la chronologie mexicaines, qui forme l'introduction de ce document, est fort remarquable.

Je regrette que M. Ferdinand Denis, qui a écrit pour le *Nouveau Dictionnaire bibliographique* de Didot, la notice concernant Fabregat, n'ait pas jugé à propos de dire où il avait pris connaissance pour la première fois du titre de ce manuscrit, qu'il semblerait, d'après sa notice, avoir appris de Don Fernando Ramirez, de Mexico. Ce titre, il a dû le copier, toutefois, dans l'introduction de mon *Histoire du Mexique*, vu que l'original de Velletri, comme la copie de Mexico, ne porte d'autre titre que celui-ci: *Codice Messicano, MSS*. Quant au titre explicatif, reproduit par M. Denis dans sa notice, il est en entier de ma composition. C'est moi qui l'ai écrit en tête de ma copie, à la suite de l'autre, et si D. Fernando l'a mis sur la sienne, il n'a fait que me copier, ce dont je doute beaucoup. *Suum cuique*.

J'ajouterai que Humboldt donne à l'auteur le nom de Fabrega, et c'est M. Aubin, de qui je tiens la rectification de Fabregat. Le document termine au dernier fol. avec ces mots : " Opera postuma dell'-

„ abbate Lino Fabrica ex-Gesuita Sopra il codice Borgiano Messicano. „ C'est tout simplement le même nom italianisé.

FERNANDEZ (P. F. Alonso). Historia eclesiastica de nuestros tiempos, que es compendio de los excelentes frutos que en ellos el estado eclesiastico y sagradas Religiones han hecho y hazen, en la conversion de idolatras y reducion de hereges. Y de los ilustres martirios de varones Apostolicos, que en estas heroicas empressas, han padecido. Por el P. F. Alonso Fernandez, de la Orden de Santo Domingo. *En Toledo, por la viuda de Pedro Rodriguez. Año de* 1611. in-fol. vél.

3 fnc, 496 pp.

Alonso Fernandez, né à Placencia, en Espagne, y prit l'habit de son ordre au couvent de San Vicente Ferrer, fut général de son ordre et mourut dans la même ville en 1687. Son ouvrage serait d'une grande utilité pour la formation d'une histoire ecclésiastique de l'Amérique espagnole, dont elle comprend une partie considérable.

FERREIRA FRANÇA (Dr Ernesto). Chrestomathia de lingua Brazilica, pelo Dr Ernesto Ferreira França. *Leipzig : F. A. Brockhaus*, 1859. in-8°.

XVIII et 230 pp.

FLORES (P. F. Ildefonso Joseph). Arte de la lengua metropolitana del Reyno CAKCHIQUEL, ò Guatemalico, con un paralelo de las lenguas metropolitanas de los Reynos Kiche, Cakchiquel, y Tzutuhil, que hoy integran el Reyno de Guatemala. Compuesto por el P. F. Ildefonso Ioseph Flores, hijo de la Santa Provincia del Dulcíssimo nombre de Iesus de Guatemala, de la Regular Observancia de N. Seraphico P. S. Francisco, etc. *En Guatemala (Antigua), por Sebastian de Arebalo :* Año de 1753. in-4°.

26 fnc., avec la première page gravée à l'écusson des Franciscains, 387 pp.

Cé livre, avant mon premier voyage à Guatémala, était entièrement inconnu à la bibliographie européenne; on doutait même qu'il eût jamais été publié. Voici comment s'exprime à ce sujet l'*Athenœum,* n° du 12 janvier 1856, tandis que j'étais administrateur ecclésiastique des Indiens de Robinal (Verapaz) : " *Bourbourg's second letter on his lite-
„ rary discoveries is not less interesting. Bourbourg knows how to
„ collect, and it is surprising what the enthusiasm of a single indivi-
„ dual can achieve in this department.*

„ *We have now a proof positive that the Grammar of the Cachi-
„ quel language, by the Rev. Father Alonzo (Ildefonso) Flores, is, as
„ already stated by Juarros, really printed, — a fact which neither
„ Hesse, nor Scherzer, nor Squier had been able to establish — al-
„ though Juarros says that Flores had been Professor of Indian Lan-
„ guages at the San Carlos university of Guatemala and that his
„ Grammar had been found to be very useful.* „

Nicolas Trübner.

Juarros, parlant du père Flores, qu'il nomme également par erreur Alonso, dit de lui : Religioso de buena conducta : fué Catedratico de lengua Kachiquel en esta universidad y compuso el arte para aprender dicho idioma, que se dió á la prensa en Guatemala y ha sedo muy útil, para los que se aplican al estudio de la espresada lengua. Tambien escribió un tomo in-folio, que intituló *Theologia de los Indios* y es una esposicion de la doctrina cristiana, acomodada á la capacidad de estas gentes. Murió el año de 1772. „

FEYJOO (el Doctor Don Miguel). Relacion descriptiva de la ciudad y provincia de Truxillo del Peru, con noticias extractas de su estado politico, segun el Real orden dirigido al Excelentisimo Señor Virrey Conde de Superunda. Escrita por el Doctor Don Michel Feyjoo, corregidor (que fue) de dicha ciudad, etc. *En Madrid : En la Imprenta del Real y supremo consejo de Indias,* 1763, in-fol. vél.

4 fnc., 164 pp., portrait de Charles III, à qui le livre est dédié; perspective du territoire de Truxillo, imprimée en bleu; carte topographique de la province du même nom, coloriée; carte de la vallée du Chimu avec le plan de la ville de Truxillo ; sur le titre les armes de la ville.

Cet ouvrage ne paraît avoir été tiré qu'à un nombre restreint d'exemplaires.

FREJES (Fr. Francisco). Historia breve de la conquista de los estados independientes del imperio Mexicano, escrito por Fr. Francisco Frejes, cronista del Colegio de Nuestra Senora de Guadalupe de Zacatecas. *(Zacatecas) Imprenta á cargo de Antonio Villagrana*, 1838. in-4°. — 166 pp.

<small>Cet ouvrage, dans un petit nombre de pages, comprend des détails intéressants et généralement peu connus sur les conquêtes espagnoles du Michoacan, de la Nouvelle Galice ou Xalisco, de Colhuacan et de Sonora, extraits des chroniques manuscrites des couvents et des archives de Guadalaxara et de Mexico.</small>

FUENTE de los verbos MEXICANOS, seguida de la fuente de los nombres mexicanos. in-4°.

<small>MANUSCRIT en 28 ff. sorte de petit vocabulaire espagnol-mexicain.</small>

FUENTES (Don Manuel). Preguntas p^a administrar el Santo Sacram^{to} del matrimonio en MAM conformes al Manual que usamos. Siguen las varias partes de la doctrina cristiana en mam y en castellano, etc., lo todo hallado entre los papeles que quedaron del defunto Sr. presbitero Don Manuel Fuentes, cura propio que fué de la parroquia de San Miguel Ixtlahuacan. In-4°.

<small>MANUSCRIT en 8 ff.</small>

— La doctrina christiana en la lengua MAM, hallada entre los papeles que quedaron del defunto Sr. presbitero Don Manuel Fuentes, cura que fué de San Miguel Ixtlahuacan. In-12°.

<small>MANUSCRIT en 18 ff., comprenant deux parties distinctes et de mains différentes. L'une et l'autre me furent données comme ayant été composées et écrites, près de trente ans avant mon séjour dans cette paroisse, par mon prédécesseur, Don Manuel Fuentes, qui fut, durant quarante ans, curé d'Ixtlahuacan, l'une des principales localités de l'ancienne province des Mames, dans la juridiction du département actuel de San Marcos Sacatepeques, au Guatémala. Ce petit manuscrit et le suivant sont, avec le vocabulaire que j'ai formé, tout ce qui reste aujourd'hui d'écrit de la langue antique des Mames, du Guatémala. Cette population, une des plus anciennes de l'Amérique centrale, avait été chassée de Quetzaltenango par les Quichés, qui leur succé-</small>

dèrent en un grand nombre de lieux. A l'époque de la conquête espagnole, leur capitale qui résista fort longtemps aux envahisseurs, était Chi-Nabahul, dit Zakuleu par les Quichés et Huehuetenango, en langue mexicaine. J'en ai visité les ruines qui sont fort intéressantes, à une demi-lieue de la ville actuelle de Huehuetenango. Les Mames sont encore aujourd'hui en possession des districts de Huehuetenango et des environs, d'Ostuncalco, de Chiantla, de Tejutla, de Cuilco, de San Miguel Ixtlahuacan, de Sipacapa, de Tutuapa, de San Pedro Sacatepeques, de Malacatan, etc., à l'extrémité N.-O. de la république de Guatémala. La langue se rapproche beaucoup du *mam* de Soconusco.

Ces deux manuscrits, dans leur exiguité, sont les seuls documents aujourd'hui existant de la langue mam de Guatémala.

FUENTES Y GUZMAN (D. Francisco Antonio de). Noticia historica de los Indios de Guatemala, antes de la venida de los Españoles. Extractata en su mayor parte de la historia de Don Francisco Antonio de Fuentes y Guzman, cuyo manuscrito se conserva inedito en el archivo del Ayuntam^{to} de esta capital. — Propiedad de Rafael Arévalo. In-4°.

MANUSCRIT de 100 ff., copiés par Arévalo, qui était secrétaire de la municipalité de Guatémala. Les notions données par Fuentes y Guzman sont des plus suspectes. Afin de déguiser les horreurs commises par les Espagnols dans l'Amérique centrale, il dénature les faits et va jusqu'à déplacer la date de l'entrée des Espagnols dans le royaume de Guatémala et celle de la fondation de leur cité. Fuentes eut à sa disposition un grand nombre de documents de source indigène : mais il n'en sut profiter d'aucune manière, soit à cause de sa propre ignorance des langues, soit qu'il fût trompé par ceux qui prétendirent les lui traduire. Son histoire des rois du Quiché, copiée par Juarros, est un mauvais roman qui n'a pas le sens commun. La *Recordacion florida de la historia de Guatemala*, dont il est l'auteur, comprenait trois vol. in-fol. : deux existent aux archives de Guatémala; le premier ayant été envoyé en Espagne pour y être imprimé, au dire de Beristain, d'après Pinelo, disparut. D. Francisco A. de Fuentes y Guzman était né à Guatémala (Antigua), d'une famille descendante de Bernal Dias del Castillo. Il exerçait les fonctions de 1er alcalde, en 1656.

FUNES (Dr. Gregorio). Ensayo de la historia civil de Buenos Aires, Tucuman y Paraguay, escrito por el Doctor Don Gregorio Funes, Dean de la Santa Iglesia catedral de Córdoba (del America del

Sur). Segunda edicion. *Buenos Aires, Imprenta Bonaerense*, 1856. 2 vol. in-4°.

La première édition de cet ouvrage, très estimé dans la république Argentine, fut publiée par l'auteur de 1815 à 1818. La présente est augmentée d'une biographie du Dr. Funes et d'une suite à l'histoire du pays, sous le titre de : *Bosquejo de nuestra revolucion desde el 15 de mayo de* 1810 *hasta la apertura del Congreso nacional, el* 25 *de mayo de* 1816.

D. Gregorio Funes naquit en 1749, à Cordoba, capitale de la province de Tucuman, au Pérou, auj. République Argentine. Il se distingua de bonne heure au collége des Jésuites de cette ville, et à peine ordonné prêtre, en 1773, fut nommé recteur du collége royal de Loreto, etc. En 1775, il passa en Espagne, et afin d'augmenter la somme de ses connaissances, étudia la jurisprudence à Alcala de Henares. Bachelier en droit civil, en 1788, il obtint du roi Charles III un canonicat dans la cathédrale de Cordoba, son pays, dont il retourna prendre possession en 1780. Depuis cette époque il se distingua encore en divers emplois et se fit remarquer par l'éloquence de sa prédication. Au temps de la déclaration de l'indépendance, il travailla activement dans l'intérêt mutuel de son pays et de l'église, et sauva par son influence la vie de son évêque, condamné à mort par les insurgés. Membre de la Junte du gouvernement, en 1810, il se démit de ces fonctions, en 1811, pour se livrer entièrement à ses goûts littéraires et mourut en 1829, âgé de 80 ans, vivement regretté de ses concitoyens.

FUSTÉR (D. Justo Pastor). Biblioteca Valenciana de los escritores que florecieron hasta nuestros dias. Con adiciones y enmiendas á la de D. Vicente Ximeno. Por D. Justo Pastor Fustér. Valencia; *Imprenta y libreria de José Ximeno*, 1827. 2 vol. in-fol.

Tomo 1° " contiene à mas de los autores arabes, los que florecieron hasta el año 1700. „ — Tomo II° " contiene los autores desde el año 1701 hasta el presente de 1829. „

Je n'ai pas à m'occuper ici du mérite que cet ouvrage a, en général, pour ce qui concerne les auteurs espagnols, appartenant au royaume de Valence: mais il a, pour ce qui concerne ma BIBLIOTHÈQUE, celui de donner une biographie étendue de D. Juan Bautista Muñoz, auteur de la " *Historia del Nuevo Mundo* „ et chroniste des Indes Occidentales, à la suite de laquelle se trouve le catalogue détaillé de tous les documents que Muñoz avait réunis pour écrire l'histoire générale du *Nouveau Monde*. Ce catalogue, d'une grande importance pour tout ce qui touche à l'histoire américaine, comprend les pages 202-288, du tome II de l'ouvrage de Fustér.

GALA (Ilmō Leandro R. de la). U Ɔibhuun hach Noh Tzicbenil Ahaucaan Ahmiatz Leandro R. de la Gala, Ti ú hach Yamailoob Mehenoob, yanoob tú nachilcahtaliloob Nohol y Chikin ti le luumcabil Yucatan laa. *Ho (Merida) U Ɔalhuun Jose D. Espinosa*, 1870. in-4° (LENGUA MAYA). 8 pp.

<small>Cet opuscule est une lettre pastorale, à deux colonnes, espagnol et maya, écrite l'année dernière par Mgr. Leandro de la Gala, nouvel évêque de Mérida, adressée en particulier aux populations rebelles de la côte orientale de Yucatan.</small>

GALVEZ (Fr. Antonio). Memorias para la continuacion de la Cronica de la muy religiosa provincia de N. P. San Francisco de las Zacatecas. Acopiadas por Fr. Antonio Galvez, año de 1827. (En seguida a la *Cronica de la provincia de N. P. San Francisco de Zacatecas.* Compuesto por el M. R. P. Fr. Joseph de Arlegui). *Reimpreso en Mexico, por Cumplido*, 1851. in-4°.

Voir ARLEGUI.

GAMA (D. Antonio de Leon y). Descripcion histórica y cronológica de las dos piedras que con ocasion del nuevo empedrado que se está formando en la plaza principal de Mexico, se hallaron en ella el año de 1790. Explican el sistema de los calendarios de los Indios, el método que tenian de dividir el tiempo, y la correccion que hacian de él para igualar el año civil, de que usaban, con el año solar trópico. Noticia muy necesaria para la perfecta inteligencia de la segunda piedra : á que se añaden otras curiosas é instructivas sobre la mitologia de los Mexicanos, sobre su astronomia, y sobre los ritos y ceremonias que acostumbraban en tiempo de su gentilidad. Por Don Antonio de Leon y Gama. Da la á luz con notas, biografía de su autor y aumentada con la segunda parte que estaba inedita, y bajo la proteccion del Gobierno General de la Union : CARLOS MARIA DE BUSTAMANTE, diputado el congreso general mexicano. Segunda edicion. *México, imprenta del ciudadano Alexandro Valdés*, 1822. in-4°, avec 6 *planches*.

La dernière planche, portant n° IIII, n'existe dans aucun des exemplaires en librairie : elle fut communiquée par M. Aubin, qui en possède le dessin original, à M. Léonce Angrand, qui la fit lithographier à un très petit nombre d'exemplaires.

La 1re édition de cet ouvrage est de 1792 et 1802.

Gama était un mathématicien et un astronome distingué : il fut en correspondance avec Lalande, qui avait pour ses connaissances une haute estime. Né à Mexico en 1735, il y mourut en 1802, laissant encore un grand nombre d'autres ouvrages imprimés et manuscrits.

GARCIA (Fr. Gregorio). Origen de los Indios de el Nuevo Mundo e Indias occidentales, averiguado con discurso de opiniones por el padre presentado Fr. Gregorio Garcia, de la orden de Predicadores, etc. *Madrid : En la imprenta de Francisco Martinez Abad. Año de* 1729. in-fol. vél.

Portrait de Saint Thomas d'Aquin, 15 fnc., 336 pp., 40 fnc.

Fr. Gregorio Garcia, après avoir passé douze ans en Amérique où il recueillit les documents de son ouvrage, le rédigea à son retour au monastère des Dominicains de Baeça, où il mourut dans les dernières années du XVIIe siècle. Son ouvrage, bien que conçu sur un plan assez étrange, renferme beaucoup de faits curieux et la mention d'une foule de documents, actuellement totalement inconnus.

GARCIA P.) Fr. Pedro Marselino). Informe sobre la sublevacion de los Zendales, escrito por el padre Fr. Pedro Marselino Garcia, de la orden de Predicadores, Pred^{or} general calificado del Santo Oficio, y Vicario provincial de San Vicente de Chiapa, dirigida al Ilmō Señor Obispo deste diocesis, y fecho en 5 de junio de 1716. in-fol.

MANUSCRIT de 78 ff., en deux parties, la 1re comprenant la procédure originale, faite au sujet des quatre religieux mis à mort par les Indiens Tzendales révoltés. 22 ff. — La 2e, la Relation, en 56 ff., de l'histoire du soulèvement des Tzendales.

Ce document renferme des faits d'une haute importance: il fait connaître les ramifications des partis idolâtres qui tentèrent, en 1713, de rendre la liberté aux Indiens de Chiapas, et tout ce qui concerne la célèbre Indienne, Maria Candelaria, qui se fit adorer dans les églises, assise sur les autels, sous le nom de la Mère des Dieux, etc. Cette révolution, ourdie à Cancuc, faillit enlever le Chiapas aux Espagnols, et il fallut toute la puissance coloniale pour l'étouffer.

On peut la considérer comme l'expression la plus formidable de la secte du Nagualisme, fondée sur les débris réunis de l'antique pontificat idolâtre du Chiapas et du Guatémala.

GARCIA PELAEZ (Ilmō Sr. Dr. Don Francisco de Paula). Memorias para la historia del antiguo reyno de Guatemala, redactados por el Ilmō Señor Dr. D. Francisco de Paula Garcia Pelaez, arzobispo de esta Santa Iglesia Metropolitana. *Guatemala, establecimiento tipografico de L. Luna*, 1852. 3 vol. in-4°.

— Sermon del glorioso Apostol Santiago el Mayor, predicado por el Ilmō Sr. Dr. D. Francisco de Paula Garcia Pelaez, Arzobispo de esta Santa Iglesia Metropolitana de Guatemala el dia de 25 de julio de 1858. *Guatemala. Imprenta de la Paz.* 1858. in-4°. — 15 pp.

A la suite viennent:

— Instruccion que para el ejercicio de la jurisdiccion de los Señores Vicarios provinciales del Arzobispado, publica el Ilmō Señor Dr. D. Francisco de Paula Garcia Pelaez, etc. *Guatemala. Imprenta de Luna.* 1868. in-4°. — 12 pp.

— Memoria sobre el patronato del glorioso Apostol Santiago titular de la Sta Iglesia Metropolitana de Guatemala. Firmada: F. G. P. A. de G. *Guatemala: Imprenta de la Aurora. Año de* 1850. in-4°. — 17 pp.

Ces opuscules sont suivis d'une lettre autographe de l'illustre prélat, lettre qui me fut adressée de Guatémala à Rabinal, le 14 sept. 1855.

" El Ilmo Sr. D. Francisco de Paula Garcia Pelaez nació en el pueblo de San Juan Sacatepeques en 2 de abril de 1785 : era hizo legitimo de D. Leandro Garcia y Dª Nicolasa Pelaez : fué Doctor en theologia, Abogado de la Real Audiencia y Capellan de la misma : cura propio de Pinula y de S. José de la Antigua : Arzobispo *in partibus* de Bostra y Coadjutor con futura succesion del Ilmo Sr. Arzobispo de Guatemala, Dr. D. Fr. Ramon Casaus y Torres desde 1844, habiendole succedido en la silla arzobispal de Guatemala en 1846 ; la ocupó hasta su muerte, ocurrida á 25 de enero de 1867. „

A cette note, que je dois à l'obligeance de Don Juan Gavarrete, secrétaire archiviste du palais national à Guatémala, j'ajouterai que l'illustre défunt joignait à des connaissances de tout genre et à une science théologique profonde, un sens droit et juste et qu'il se montra constamment, comme il le fut à mon égard, l'ami des hommes d'étude et des étrangers qui visitèrent son pays. Ces quelques lignes ne sont qu'un faible tribut de ma gratitude.

GARCILASO DE LA VEGA (el Inca). Primera Parte de los comentarios reales que tratan de el origen de los Incas, reyes que fueron del Perú, de su idolatria, leies, y govierno, en paz, y en guerra : de sus vidas, y conquistas, y de todo lo que fue aquel imperio, y su republica, antes que los Españoles pasaran à èl, Escritos por el Inca Garcilaso de la Vega, natural del Cozco, y capitan de su Magestad, etc. Segunda impresion, enmendada : y añadida la vida de Inticusi Titu Iupanqui, penultimo Inca ; con dos tablas : una de los capitulos ; y otra, de las cosas notables. *En Madrid, en la oficina real, á costa de Nicolas Rodriguez Franco,* 1723.

6 fnc., 18 prolog., 351 pp., 16 fnc.

— Historia general del Peru. Trata el descubrimiento, de el, y como lo ganaron, los Españoles: las Guerras Civiles, que huvo entre Pizarros, y Almagros, sobre la partija de la tierra. Castigo, y levantamiento de tyranos, y otros sucesos particulares, que en la Historia se contienen. Escrita por el Ynca Garcilaso de la Vega, capitan de su Magestad, etc. Segunda impresion, enmendada, y añadida; con dos tablas, etc. *Ano de 1722. En Madrid: en la Oficina Real, y à costa de Nicolas Rodriguez Franco.*

Dedicacion, avec une gravure de l'Immaculée conception, 2 pp., 10 fnc., 505 pp., 1 fnc.

— La Florida del Inca. Historia del Adelantado, Hernando de Soto, governador y capitan-general del Reino de la Florida y de otros heroicos caballeros, Españoles, e Indios. Escrita por el Inca Garcilaso de la Vega, capitan de su Magestad, natural de la Gran Ciudad del Cozco, cabeça de los Reinos, y provincias del Perú, etc. Van enmendadas en esta impresion muchas erratas de la Primera : Y añadida copiosa tabla de las cosas notables, y el ensayo cronologico, que contiene, las sucedidas, hasta en el año de 1722. *En Madrid, en la Oficina Real, y à costa de Nicolas Rodriguez Franco. Año de* 1723.

15 fnc. 268 pp. 6 fnc.

— Ensayo cronologico para la historia general de la Florida, etc. escrito por Don Gabriel de Cardenas z cano, etc. *En Madrid : En la oficina Real, y à costa de Nicolas Rodriguez Franco. Año de* 1723.

19 fnc., 366 pp., 28 fnc., 1 tabl. general. des adelantades de la Floride.

Ensemble 4 vol. in-fol. vél. Exemplaire complet. Voir CARDENAS.

GASTELU (D. Antonio Vasquez). Arte de lengua MEXICANA compuesto por el Bachiller D. Antonio Vasquez Gastelu, el Rey de Figueroa : Cathedratico de dicha lengua en los Reales collegios de San Pedro, y San Juan. Corregido segun su original por el Br. D. Antonio de Olmedo y Torre, etc. *En la Puebla, imprenta de Francisco Xavier de Morales y Salazar,* etc. *Año de* 1756. in-4°.

<small>1 fnc., 34 ff., suivis d'un : " Confessionario breve en lengua Mexicana y Castellana. „ 34-54 ff.

La première édition de cet ouvrage est de 1689, *Puebla por Fernando de Leon.*

Gastelu était natif du diocèse de Puebla. Il était prêtre séculier et professeur de langue mexicaine aux colléges royaux de San Pedro et de San Juan de cette ville.</small>

GAVARRETE (D. Francisco). Geografia de la republica de Guatemala por F. G. (Francisco Gavarrete), segunda edicion, corregida y aumentada con muchos datos y especialmente con un Bosquejo histórico desde los tiempos mas remotos hasta nuestros dias. Para el uso de los colegios y escuelas. *Guatemala, imprenta de la Paz.* 1868. in-4° de 110 pp.

<small>Petit livre, bien conçu. Les renseignements et les détails qu'il renferme, en ce qui concerne la république guatémalienne, ne se trouvent point ailleurs.</small>

GAVARRETE (D. Juan). Copia de algunos fragmentos interesantes de la Recordacion Florida del Señor Fuentes y Guzman, S^a por J. G. En seguida :

— Coleccion de cartas escritas por diversos personages al Ayuntamiento de esta ciudad de Guatemala, sacadas de su archivo secreto. Las firmas van copiadas con exactitud (autografas). J. Gavarrete. — En seguida :

— Lo siguiente es tomado de un historiador anonimo de S. Francisco, cuyo manuscrito existe en el archivo del mismo convento. In-fol.

<small>MANUSCRIT de 27 ff., à la suite desquels viennent deux feuillets avec l'épitaphe du conquérant du Guatémala, Don Pedro de Alvarado, et une carte manuscrite de l'ancien royaume de Guatémala, portant en tête la carte topographique du voisinage de la capitale et le plan</small>

des environs de Tecpan-Quauhtemalan, capitale antique des Cakchiquels. Cette carte est copiée également de la main de Don Juan Gavarrete, notaire public, conservateur des archives nationales et l'homme le plus sincèrement animé de l'amour de l'ancienne histoire de son pays. Il est le frère du précédent.

GAY (Claudio). Historia física y política de Chile segun documentos adquiridos en esta republica durante doze años de residencia en ella y publicada bajo los auspicios del supremo gobierno por Claudio Gay, ciudadano chileno, etc. *Paris, en casa del autor. Chile en el museo de historia natural de Santiago*, 1844-52. 10 vol. in-8°.

M. Claude Gay, membre de l'institut, naturaliste distingué, écrivit et publia cet ouvrage pour le compte du gouvernement chilien. Aussi les exemplaires en sont-ils fort rares en Europe. Les six premiers comprennent l'histoire du Chili, depuis la découverte de l'Amérique jusqu'à nos jours: les deux suivants traitent de l'AGRICULTURE et les deux derniers renferment les documents et pièces justificatives.

GEMELLI CARERI (D. Gio. Francesco). Giro del mondo del dottor D. Gio Francesco Gemelli Careri. *Napoli, nella stamperia di Giuseppe Roselli*, 1699-1701. 7 vol. pet. in-8°.

ÉDITION ORIGINALE. Le 5me vol. a pour suite de titre: Parte Sesta, contenente le cose piu ragguardevoli vedute NELLA NUOVA SPAGNA. Il comporte VII et 486 pp. avec 14 cartes et fig. entre autres celle du voyage des Mexicains, publiée pour la première fois.

Gemelli Careri naquit à Naples, vers 1651. Voyageur savant et exact observateur, il arriva au Mexique, venant des Philippines, au port d'Acapulco, vers la fin du XVIIe siècle et en sortit par la Veracruz: à Mexico, il se trouva en relation avec le docte Sigüenza, de qui il obtint la plupart des détails curieux qu'il publia dans son *Giro del Mondo*. A l'apparition de cet ouvrage, on douta en Europe de la réalité des voyages de Gemelli, comme on avait douté de ceux de Rubriquis et de Marco Polo. De ce nombre furent Adam Smith, dans sa *Richesses des Nations* et Robertson, dans son *Histoire de l'Amérique*, dont l'outrecuidance mensongeuse chercha à faire passer le voyage de Gemelli pour un voyage fictif. Le temps a fait justice de ses audaces: le livre de Gemelli est demeuré comme un ouvrage exact et consciencieux, tandis que celui de Robertson est abandonné à l'oubli.

Gemelli mourut à Naples en 1725.

GIBBS (George). A dictionary of the CHINOOK jargon, or trade language of Oregon. By George Gibbs. *New-York, Cramoisy press*, 1863. gr. in-fol.

<small>Volume de la *Collection de M. Shea*.</small>

— Alphabetical Vocabulary of the CHINOOK language. By George Gibbs. *New-York, Cramoisy press*, 1863. gr. in-8°.

<small>Volume de la *collection de M. Shea*.</small>

GILIJ (Filippo Salvatore). Saggio di Storia Americana o sia storia naturale, civile, e sacra de Regni, e delle provincie Spagnuole di Terraferma nell' America meridionale descritta dall' abate Filippo Salvadore Gilij e consacrata alla Santità di N. S. Papa Pio Sesto. *Roma,* 1780. *Per Luigi Perego erede Salvioni.* 3 vol. in-8°.

<small>Tomo I. " Della storia geographica e naturale della provincia dell' Orinoco. 1 carte et 3 grandes fig. — Tomo II, " De' costumi degli Orinochesi. „ 1 carte et 5 fig. — Tomo III. " Della religione e delle lingue degli Orinochesi e di altri Americani. „

Le livre 3e du tome III est intitulé: " Delle lingue degli Orinochesi. „ Après des observations générales et particulières sur les langues des populations de l'Orénoque, l'auteur donne les détails de la grammaire, avec deux essais, l'un sur la langue des Tamanaques, l'autre sur celle des Maipures. Suit un appendice (n° II) intitulé: " Delle più celebri lingue Americane, „ puis des extraits comparés des grammaires des Haïtiens, des Mexicains, des Quichuas ou Incas, des Moxos, des Chiquitos, des Guaranis, des Araucans, des Algonquins et des Hurons. Plus loin avec d'autres digressions, un travail sur le verbe tamanaque et enfin la comparaison des langues entre elles. L'auteur fait suivre cette comparaison de catalogues de mots tirés des vocabulaires suivants: Quichua, Mexicain, Chiquito, Guarani, Lule, Viléla, Mbaya, Moxa, Omagua, Tamaque, Maipure, Saliva, Araucana, Hurone et Algonquine, etc. L'ensemble de ce traité sur les langues comprend de la page 135 à 416.

Gilij naquit à Legones, près de Spolette en Italie, en 1721. Entré chez les jésuites, en 1740, il fut envoyé aux missions de l'Amérique-Méridionale, où il resta dix-huit ans. Il voyagea avec fruit parmi les tribus de l'Orénoque et de ses affluents et acquit, dans leur conversation, une foule de connaissances. Il résida, entre autres, sept ans, à</small>

Santa-Fé de Bogota. Expulsé comme le reste de l'ordre, en 1767, il se retira à Rome où il mourut en 1789.

GOMARA (Francisco Lopez de). Historia de las conquistas de Hernando Cortés, escrita en español por Francisco Lopez de Gomara, traducida al mexicano y aprobada por verdadera por D. Juan de San Anton Muñon Chimalpain Quauhtlehuanitzin, indio mexicano. Publicala para instruccion de la juventud nacional con varias notas y adiciones, CARLOS MARIA DE BUSTAMANTE. *Mexico, imprenta de la testamentaria de Outiveros. Año de* 1826. 2 vol. in-4°, v. v.

Vol. I, XIII et 315 pp. — Vol. II, 187 pp. " Suplemento á la história escrita por Chimalpain, ó sea: Memoria sobre la guerra de Mixtón en el estado de Xalisco, cuya capital es Guadalaxara. „ 39 pp., 2 fnc.
Cette édition de Gomara devient de plus en plus rare.
Gomara, ainsi nommé, dit-on, de l'île de la Gomera, l'une des Canaries, naquit dans cette île en 1490. Il fut élevé à Séville et étudia à l'université d'Alcala, où il reçut les ordres ecclésiastiques. Cortès étant revenu du Mexique, à la suite de sa brillante conquête, l'y emmena, en qualité de chapelain, lors de son retour dans cette contrée, comme capitaine-général. Gomara y resta quatre ans, durant lesquels il acquit les connaissances variées dont il fait preuve dans son ouvrage, un des meilleurs qu'on ait écrits à cette époque, en dépit des sarcasmes de BERNAL DIAZ. Gomara mourut en 1560.

GONÇALES DE MENDOCE. Histoire du grand royaume de la Chine, situé aux Indes Orientales, divisée en deux parties, etc.
Ensemble un itinéraire du Nouveau Monde et le descouvrement du nouveau Mexique en l'an 1583, faite en espagnol par le R. P. Juan Gonçales de Mendoce, de l'Ordre de Saint Augustin et mise en françois avec des additions en marge, etc. par Luc. de la Porte, parisien. *Paris, Jeremie Adrien Perier,* 1600. in-8° vél.

La seconde partie de cet ouvrage, du chap. Ier au chap. XI, entre les ff. 231-253, contient un voyage à travers le Mexique de la Vera-Cruz à Acapulco, avec des détails intéressants sur la découverte du Nouveau Mexique, dû à la plume du P. Martin Ignace, gardien de l'ordre de Saint François, etc.

GONÇALVES DIAS (A.). Diccionario da lingua TUPY chamada lingua geral dos indigenas do Brazil, por A. Gonçalves Dias. *Lipsia : F. A. Brockhaus*, 1858. in-8°. VIII et 191 pp.

GONGORA MARMOLEJO (Alonso). Historia de Chile desde su descubrimiento hasta el año de 1575, compuesta por el capitan Alonso de Gongora Marmolejo. *Madrid, imprenta de la Academia real de la historia*, 1853. in-8°.

L'auteur de cet ouvrage, natif de Carmona, en Espagne, servit au Chili sous les ordres de Valdivia : il dit lui-même qu'il écrivit cet ouvrage, faute d'autres du même genre, à l'exception du poème de Don Alonso de Ercilla. Il le termina à Santiago, le 16 décembre 1575.

GONZALEZ (P. Diego Pablo). Manual para administrar a los indios del idioma CAHITA los Santos Sacramentos, segun la reforma de NN. SS. PP. Paulo V y Urbano VIII. Compuesto por un sacerdote de la Compañía de Jesus, Missionero en la Provincia de Zynaloa, sacalo á luz la Piedad del Alferez D. Sebastian Lopez de Guzman y Ayala. *Impresso en Mexico, en la imprenta Real del superior Gobierno de Doña Maria de Rivera. Año de* 1740. in-8°.

10 fnc., manque le 1ᵉʳ f., 164 pp., les deux dernières à demi-déchirées.

Le nom de l'auteur ne se trouve mentionné que dans le dernier fnc. Il est au moins étrange que l'éditeur l'ait omis sur le titre. Selon Beristain, le P. Diego Gonzalez naquit en 1690, dans la ville d'Utrera, diocèse de Séville. Il entra en 1690, au noviciat des Jésuites de Tepotzotlan auprès de Mexico et travailla ensuite durant de longues années dans les missions de la province de Sinaloa. La langue Cahita, usitée par les indigènes, répandus sur les bords des fleuves Hiaqui et Mayo, était devenue à cette époque la langue principale de toute cette partie du nord du Mexique.

GONZALEZ (fray Luis). Arte breve y Vocabulario de la lengua TZOQUE, conforme se habla en el pueblo de Tepatlan; dividese en dos partes, en la primera se trata de las quatro partes de la oracion, declinables, que son nombre, pronombre, verbo y participio. La segunda se compone de un vocabulario, lo todo compuesto por el Padre fray Luis Gonzalez, de la Orden de Predicadores. Año de 1652, in-4°.

MANUSCRIT de 333 pp. " Arte „ 42, et " Vocabulario „ 291. Il est copié de trois ou quatre mains différentes; la dernière est signée à la page 284 avec ces mots : " Lo traslado de otro vocabulario, lo que á este le faltaba " Ya cotocoya mi yacsupuz une „
                                                Fray Domingo Gutierrez.

Le vocabulaire est espagnol et tzoqui, et l'ouvrage, dans son ensemble est, quant à ce qui concerne cette langue, le plus complet de ma collection, c'est à dire le plus complet qui existe. La province des Tzoques ou Zoqui comprenait, dans l'état de Chiapas, les communes de Tecpatlan, de Copainalá, de Tapalapa, de Tlapilula, de Chapultenange, d'Iztacomitan, de Xitotol et de Magdalena. Ces noms, à l'exception du dernier, appartiennent à la langue mexicaine, de même que celui de "Zoqui, „ qui signifie boueux.

GOSSE (Le Dr. L. A.). Rapport sur les questions ethnologiques et médicales, relatives au Pérou, fait à la Société Anthropologique de Paris, dans sa séance du 7 mars 1861, par M. le Dr. L. A. Gosse, de Genève. *Paris, Hennuyer*, 1861. in-8°.

Dans le même vol. :

— Dissertation sur les races qui composaient l'ancienne population du Pérou, par L. A. Gosse, de Genève. Extrait du tome premier des mémoires de la Société d'Anthropologie. *Paris, Claye*, 1861. in-8°. 3 *planches*.

— Monographie de l'erythroxylon coca, par L. A. Gosse (de Genève). Présentée à l'Académie Royale de Belgique, le 5 mai 1861. *Bruxelles, M. Hayez*, 1861. in-8°. 2 *planches*.

Ces opuscules peu connus, à cause du mode de leur publication, sont aussi remarquables par la manière savante dont les matières y sont traitées, que par l'intérêt répandu sur le sujet et la lucidité du style. M. le Dr Gosse est connu comme une des lumières du corps médical de la Suisse.

GRIJALVA (P. M. F. Ioan de). Cronica de la Orden de N. P. S. Augustin en las provincias de Nueva España. En quatro edades desde el año de 1533 hasta el de 1592. Por el M. F. Ioan de Grijalva prior del convento de N. P. S. Augustin de Mexico. *Mexico, por Juan Ruiz*, 1624. in-fol.

Titre gravé, dont le bas a été rogné à la reliure mexicaine. 3 fnc.; 218 pp., 7 fnc.

Livre rare et dont l'auteur, né à Colima, dans l'évêché de Michoacan, exerça diverses charges importantes dans l'ordre de Saint Augustin, auquel il appartenait. " Es historia bien escrita, dit Pinelo, dans la „ *Bibliotheca Occidental, etc.*, y que no sale de lo que en el *Titulo* promete. „

GUERRA (José Maria). Pastoral (en LENGUA MAYA) del Ilustrisimo Señor Obispo, dirigida a los Indigenos de esta diócesis. *Merida de Yucatan, impreso por Antonio Petra*, 1848. in-4°, *portrait*.

8 pp. *en langue maya*, reliées à la suite des *Oraciones* d'ACOSTA (José Antonio). Voir ce nom.

Le Dr. Guerra était évêque du Yucatan à l'époque où éclata la guerre de races, devenue si fatale à ce pays. On peut en voir les détails dans l'ouvrage spécial de BAQUEIRO (voir ce nom). Le présent opuscule est une lettre pastorale en *maya*, adressée par cet évêque aux indigènes rebelles.

GUEVARA (Fr. Miguel de). Arte doctrinal y modo general para aprender la lengua MATLATZINGA, para la administracion de los santos sacramentos, asi para confesar, casar y predicar con la definicion de sacramentis y demas cosas necesarias para hablarla y entenderla, por el modo mas ordinario y versado comun y generalmente para no ofuscarse la inteligencia. Hecho y ordenado por el padre Fr. Miguel de Guevara, Ministro predicador y operario evangélico, en las tres lenguas que generalmente corren en esta provincia de Michoacan Mexicana, Tarasca y Matlatzinga, prior actual del convento de Santiago Undoméo. Año de 1638. *(Mexico, imprenta de Vicente Garcia Torres*, 1862), in-4° mayor.

Ce volume est une réimpression de l'original, fort rare, faite dans les bulletins 26-33, de la Société de Géographie et de Statistique de Mexico, sous le titre de : " Documentos para la historia de la literatura Mexicana. „ Il contient 8 pp. préliminaires et 64 pp. de grammaire. Les huit dernières sont des pages additionnelles sur le " verbe matlatzinca, „ extraites de la grammaire manuscrite du père Diego Basalenque.

Le père Miguel Guevara était de l'ordre de Saint Augustin et comme il le dit, prieur du couvent d'Undaméo, dans le Michoacan ; quant à la langue Matlatzinca, autrement dite " Pirinda, „ elle ne se parle plus que dans le canton de Charo.

GUEVARA (P. José). Historia del Paraguay, Rio de la Plata y Tucuman, que redactó el P. Guevara, jesuita.

Cet ouvrage se trouve imprimé en partie à la suite de la *Historia Argentina*, par Diaz de Guzman, tome 1er, commençant par ce titre : *Gobierno de D. Juan Ortiz de Zarate*, 67 pp., et il est suivi du commencement de l'histoire de P. Guevara, sous le titre de : Nociones topograficas, de historia natural y de costumbres, etc.; que se hallan al principio de la " Historia del Paraguay. Rio de la Plata y Tucuman, „ escrita por el P. Guevara. 152 pp.

Voir Diaz de Guzman.

Guevara naquit à Madrid, en 1719. Il entra de bonne heure dans la mission du Paraguay et fut désigné par ses supérieurs pour en écrire l'histoire. Mais les désastres qui frappèrent la compagnie, l'empêchèrent de mettre ce dessein à exécution. Déporté en Italie, en 1767, il devint chanoine de Spello et mourut en 1806.

GUILLEMIN TARAYRE (M. E.). Exploration minéralogique des régions mexicaines suivie de notes archéologiques et ethnographiques par M. E. Guillemin Tarayre, membre de l'expédition scientifique du Mexique. Rapport adressé à Son Excellence M. Duruy, ministre de l'instruction publique. *Paris, Imprimerie Impériale*, 1869. in-8°. 8 *cartes* et *plans*, 2 *planches* de vases antiques en lithochromie, et un grand nombre de gravures sur bois dans le texte.

Cet ouvrage, tiré par autorisation ministérielle à un très petit nombre d'exemplaires, est un tirage à part des *Archives de la commission scientifique du Mexique*. Il est écrit consciencieusement par un homme qui a bien vu et bien jugé : il renferme des détails très-intéressants sur les ruines dites de la Quemada, dont il contient les plans et vues, etc.

GUMILLA (P. Joseph). Historia natural civil y geografica de las naciones situadas en las riveras del Rio Orinoco, su Autor el Padre Joseph Gumilla, Misienero que fué de las Misiones del Orinoco, Meta y Casanare. Nueva reimpresion, mucho mas correcta que las anteriores y adornada con ocho laminas finas, que manifiestan las costumbres y ritos de aquellos Americanos. Corregido por el P. Ignacio Obregón de los clerigos menores. *Barcelona, Carlos Gibert y Tutó*, 2 vol. in-4°.

Vol. 1, XVI et 300 pp., *carte, portrait* de l'auteur, 4 *fig.* — vol. II, 1 fnc., 352 pp., 2 *fig.*

Gumilla naquit en Espagne en 1690. Ayant embrassé la règle de Saint Ignace, il fut envoyé aux missions de l'Orénoque où il passa trente ans, étudiant les mœurs, les coûtumes et les langues des populations qu'il évangélisa. Son ouvrage manque, peut-être de critique; mais il n'en est pas moins précieux pour la multitude de renseignements qu'il renferme. Gumilla mourut vers l'an 1758.

GURIDI ALCOCER (Dr. D. José Miguel). Apologia de la aparicion de nuestra Señora de Guadalupe de Méjico, en respuesta à la disertacion que la impugna. Su autor el Dr. D. José Miguel Guridi Alcocer, *Méjico año de* 1820 *en la oficina de Don Alejandro Valdes*. 1 vol. petit in-fol.

HAYA (D. Diego de la). Informe dirigido al Rey, por D. Diego de la Haya Gobernador de Costarica sobre el estado en que se halla dicha provincia y medios de proveer a su seguridad y adelanto. 15 de marzo de 1709. in-4°.

MANUSCRIT en 12 ff., copié aux archives de la Capitainerie Générale de Guatémala. Curieux et contenant des détails ethnographiques entièrement inconnus aujourd'hui, même à Costa-Rica.

HENDERSON (Alexander). Araidatiu-Tumurau segung Madeju karabagungte lau Alexander Henderson (The Gospel according to Mathew (in the CHARIBBEAN language) translated by A. H.) *Edinburg*. 1847. in-8. 88 pp.

— A grammar of the MOSKITO language, by Alexander Henderson. Belize Honduras. *New-York, printed by John Gray*, 1846. in-8°. 47 pp.

<small>Les Moskitos, dont il est ici question, sont les populations côtières du Nicaragua, parmi lesquelles l'Angleterre avait créé naguère un roi, dont la capitale était Blewfields. Ces Moskitos, mélange de Caraïbes et de nègres, ont un langage également fort mélangé : le caraïbe y domine; mais à côté de cela il y a du jargon nègre des Antilles et quelques mots des langues de l'intérieur de l'Amérique centrale. L'auteur était ministre méthodiste à Belize.</small>

— Catecismo de los Metodistas. N. 1. Para los niños de tierna edad.—Catecismo tile metodistaoob. N. 1. Utial mehen palaloob. *Londres*, 1865. in-8°. 17 pp.

<small>Dans le même volume :</small>

— Breve Devocionario para todos los dias de la semana. — Payalchioob utial tulacal le u kiniloob ti le semana. *Londres*, 1865. in 8° (español-maya). 17 pp.

<small>Ces deux opuscules ont été composés par M. Alexandre Henderson, ministre méthodiste à Belize, dans la vue d'attirer à son église les indigènes mayas, répandus aux environs de cette ville. Le langage, malheureusement, pour ses efforts, est rempli de mots espagnols *mayaïsés*, ce qui le rend à peu près incompréhensible, bien que l'auteur ait cherché à utiliser les ouvrages du Père Ruz qu'il avait à la main.</small>

HENNEPIN (P. Louis). Nouvelle découverte d'un très grand pays situé dans l'Amérique, entre le Nouveau Mexique et la Mer Glaciale, avec les cartes et les figures nécessaires et de plus l'histoire naturelle et morale, et les avantages qu'on en peut tirer pour l'établissement des colons, le tout dédié à S. M. Britannique Guillaume III, par le R. P. Louis Hennepin. *Amsterdam, par Abraham Van Someren,* 1698.

68 pp., dédicace, avis et table et 506. Front. gravé avec ce titre : *Nouvelle découverte d'un très grand pays situé dans l'Amérique, par R. P. Louis de Hennepin.* 2 pl., 1 vol. pet. in-8°.

Le père Hennepin, récollet, naquit en Flandre vers l'an 1640. Il embrassa la réforme de Saint-François, et se trouvant en prédication à Hall, dans le Hainaut, il fut envoyé pour quêter à Calais, Bourbourg et Dunkerque ; là, étant entré en relation avec des marins, le goût des voyages le saisit et il demanda à se rendre en Amérique. Il s'embarqua pour le Canada en 1675, et alla plus tard fonder une maison de récollets à Cataracouy. En novembre 1678, il alla en exploration avec La Salle, qui depuis découvrit tout le Mississipi. En février 1680, parti du fort Crèvecœur, il remonta ce fleuve jusqu'au 46° de latitude. Bientôt après, étant tombé entre les mains des Sioux, il fut délivré par des trafiquants français et il retourna à Quebec en avril 1682. De retour en Europe, il fut nommé gardien du couvent de Renty, en Artois. Plus tard, il se retira en Hollande où il s'était fait de nombreux amis et où il mourut. La date de sa mort est restée incertaine.

HERNANDEZ. Francisci Hernandi Medici atque historici Philippi II. Hisp. et Indiar. Regis et totius novi orbis Archiatri, opera, cum edita, tum inedita, ad autographi fidem et integritatem expressa, impensa et jussu regio. *Matriti. Ex typographia Ybarra hœredum,* 1790. 3 vol. in-4°.

Cet ouvrage, édité avec luxe, par Casimir Gomez Ortega, botaniste du Roi, contient toute la série descriptive des plantes du Mexique, recueillies par Hernandez, avec leurs vertus spéciales, d'après les instructions des indigènes.

Hernandez était natif de la province de Tolède : médecin du roi Philippe II et du monastère de l'Escurial, il fut envoyé par ce prince au Mexique, avec la mission d'y recueillir tout ce qui concernait les plantes, les animaux et les métaux de la Nouvelle-Espagne. Il y demeura sept ans, après quoi il s'en retourna en Europe, emportant plus de quinze volumes grand in-fol. de l'histoire naturelle de ces contrées. Hernandez étant mort peu de temps après, le roi commit à Antonio Recco le soin de publier ses travaux : celui-ci, malheureusement, n'était pas à la hauteur d'une telle œuvre et n'en publia qu'un abrégé médiocre. L'ouvrage original d'Hernandez périt en 1671, dans l'incendie de la bibliothèque de l'Escurial; heureusement l'historiographe Muñoz en découvrit une copie autographe dans la bibliothèque des Jésuites de Madrid et elle existe aujourd'hui dans la bibliothèque actuelle de l'Escurial.

HERNANDEZ SPINA (presb. D. Vicente). Apuntamiento del idioma KICHÉ. Junio de 1854. in-fol.

MANUSCRIT de 16 ff. Au bas de la page du titre sont ajoutés de ma main ces mots : " Es del Padre Presb. Vicente Hernandez Spina, cura de Santa Catarina Ixtlahuacan, „ mort depuis environ dix ans.

Je tiens ce document de mon ami, le défunt Dr Padilla, qui m'assura que c'était l'original du vocabulaire rapporté en Europe par le Dr Karl Scherzer, de Vienne, imprimé depuis dans le vol. XV des : *Sitzungsberichte der Philosophisch-Historischen Klasse der Kaiserlichen Akademie der Wissenschaften*, Wien, 1855, pp. 28-35.

— Kalendario conservado hasta el dia por los sacerdotes del Sol en Ixtlavacan, pueblo descendiente de la nacion KICHÉ, descubierto por el Presbitero Vicente Hernandez Spina. *Santa Catarina Ixtlavacan, agosto 12 de* 1854. gr. in-fol. obl, plié.

MANUSCRIT en 13 fol., d'une main fort soignée. Le calendrier est identique avec l'ancien système quiché. Ce que ce document offre de curieux, ce sont les noms des lieux où les Indiens de Santa Catarina Ixtlahuacan vont sacrifier, ceux de leurs prêtres, ainsi que les prières qu'ils adressent au Soleil, mélange de souvenirs antiques de leur idolâtrie et d'idées chrétiennes.

HEVE LANGUAGE (a grammatical sketch of the), translated from an unpublished manuscript. By BUCKINGHAM SMITH. *London; Trübner and Co.* 1862. gr. in-8°.

Volume de la *Collection de M. Shea*.

HIDALGO (Presb. D. Manuel). Libro en que se trata de la lengua TZOTZIL ; se continua con el BOCABULARIO breve de algunos bervos y nombres, etc. La DOCTRINA CRISTIANA ; el FORMULARIO para administrar los Santos Sacramentos ; el confesionario y sermones en la misma LENGUA TZOTZIL.

Obra (segun parece) del Presbitero Don Manuel Hidalgo, insigne sierbo de Maria Santisima. in-fol.

MANUSCRIT de 60 pp. Je l'ai inscrit sous le nom de Don Manuel Hidalgo qui est donné à la page 10 comme l'auteur de l'hymne à la Ste Vierge qui s'y trouve. Le document ne porte d'autres indices, quant à la date, que ces mots à la page 59 : " De el pueblo de San Pablo en el año (17)85 20 qu. etc. „

La langue Tzotzil, Zotzil ou Tzotzlem, est la seconde en importance de l'état de Chiapas. Elle avait naguère pour chef-lieu la ville forte de Tzotzlem (demeure de la Chauve-Souris), appelée par les Mexicains qui y tenaient garnison, au temps de Montézuma, Tzinacantlan ou Cinacantan, d'où le nom de *Cinacanteca,* donné aussi à cette langue. Le lieu aujourd'hui le plus considérable des Indiens Tzotziles est Alanchen, communément appelé San-Bartolomé de los Llanos.

HOLGUIN (P. Diego Gonzales). Gramatica y Arte nueva de la lengua general de todo el Peru llamada lengua QQUICHUA o lengua del inca añadida cumplida en todo lo que le faltaba de tiempos y de la Gramática y recogido en forma de arte lo mas necesario en los dos primeros libros. Con mas otros dos libros postreros de adiciones al Arte para mas perficionarla, el uno para alcanzar la copia de vocablos, y el otro para la elegancia y ornato. Compuesta por el Padre Diego Gonzales Holguin. Nueva edicion revista y corregida. *Genova Pagano,* 1842. in-8°. XIV et 320 pp.

Gonzales Holguin était jésuite, natif de Caceres, et la première édition de cet ouvrage, aujourd'hui d'une extrême rareté, fut imprimée à Lima, en 1607, in-4°.

HOLMBERG (H. J.). Ethnographische Skizzen über die Völker des Russischen Amerika, von H. J. Holmberg. Erste Abtheilung. Nebst einer Karte. *(Aus den Akten der Finn. Societ. d. Wissensch. besonders abgedruckt) Helsingfors, Gedruckt bei H. C. Friis,* 1855. in-4°. *carte.*

HORNJ (Georgj). De originibus Americanis libri

quatuor. *Hagœ Comitis, Sumptibus Adriani Vlacq*. 1652. in-8° vél.

9 fnc., 282 pp.

Très bel exemplaire d'un ouvrage estimé pour les recherches, aussi curieuses que savantes, auxquelles l'auteur s'est livré sur l'origine des nations américaines. George Horn était né à Greussen, dans le Palatinat, en 1620. Il professa à l'université d'Harderwick, en Angleterre, l'histoire, la géographie et le droit public : il passa de là à l'université de Leyde, où il mourut en 1670.

HUMBOLDT (Alexandre de). Essai politique sur le royaume de la Nouvelle-Espagne, par Alexandre de Humboldt. Deuxième édition. *Paris, Antoine Augustin Renouard, et Jules Renouard*, 1825-1827. 4 vol. in-8°.

— Voyage aux régions équinoxiales du Nouveau Continent, fait en 1799, 1800, 1801, 1802, 1803 et 1804, par Al. de Humboldt et A. de Bonpland, rédigé par Alexandre de Humboldt. *Paris*, 1816-1831. 13 vol. in-8°.

Mon intention n'était pas de mettre dans ce catalogue aucun des ouvrages de Humboldt qui sont si connus : mais, afin de rendre hommage à sa mémoire, j'ai pensé que son nom, illustre à tant d'égards, ne pouvait en être exclu. Humboldt était non seulement un savant universel ; mais, en ce qui concerne l'Amérique, il possédait un don d'intuition qui lui a permis de pénétrer des mystères historiques, que le temps découvre à peine aujourd'hui. Alexandre de Humboldt était né à Berlin en 1769 ; il y mourut âgé de quatre-vingt-dix ans, en 1859.

ICAZBALCETA (Joaquim García). Coleccion de documentos para la historia de México — publicada por Joaquim García Icazbalceta. *México libreria de J. M. Andrade*, 1858-1866. 2 vol. in-4°.

2 pl. gravées sur pierre, d'après des bois.

Tomo I ; CLIII et 544 pp. — Prologo, pp. v-viii ; Indice general, ix-xii ; Noticia de las piezas contenidas en este volúmen, xiii-xlii ; Noticias de la vida y escritos de fray Toribio de Benavente, ó Motolinia, por Don José Fernando Ramirez, xliii-cliii.

— Historia de los Indios de Nueva España de Motolinia, pp. 1-249 ;

Carta de Motolinia al Emperador, pp. 251-277. — Varios documentos del siglo XVI, pp. 281-544. Ces documents sont des pièces en partie publiées précédemment.

Tomo II. LXVI et 600 pp. Prologo, pp. IV-VI; Indice, VII-VIII; Noticia de las piezas contenidas, en este volumen, IX-LXII; Adiciones y correcciones al tomo I, LXIII-LXVI; Documentos del siglo XVI, 1-600.

Les pièces les plus importantes sont : Primera y segunda Relacion anónima de la jornada de Nuño de Guzman á la Nueva Galicia; pp. 288-306. — Fragmentos de una historia de la Nueva Galicia, escrita por el P. Fr. Antonio Tello, pp. 343-438. — Tercera y cuarta Relacion anónima de la jornada de Nuño de Guzman á la Nuevà-Galicia, pp. 439-483.

Ces deux volumes, imprimés avec un grand soin, sont également intéressants pour le choix et l'importance des pièces qu'ils renferment. Leur publication fait le plus grand honneur à M. Icazbalceta qui prouve une fois de plus ce que peut l'initiative d'un seul homme dans la voie pénible de la science et de l'érudition.

Pour le 3e vol. de cette collection voir MENDIETA.

INFORME del Rdō padre prior del convento de Coban al Ilmō y Rmō Sr. Don Fr. Andres de las Navas y Quevedo, Arzobispo de Guatemala, sobre las misiones de Verapaz, y Ah-Izacs, escrito en Coban, á 8 de febrero de 1685. Con notas y apuntes del padre Blas del Valle y el Descubrimiento de los Ah-Xoyes por el padre Delgado. in-fol.

MANUSCRIT en 18 ff., rempli de détails curieux: il est suivi des notes du père Blas del Valle, ainsi que de la Découverte des Ah-Xoyes, populations indigènes du Lacandon. L'ensemble de ces documents avait été réuni pour former les jalons de l'histoire du Guatémala par le père Blas del Valle, qui devait renfermer celle de Remesal et une continuation de cet écrivain jusqu'au milieu du XVIIIe siècle. Relié avec le vol. *Documentos originales de Verapaz y Lacandon.*

INFORME de los servicios hechos por la Religion de Santo Domingo en la provincia de Verapaz y tierras de Lacandones, Relacion y Memoria relativa á los asuntos de la provincia de Santo Domingo de Guatemala, dirigida al Muy Ilustre Señor Don Antonio Pedro de Echevers y Suvisa, año de 1724. in-fol.

MANUSCRIT de 38 ff., original, sur papier timbré de l'époque, renfermant des détails curieux sur les anciens établissements espagnols parmi les Lacandons : il n'est pas moins intéressant pour ce qui concerne les révoltes des Indiens de la Verapaz, à la fin du XVIe siècle et la fondation des communes indigènes de cette province. D. Antonio Pedro de Echevers y Suvisa, à qui ce Mémoire est adressé, venait d'arriver comme Capitaine-Général et Président de l'Audience Royale à Guatémala, où il mourut en 1733.

JUARROS (Br. D. Domingo). Compendio de la historia de la ciudad de Guatemala, escrito por el Br. D. Domingo Juarros, presb. secular de este arzobispado. 2 vol. in-4°, vél.

Tomo I. Que comprende los preliminares de dicha historia. *Guatemala, por D. Ignacio Beteta*, 1808. — Tomo II. Contiene un cronicon del Reyno de Guatemala. *Guatemala por Don Ignacio Beteta*, 1818.

Édition originale et devenue fort rare à Guatémala même.

Vol. I. 2 fnc., 385 pp. — Vol. II. XV et 361 pp. La partie historique de cet ouvrage a été en grande partie écrite d'après l'histoire mensongère de FUENTES Y GUZMAN (Voir ce nom). Une réimpression en a été faite par L. Luna, en 1857, pour les lecteurs du *Museo Guatemalteco*, et qui déjà devient rare à son tour. La première édition fut traduite en anglais par John Baily, négociant britannique, résidant à Guatémala. Cette traduction fut publiée à Londres, en 1823, in-8°.

Juarros, né à la Antigua Guatemala, en 1752, était un prêtre savant et éclairé ; il y mourut en 1820.

JULIAN (Don Antonio). La Perla de la America, Provincia de Santa Marta, reconocida, observada, y expuesta en discursos historicos por el Sacerdote Don Antonio Julian, á mayor bien de la Católica Monarquia, fomento del comercio de España, y de todo el Nuevo Reyno de Granada, é incremento de la Christiana Religion entre las naciones barbaras, que subsisten todavia rebeldes en la Provincia. *Madrid*, 1787. *Por Don Antonio de Sancha*. in-4°. carte.

KINGDOM (John). A Yucatecan grammar : by the R. J. Ruz, of Merida, abridged for the instruction of the native Indians from the compendium of Diego Narciso Herranz y Quiros. Translated from the Maya or Yucatecan language, by John Kingdom, Baptist missionary, Belize, Honduras. *Belize; printed by the Baptist-Mission-press.* 1847. in-8°.

<small>68 pp. Dans le même volume se trouve relié :</small>

— The Maya primer, by Alexander Henderson, Belize, Honduras, etc. *Birmengham, printed by Showell.* Petit in-8°.

<small>12 pp. en un maya fort peu correct. Voir plus haut, page 81.</small>

LABAT (le père Jean Baptiste). Nouveau voyage aux îles de l'Amérique, contenant l'histoire naturelle de ces pays, l'origine, les mœurs, la religion et le gouvernement des habitants anciens et modernes : les guerres, et les événements singuliers qui y sont arrivés pendant le long séjour que l'auteur y a fait, le commerce et les manufactures qui y sont établis et les moyens de les augmenter.

<small>Tome 1er, VIII, 168 et 360 pp., 49 *pl.* et *cartes*. — Tome II, 520 pp. 19 *pl.* et *cartes*, table des matières. Édition originale.</small>

<small>Le P. Labat naquit à Paris en 1665. Ayant pris l'habit de Saint Dominique, il professa d'abord la philosophie à Nancy. En 1693, il obtint de ses supérieurs l'autorisation de se rendre aux Antilles, où il se distingua bientôt par son extrême activité. Arrivé à la Martinique au commencement de 1694, il passa de là à la Guadeloupe, fit des plans de moulins, de maisons, de canaux, de plantations, construisit et fit construire, tout en travaillant aux défenses stratégiques de l'île. De retour à la Martinique, comme procureur-général de son ordre, il fut chargé par les autorités coloniales d'une mission importante dans les Antilles. Il fonda en 1703 la ville de la Basse-Terre à la Guadeloupe, et contribua beaucoup à la défense de l'île envahie par les Anglais. Il fut nommé Préfet Apostolique des Antilles et retourna en France, en 1705. Revenu à Paris, il se retira aux Missions Étrangères de la rue du Bac, où il mourut en 1738.</small>

<small>Son ouvrage est rempli de détails aussi curieux qu'intéressants.</small>

LAFRAGUA (José Maria). Memorandum de los negocios pendientes entre Mexico y España, présentado al Exmō Sr. Ministro de Estado por el representante de la república, el dia 28 de julio de 1857. *Poissy, tipografia de Arbieu,* 1857. in-8°.

LAHONTAN (le baron de). Nouveaux voyages de Mr le Baron de Lahontan, dans l'Amérique septentrionale (tome I), qui contiennent une relation des différens peuples qui y habitent, la nature de leur gouvernement, leur commerce, leur coûtume, leur religion, et leur manière de faire la guerre. *L'intérêt des François et des Anglois* dans le commerce qu'ils font avec ces nations, l'avantage que l'Angleterre peut retirer dans ce païs, étant en guerre avec la France. Enrichi de cartes et de fig.

Le tome second a pour titre:

— Mémoires de l'Amérique septentrionale ou la suite des voyages de Mr. le Baron de Lahontan, qui contiennent la description d'une grande étendue de païs de ce continent, l'intérêt des François et des Anglois, leurs commerces, leurs navigations, les mœurs et les coûtumes des Sauvages, etc. Avec un petit Dictionnaire de la langue du païs. Le tout enrichi de cartes et de figures, et augmenté dans ce second tome de la manière dont les Sauvages se régalent.

Tome 1er, 280 pp., tome 2, 222 pp.

LAPRADE (Mr. A. E.). La seda en Guatemala, por Mr. A. E. Laprade. *Guatemala, Imprenta de Luna,* 1862. in-4°.

Cet opuscule, à peu près inconnu en Europe, est intéressant au point de vue des intérêts matériels et du progrès commercial de l'Amérique centrale. Voir au vol. ROSSIGNON.

LARRAINZAR (D. Manuel). Dictamen presentado á la sociedad de geografia y estadistica de Mexico por el Sr. Lic. D. Manuel Larrainzar, sobre la obra del Sr. abate E. Carlos Brasseur de Bourbourg, cuyo titulo es el siguiente : " Si ecsiste el origen de la historía primitiva de Mexico en los monumentos egipcios, y él de la historia primitiva del antiguo Mundo en los monumentos Americanos. „ *Mexico, Imprenta de Ignacio Cumplido,* 1865. in-4° mayor, 25 pp.

LARRAZABAL (Dr. Antonio). Memoria documentada que al Ilmō Sr. Arzobispo Coadjutor de esta santa Iglesia, Dr. Francisco Garcia Pelaez, presenta el Dr. Antonio Larrazabal, canonigo penitenciario, al cesar en el cargo de Vicario Capitular Gobernador de este Arzobispado. *(Guatemala.) Año de* 1864. *Imprenta del Ejercito,* in-4°.

<small>3 fnc. N° 1, 10 pp.; n° 2, 13 pp.; n° 3, 4 pp.; n° 4, 2 ff.; n° 5, 4 pp.; n° 6, 9 pp. Suit du même auteur :</small>

— Informe documentado, que, con ocasion de la provision hecha de las dignidades y prebendas de este S. I. M. produce en su M. I. y V. Cabildo, como Presidente que ha sido de él y Dean que es hoy, el Ilmō Sr. Dr. Don Antonio Larrazabal, obispo electo de Comana, *in partibus,* relativamente al producto del diezmo; su inversion; y arreglo dado al archivo del ramo en particular, y al del mismo Cabildo, en general. *Guatemala, Imprenta de L. Luna. Año de* 1848. in-4°.

<small>49 pp., 1 fnc.
Le Dr. Larrazabal a laissé au Guatémala une mémoire respectée de tous. Il fut, durant plusieurs années, vicaire capitulaire et gouverneur de la mitre de Guatémala, en l'absence de l'archevêque Casaus, déporté par le parti libéral qui, sous les ordres du trop célèbre Morazan, dépouilla la capitale guatémalienne au profit de la cité de San Salvador. Les opuscules du Dr. Larrazabal, absolument inconnus en Europe, sont intéressants au point de vue économique du diocèse de Guatémala.</small>

LASTARRIA (J. V.). La America por J. V. Lastarria, Enviado Extraordinario i Ministro Plenipotenciario de Chile en las Repúblicas del Plata i el Imperio del Brasil, etc. Segunda Edicion de Primera Parte. *Gante, Imprenta de Eug. Vanderhaeghen*. 1867. in-8°. *portrait*.

<small>Ouvrage, peu connu en Europe, quoiqu'il y ait été imprimé, et dont l'objet est de faire connaître la politique intérieure des États hispano-américains, leur économie politique et leurs relations mutuelles, en vue de leurs intérêts communs et de leur situation vis à vis de l'Europe.</small>

LE MOYNE (Jacobus). Brevis narratio eorum quae in Florida Americae provincia Gallis acciderunt, secunda in illam Navigatione, duce Renato de Laudonnière classis Praefecto Anno MDLXIII. Quae est secunda Pars Americae. Additae figurae ad Incolarum eicones ibidem ad vivum expressae brevis item Declaratio Religionis, vituum, vivendique ratione ipsorum. Auctore Jacobo Le Moyne, cui cognomen de Mourges, Laudonnierum in ea Navigatione Sequento Nunc primum Gallico sermone à Theodoro de Bry Leodiense in lucem editae : latio verò donata a C. C. A. Cum gratia et privi. Caes. Maiest. ad quadriennium. *Francoforti ad Moenum Typis Ioannis Wecheli, sumptibus vero Theodori de Brÿ Anno* MDXCI. gr. in-fol., vélin antique.

<small>Titre gravé. 3 fnc. grav. aux armes du duc de Saxe à qui le vol. est dédié; grav. à l'arche de Noé; carte gravée de l'Amérique septentr. — 33 pp. *Index*. XLII estampes en taille douce avec texte au bas, précédées d'un grand titre gravé avec ces mots : " Indorum Floridam previnciam inhabitantium eicones, primum ibidem ad vivum expressae à Jacobo le Moyne cui cognomen De Mourgues additae ad singulas brevi earum declaratione. Nunc verò recens à Theodoro de Brÿ Leodiense in aes incisae et evulgatae. Cum gratia et privil. Caes. Maiest. ad quadriennicum. *Francoforti ad Moenum Typis*. Ioannis Wecheli, somptibus *vero Theodori de Brÿ*, Anno MDXCI. *Venales repertuntur in officina Sigismundi Feirabedii*. — Libellus sive epistola Supplicatoria regi Galliarum Carolo IX equisdem nominis oblatae, perviduas, orphanos, cognatas, affines, et ipsi Franciae Occidentalis Regi subditos, quorum consanguineos per Hispanos in ea Galliae antarcticae parte quae vulgó Floridae nomen invenit, crudeliter tru-</small>

cidati perierunt, *Anno* 1565. 3 ff. — De quarta Gallorum in Floridam navigatione sub Gourvesio, *Anno* 1567. 4 ff. *Index rerum, etc.* 2 ff. — Paregon de auctore et occasione hvivs historiae. — Paregon continens quaedam quae ad praecedentis narrationis elvcidationem, non erunt forsan invtilia, 4 ff. „

J'ai voulu donner ici les titres et explications entières de ce volume de la collection de THEODORE DE BRY, dont l'ensemble est d'une rareté fabuleuse et d'un prix non moins fabuleux pour les amateurs.

LOPEZ (Abraham). Decimotercio Calendario de Abraham Lopez, arreglado al meridiano de México, antes publicado en Toluca para el año de 1851. *Impreso en la tercera calle de Santo Domingo, donde se vende (Mexico).* in-12.

Vol. de 70 pp. orné de lithographies, représentant le maître autel de la Cathédrale de Mexico, les portraits de l'archevêque La Garza et de l'évêque Madrid, du plan de la ville de San Juan de los Lagos et de la vue de l'intérieur du cratère du Popocatepetl.

Ce petit volume est un almanach fort curieux, à cause des réflexions railleuses qu'il renferme contre le clergé et le gouvernement de l'époque; mais surtout à cause de l'histoire et de la description de la foire célèbre et scandaleuse de San Juan de los Lagos qui en comprend les 35 dernières pages.

LORENTE (Sebastian). Historia de la conquista del Peru por Sebastian Lorente. *Lima, se vende en la libreria de Masias*, 1861. gr. in-8°.

Imprimé à Poissy, pour être vendu au Pérou.

LORENZANA (Illmo Sr. D. Francisco Antonio). Concilios provinciales primero, y segundo, celebrados en la muy noble, y muy leal ciudad de Mexico, presidiendo el Illmo y Rmo, Señor D. F. Alonso de Montufar, en los años de 1555 y 1568. Da los á luz el Illmo Sr. D. Francisco Antonio Lorenzana, Arzobispo de esta Santa Metropolitana Iglesia. *En Mexico, en la Imprenta de el superior Gobierno, de el Br. D. Joseph Antonio de Hogal. Año de* 1769. in-fol.

— Concilium Mexicanum provinciale III. celebratum Mexici anno MDLXXXV. Praeside D.D.

Petro Moya, et Contreras, Archiepiscopo ejusdem urbis. Confirmatum Roma die xxvii octobris Anno MDLXXXIX. Postea Jussu Regio editi Mexici Anno MDCXXII. Sumptibus D. D. Joannis Perez de la Serna, Archiepiscopo. Demum typis mandatum cura et expensis D. D. Francisci Antonii a Lorenzana Archipraesulis. *Mexici, Anno* MDCCLXX. *Ex typographia Bac. Josephi Antonii de Hogal.* In-fol.

— Cartas pastorales y edictos del Illmo Señor D. Francisco Antonio Lorenzana y Buitron, arzobispo de México. *En México, en la Imprenta del Superior Gobierno, del Br. D. Joseph Antonio de Hogal,* año de 1761. in-fol.

Lorenzana, bien connu par son édition des Lettres de FERNAN CORTEZ, naquit à Léon, en Espagne, en 1722. Il fut tour à tour chanoine de Sigüenza, chanoine et vicaire-général de Tolède et évêque de Plaisance, jusqu'en 1766, qu'il fut élevé au siége archiépiscopal de Mexico. En 1771, il fut nommé archevêque de Tolède, primat de toutes les Espagnes, où il ne tarda pas à recevoir le chapeau de Cardinal. Envoyé à Rome, aux derniers temps du siècle dernier pour consoler le pape Pie VI dans ses afflictions, il eut la haute mission d'accompagner le Chef Auguste de l'Église dans ses pérégrinations apostoliques. Il mourut à Rome, en 1820, âgé de 82 ans.

LOSSA (Lic. Francisco). La vida que hizo el siervo de Dios Gregorio Lopez en algunos lugares de la Nueva España, por el licenciado Francisco Lossa presbitero cura que fue en la Iglesia cathedral de Mexico. *En Lisboa.* Por Pedro Crasbeeck, anno 1615. in-8°. vél.

9 fnc., 107 fol. ÉDITION ORIGINALE, dédiée à Dom Miguel de Castro, archevêque de Lisbonne. Nicolas Antonio qualifie ce petit livre d'*Aureus libellus*. Le nom de Gregorio Lopez est encore aujourd'hui en vénération à Mexico. D'après une note manuscrite de mon exemplaire de Beristain, Lopez aurait été un bâtard du roi Philippe II. Ce qui le ferait croire, c'est que les plus grands personnages de l'époque le visitaient fréquemment dans son hermitage de Santa-Fé, près de Mexico.

MAGARIÑOS CERVANTES (D. Alejandro) Estudios historicos, politicos y sociales sobre el Rio de la Plata, por D. Alejandro Magariños Cervantes, etc. *Paris, tipografia de Adolfo Blondeau*, 1854. in-12°.

MALASPINA (D. Alejandro). Tablas de latitudes y longitudes de los principales puntos del Rio de la Plata, arregladas al meridiano que pasa por lo mas occidental de la isla de Ferro por Don Alejandro Malaspina, en su viage al rededor del mundo.

Voir à la fin du tome III de la *Historia Argentina* de Diaz de Guzman.

MALDONADO (Fr. Franciscus). Sermones super evangelia que in sanctorum festivitatibus leguntur: Cum eorumdem vitis, et transitis idiomathe Guatimalensi CAKCHIQUEL. Per fratrem Franciscum Maldonado. Ordinis divi Francisci predicatorem. Olim que diffinitorem nominis Jesu Guathemalensis provincie alumnum licet Matriti natum. Anno D. M. LXXI — 1671. in-fol. vél.

MANUSCRIT supérieurement écrit et soigné. 2 fnc., 153 ff.

Maldonado était natif de Madrid, ainsi que l'exprime le double titre de cet ouvrage, bien que Beristain, d'après le P. Arochena, le fasse naître à Guatémala ; mais il était venu enfant à Guatémala, où de bonne heure il entre dans l'ordre de Saint François. Il posséda admirablement les trois dialectes de la langue principale de ce pays, quiché, cakchiquel et tzutuhil, dans lesquels il écrivit un grand nombre de traités et d'ouvrages spirituels, tous restés manuscrits : telle était l'estime qu'on en faisait, que plusieurs furent traduits en espagnol à l'usage des missionnaires et des curés. Les licences insérées en tête de l'*Arte de la lengua Metropolitana*, de Flores, le citent avec éloge à plusieurs reprises, et cet auteur, dans son chapitre d'introduction, dit de lui : " Como N[tro] Doctissimo P. Maldonado, que en varias partes de „ sus eloquentes obras la escribe, como en el Sermon de la Samari„ tana, etc. „ Il n'est fait nulle mention de l'époque de sa naissance ni de sa mort.

— Ha nima Vuh vae Theologia Indorum ru binaam. (Auctore R. P. M. Fratre Francisco Maldonado). in-fol.

MANUSCRIT de 178 ff. Il est précédé d'un f. avec ces mots : " Dios nima Ahauh ti qohe auiquin at nu lokol ah tata „ (Dieu soit avec toi, mon aimable père). Ils sont suivis de ceux-ci " De la libreria de „ N. P. S. Fran^{co} de Guat^a. „
                                                               Signé, A. de la Raya.

A la suite du fol. 178, viennent deux autres ff. en Cakchiquel, mais d'une main très différente et signés : " Yn Fran^{co} Gonzalez. „

Bien que le nom de Maldonado ne paraisse pas sur ce livre, on ne peut douter aucunement qu'il en soit l'auteur, lui seul et le Père DOMINGO DE VICO, ayant écrit un ouvrage de ce genre en langue Cakchiquèle. Quant à ce dernier, le Manuscrit porte son nom et il est entièrement différent du premier. Voir VICO.

MANUSCRIT MEXICAIN ORIGINAL. Titre antique *sur papier maguey* du territoire de Zenpualan et autres lieux, peint et écrit aux premières années qui suivirent la conquête de Mexico. in-4°.

Ce document se compose de quinze folios, format carré in-4°, fabriqués d'une toile épaisse de fibres d'aloès. Le premier folio, en partie détruit, est peint des deux côtés, l'un de ces côtés portant l'image (la tête manquant) de Tecpancaltzin, tyran de Tetzcuco, de l'autre, celle de Tenancacaltzin. Le second folio, peint d'un seul côté, offre l'image d'Ixtlilxochitl 1er, roi de Tetzcuco. Les treize autres folios représentent de chaque côté des personnages plus ou moins historiques avec leurs femmes et leurs enfants. Le dessin des figures est généralement correct. La présence des églises y annonce le commencement du christianisme. Les inscriptions, en caractères latins, sont toutes en langue nahuatl. L'ensemble de ce document est des plus intéressants pour l'histoire de la peinture indigène en Mexique, au commencement du XVIe siècle.

MANUSCRIT MEXICAIN N° 2 de la Bibliothèque Impériale, photographié (sans rédaction). Par ordre de S. E. M. Duruy, Ministre de l'Instruction Publique, Président de la commission scientifique du Mexique. *Paris*, 1864. *Imprimerie Bonaventure et Ducessois.* — *Imprimerie photographique Benoist.* 22 *planches*, grand in-fol.

Ce MS. est, quant aux caractères, identique au *MS. Troano* et au *Codex Mexicain* de Dresde. Il est le plus parfait des trois, quant à la beauté et à la finesse des caractères; mais aussi il est celui qui a le plus souffert.

Cet ouvrage n'a été tiré qu'à 50 exemplaires.

MANUSCRIT MEXICAIN DE L'AN 1576, ayant pour titre ces mots : " Nican ycuiliuhtica ynin xitlapovalcatca mexica çā naūtetl yniuh quitova ceacatl quitlamia, etc. „ *Paris*, in-8°.

<small>L'original appartient à la collection de M. Aubin qui en a fait autographier un certain nombre d'exemplaires, dont celui-ci fait partie.</small>

MAPPE, dit **DE TEPECHPAN**. Histoire synchronique et seigneuriale de Tepechpan et de Mexico, autographié d'après un document de la collection de M. Aubin. *Paris*. in-fol. oblong., 12 ff.

<small>Cet ouvrage, formait une longue bande lithographiée d'après un des documents de la collection de M. Aubin. Celui-ci en avait préparé la publication, qu'il arrêta, après en avoir tiré une ou deux épreuves, dont la présente est peut-être aujourd'hui le seul exemplaire : elle porte des corrections de la main du possesseur de l'original de qui je la tiens. Tepechpan était une de seigneuries, dont le chef faisait partie du tribunal des nobles de Teotihuacan, selon les historiens de Tetzcuco.</small>

MARBAN (R. P. Pedro). Arte de la lengua MOXA, con su vocabulario y cathecismo, compuesto por el M. R. P. Pedro Marban, de la Compañia de Jesus. *(Lima) En la imprenta Real de Jesus de Contreras* (1701). in-8°, vélin.

<small>7 fnc. " Arte „, pp. 1-117; " Vocabulario Español-Moxa „, pp. 118-361; " Vocabulario Moxa-Español „, pp. 362-664; " Cathecismo „, pp. 1-108; " Confessionario „, pp. 109-142, 1 fnc.; " Cartilla y Doctrina Christiana „, pp. 143-202; " Indice „, 1 fnc.

Le P. Marban était, ainsi que l'annonce son livre, supérieur des missions de la Compagnie de Jésus chez les Moxos. La province de ce nom, aujourd'hui dépendante de la Bolivie, confine au N. avec la Sierra de Santa Cruz et le rio Huaporé ; au S. E. avec les Indiens Chiquitos. C'est un pays de forêts, dont les indigènes se partageaient en trois grandes familles, Moxos, Baures et Pampas, qui parlaient des dialectes de la même langue.</small>

MARQUEZ (D. Pietro). Due antichi Monumenti di architettura messicana, Illustrati da D. Pietro Marquez etc. Dedicati alla molto nobile Illustre ed Imperiale citta di Messico. *Roma, presso il Salomoni*, 1804. in-8°.

4 et 46 pp., titre grav. et 4 pl.

Cet ouvrage est une dissertation en italien sur le temple de Xochicalco et sur celui de Papantla, au Mexique. Les planches de ces monuments en sont les premiers dessins qui aient paru en Europe.

MARTINEZ (Fr. Marcos). Arte de la lengua UTLATECA Ó KICHE, vulgarmente llamado el Arte de Totonicapan : compuesto por el Rdo Padre Fray Marcos Martinez, de la orden de Predicadores. in-4°.

MANUSCRIT de 65 ff., d'une écriture ancienne et fort régulière, devenue un peu pâle. Je le tiens de l'ingénieur belge Van de Gehuchte, qui l'obtint à Totonicapan : il était resté de temps immémorial au presbytère, d'où il aurait été enlevé à l'époque de la révolution de Morazan. Il y portait le nom de " Arte de Totonicapan, „ et c'est dans cette ville que Remesal dit l'avoir vu entre les mains des religieux Franciscains qui administraient cette paroisse. Le père Marcos Martinez avait pris l'habit de Saint Dominique à Mexico, en 1557. Envoyé à Guatémala, il fut nommé vicaire rural de Comitan et mourut à Coban, en 1598. " Fué gran lengua Utlateca, ajoute Remesal, y compuso un
„ Arte della muy bien ordenada, que yo halle en el convento de Toto-
„ nicapa, y el religioso de S. Francisco que la tenia, me la alabó mucho,
„ y me dixo que era la mejor de quantas se avian hecho. „

C'est, en effet, une grammaire, composée avec beaucoup de soin et qui paraît avoir servi de modèle à la grammaire de XIMENEZ et à la Cakchiquèle du père ILDEFONSO FLORES. Les 47 premiers ff. composent la grammaire proprement dite ; les 11 suivants donnent l'analyse d'un certain nombre de vocables, dans l'intérêt de la syntaxe, et les 6 derniers un catéchisme abrégé de la doctrine chrétienne.

MARURE (Alejandro). Efemerides de los hechos notables acaedidos en la republica de Centr-oAmerica, desde el año de 1821 hasta el de 1842. Seguidos de varios catálogos de los Presidentes de la República, Gefes de los Estados, etc. por Alejandro Marure, etc. *Guatemala, Año de* 1844. *Imprenta de la Paz.* in-4°.

1 fnc., pp. marquées par erreur 79 ; il y en a 81.

Opuscule bien fait, donnant ce qu'il annonce. L'auteur, homme de talent et de connaissances solides, appartenait au parti dit libéral, à Guatémala, où il mourut, il y a près de vingt ans.

MEDINA (F. Balthassar de). Chronica de la Santa

10

provincia de San Diego de Mexico, de Religiosos Descalços de N. S. P. S. Francisco, en la Nueva España. Vidas de ilustres y venerables varones, que la han edificado con excelentes virtudes. Escrivelas, y consagralas al glorioso San Diego de Alcala, Patron y tutelar de la misma provincia F. Balthassar de Medina, natural de la Ciudad de Mexico, etc. *En Mexico: por Juan de Ribera, Año de* 1682. in-fol. vél.

21 fnc., 259 ff., 9 fnc.

Titre gravé, en outre du titre imprimé, offrant un médaillon du saint patron de l'ordre et de neuf des principaux religieux martyrs; au fol. 230 une carte-estampe portant pour titre principal : NOVA DELINEATIO SANCTISSIMAE S. DIDACI PROVINCIAE IN NOVA HISPANIA.

Au verso du fol. 2 du *Prologue* un catálogue des auteurs dont les ouvrages ont servi à la composition de celui du père Medina. La province de San Diego était une réforme de l'ordre de Saint François, dont les religieux déchaussés étaient analogues aux capucins.

Cet ouvrage est extrêmement rare, même à Mexico, où l'auteur naquit et mourut, âgé de plus de soixante ans, en 1697. Il exerça plusieurs charges importantes dans son ordre et passa aux Philippines, envoyé par ses supérieurs. Il existe de lui plusieurs autres ouvrages, imprimés et manuscrits.

MEMORIAS sobre limites territoriales con respecto á la autoridad ecclesiastica entre Chiapas y Yucatan, por lo que toca á Tabasco. Desde el año de 1682 hasta él de 1767. in-fol.

MANUSCRIT en 70 ff., intéressant pour l'histoire ecclésiastique de Tabasco, de Chiapas et de Yucatan, et contenant sur ces provinces des détails ethnographiques qu'on ne trouve pas ailleurs.

MENDIETA (fray Gerónimo de). Historia eclesiastica indiana obra escrita á fines del siglo XVI por Fray Gerónimo de Mendieta, de la orden de San Francisco. La publica por primera vez JOAQUIM GARCIA ICAZBALCETA. *Mexico, antigua libreria*, 1870. in-4°.

XLV et 790 pp. d'une impression remarquable par sa netteté et qui ne fait pas moins honneur aux typographes qu'à l'éditeur.

L'ouvrage de Mendieta que le monde savant doit aux soins éclairés de D. Joaquim Garcia Icazbalceta, est une œuvre capitale pour l'histoire civile et religieuse du Mexique et des pays voisins; elle renferme aussi des chapitres fort intéressants, relativement aux coûtumes et cérémonies de l'ancienne religion mexicaine. Un simple coup-d'œil sur cet ouvrage suffit pour démontrer ce qui avait été affirmé déjà par Vetancurt et d'autres auteurs, que Torquemada y puisa à pleines mains pour composer sa *Monarquia Indiana*.

Mendieta, selon ce que dit ici son savant éditeur, était né à Vitoria de Alava, en Espagne, entre les années 1524 et 1528. Il revêtit, jeune encore, l'habit de Saint-François à Bilbao et passa au Mexique en 1554. Au couvent de Xochimilco, où il fut envoyé, il s'appliqua à l'étude de la langue mexicaine, dans laquelle il prêchait en perfection, au rapport de son savant disciple FRAY JOAN BAPTISTA. En 1570, il repassa en Espagne, d'où il ne pensait plus sortir. Mais en 1573, en obéissance à la volonté du général de son ordre, il retourna à Mexico où il mourut en 1604, après avoir exercé plusieurs des principales charges de sa province. Son " Historia Eclesiastica Indiana, „ que l'on croyait perdue, se retrouva en 1860, parmi les livres et manuscrits laissés par D. Bartolomé José Gallardo, à Madrid. Elle fut acquise par notre estimable ami D. José María Andrade, de Mexico, entre les mains duquel je la vis à son passage à Paris.

MENGARINI (P. Gregorio). Grammatica linguæ SELICÆ. Auctore P. Gregorio Mengarini, Soc. Jesu. *Neo-Eboraci*, 1861. gr. in-8°.

Volume de la *Collection de M. Shea*.

MILLA (Don José). Don Bonifacio. Leyenda antigua por Don J. Milla (avec cette épigraphe) " Œgri Somnia, „ HOR. *Guatemala, imprenta de la Concordia*, 1862.

1 vol. in-4° esp. de 94 pp.

Ce petit ouvrage est une sorte de poème satirique sur les mœurs de la cité de Guatémala. Le présent exemplaire est probablement l'unique qui en existe en Europe. Hommage de l'auteur à M. B. de B.

MIRANDA (P. Francisco de). Catecismo breve en lengua OTOMI, dispuesto Por el P. Francisco de Miranda de la Compañia de Jesus. *En Mexico, en la imprenta de la Bibliotheca Mexicana. Año de* 1759. in-8. 16 pp.

Cet ouvrage est le seul de cet auteur qu'indique Beristain. Né en

1720, à Tlacomulco, dans l'archevêché de Mexico, il entra dans la Compagnie de Jésus en 1740, au noviciat de Tepotzotlan. Il est à croire qu'il fut expulsé avec son ordre en 1767 et qu'il mourut en Italie, où la plupart des Jésuites mexicains furent déportés.

MOKE (H. J.) Histoire des peuples américains, par H. J. Moke, professeur à l'université de Gand. (X[e] vol. de la bibliothèque illustrée.) *Bruxelles. Librairie Historique.* 1847. in-12°. 2 *cartes.*

Petit ouvrage, peu connu des bibliophiles américains, bien écrit et basé sur de bons documents. L'auteur, professeur de littérature française à l'université de Gand, était né, en 1803, au Hâvre, de parents belges : homme d'une grande érudition, il montre dans cet opuscule une justesse de vues et une perspicacité remarquables en ce qui concerne les anciennes migrations des Indiens de l'Amérique. Moke écrivit des romans et un grand nombres d'autres ouvrages historiques, généralement bien écrits, mais diversement appréciés. Il mourut à Gand, en 1862.

MOLINA (Fray Alonso de). Vocabvlario en lengva castellana y MEXICANA, compuesto por el muy Reuerendo Padre Fray Alonso de Molina de la Orden del bienauenturado nuestro Padre Sant Francisco. Dirigido al mvy excelente Señor Don Martin Enriquez, Visorrey desta Nueva España. *En Mexico, en casa de Antonio de Spinosa,* 1571, in-fol. vél.

" Titre, epistola, prologo, avisos, „ 3 fnc., 121 ff. à 2 col. et 1 fnc., avec une planche en bois, représentant un Indien en prière ; au verso la marque de l'imprimeur. — *Vocabulario en lengua Mexicana y Castellana,* etc., avec une estampe représentant Saint François, au milieu du titre. 1 fnc., 162 ff., à 2 col.; au bas du dernier la marque d'*Ant. de Spinosa,* suivie de la souscription de l'auteur, en mexicain, datant l'achèvement de son livre. Au verso une estampe sur bois avec le monographe I H S.

Exemplaire complet sous tous les rapports et auquel il ne manque absolument rien. Marge large et bien conservée.

Fr. Alonso de Molina naquit en Espagne, d'où ses parents l'amenèrent jeune à Mexico, en 1523. Il apprit ainsi tout enfant la langue mexicaine et servit d'interprète aux premiers religieux de Saint François qui lui donnèrent leur habit par affection. A la suite de sa profession, il entreprit l'instruction des néophites pour le bien desquels il composa les divers ouvrages que l'on a de lui. La première édition de son Vocabulaire date de 1555 : ainsi que la seconde, c'est encore aujourd'hui le seul ouvrage de ce genre existant pour l'étude de la langue mexicaine.

MOLINA (Felipe). Bosquejo de la república de Costa-Rica por Felipe Molina. *Madrid : imprenta de la viuda de Calero*, 1850. in-8°. — 44 pp. *carte*.

— Memoria sobre las cuestiones de limites que se versan entre la república de Costa-Rica y el estado de Nicaragua. Por Felipe Molina. *Madrid : imprenta de la Viuda de Calero*. 1850. in-8°. — 46 pp. *carte*.

— Costa-Rica y Nueva-Granada; examen de la cuestion de limites, que hay pendiente entre las dos republicas mencionadas. Con un mapa para la mejor inteligencia del asunto; y testimonios de los titulos antiguos de Costa-Rica. Por Felipe Molina, enviado extraordinario y Ministro plenipotenciario de Costa-Rica y Guatemala cerca del gobierno de los Estados-Unidos. *Washington : Imprenta de R. A. Waters*. 1852. in-8°, 49 pp. *carte*.

MOLINA (Juan Ignacio de). Compendio de la historia geografica, natural y civil del reyno de Chile, escrito en italiano por el abate Don Juan Ignacio de Molina. *Primera parte* traducida en espagñol por D. Domingo Joseph de Arquellada Mendoza. — *Parte segunda*, traducida al español y aumentada con varias notas por D. Nicolas de la Cruz y Bahamonde. *Madrid, por Don Antonio Sancha*. 1788-95. 2 vol. in-4°.

Vol. I. XX et 418 pp., 1 carte. — Vol. II. XVI et 382 pp.; 1 fnc., 3 cartes, 3 tabl. Les pp. 332-376 du vol. II, sous ce titre " *Idea de la lengua Chilena* „ contiennent un abrégé grammatical et un petit dictionnaire Chilien. Le catalogue des écrivains du Chili occupe les pp. 377-382 du même vol.

Molina naquit à Talca, au Chili, en 1740. Il fit des études brillantes à Santiago, et entra fort jeune dans la compagnie de Jésus. A vingt ans, on le mit à la tête d'une des principales bibliothèques de la compagnie, où il s'acquit, en travaillant, un fond de connaissances solides. Déporté avec les autres membres de son ordre en Italie, en 1767, il fut ordonné prêtre à Imola, d'où il transféra son séjour à Bologne, ainsi que plusieurs autres savants ex-jésuites américains. Molina mourut dans cette ville en 1829. Son ouvrage était, avant le magnifique travail de M. CLAUDE GAY (voir ce nom), le meilleur que l'on eût sur le Chili.

MONARDES (Nicolò). Delle cose che vengono portate dall' Indie Occidentali pertinenti all' uso della MEDICINA. Racolte, Strattate del Dottor Nicolò Monardes, Medico di Siuiglia, *Parte prima*. Nuovamente recata dalla Spagnola nella nostra lingua Italiana. Dove anche tratta de' *veneni*, e dalla lor cura. Aggiuntivi due Indici; uno de' capi principali; l'altro delle cose piu rileuanti, che si ritrouano in tutta l'opera. Con priuilegio. *In Venetia. Appresso Giordan Ziletti.* 1582.

— *Parte seconda*. etc. Con un libro appresso dell'istesso Auttore, che tratta della *Neve*, e del beuer fresco con lei, etc. *In Venetia. Appresso Francesco Ziletti.* 1582. 2 parties in-8° en un vol.

1re part. 6 fnc., 109 pp. — 2e part. 2 fnc., 229 pp., 7 fnc. avec 11 grav. sur bois très bien exécutées.

MONTENEGRO (Ilmō D. Alonso de la Peña). Itinerario para parrocos de indios. En que se tratan las materias mas particulares tocantes á ellos para su buena administracion : compuesto por el Ilmō y Rmō Sr. Dr. Don Alonso de la Peña Montenegro, obispo de Quito, etc. Nueva Ed. purgada de muchisimos hierros. *En Madrid : En la oficina de Pedro Marin. Año de* 1771. in-fol. vél.

15 fnc., 544 pp. de texte et de table jusqu'à 612.
Ouvrage rare et très estimé, contenant une foule de notions intéres-

santes sur les coûtumes superstitieuses des indigènes du Pérou et de l'Équateur. La 1re éd. de cet ouvrage parut en 1664, in-4°. L'auteur, évêque de Quito, était un homme d'une profonde instruction théologique et parfaitement au courant des usages et des superstitions des indigènes, en particulier de son diocèse.

MONTESINOS (el Lic. Don Fernando). Memorias antiguas historiales del Peru. Seguidas de los anales del mismo Reyno, por el Licenciado Don Fernando Montesinos. Sacadas que fueron del Archivo de la Real Academia de Historia de Madrid.

MANUSCRIT. Copie fidèle faite pour moi sur l'original à Madrid, par deux élèves de l'École des Chartes de cette ville. 2 parties. in-fol. en un vol. X pp. Unas cartas relativas al Licenciado Don Fernando Montesinos, noticia biografica y sumario de capitulos. 1re part. 230 pp. — 2e part. 359 pp.

Montesinos était natif d'Ossuna, en Espagne. Il alla deux fois au Pérou en qualité de visiteur royal et résida près de quinze ans en cette contrée, qu'il parcourut dans tous les sens. Le père Rodriguez, dans son *Histoire du Maragnon*, le qualifie de *historiador diligentisimo*, ajoutant que personne ne connut mieux les antiquités du Pérou. Dans la première partie de son ouvrage, *Memorias antiguas*, Montesinos fait remonter l'histoire du Pérou à près de 4000 avant notre ère et la continue jusqu'à la découverte de l'Amérique par Colomb. La seconde partie, *Anales*, comprend l'histoire du Pérou, de l'an 1493 à l'an 1546. Quant au traité relatif à *Ophir* que lui attribue Pinelo, avec la date de 1530, c'est celui qui compose le premier livre des *Memorias antiguas*.

La notice consacrée à Montesinos par M. Ferdinand Denis, dans le *Dictionnaire Biographique* de Didot, me semble écrite avec quelque précipitation et des idées préconçues, qu'on attribuerait plus volontiers à l'école germaniste qu'à la plume érudite et aimable de M. Denis.

MORAN (P. Fray Pedro). Arte breve y compendiosa de la lengua POCOMCHI de la provincia de la Verapaz compuesto y ordenado por el venerable Padre fray Dionysio de Çuñiga para los principiantes que comiençan á aprender, y traducido en la lengua POCOMAN de Amatitan por el padre fray Pedro Moran, quien lo empeço á escribir en este conv^{to} de N. P. S^{to} Domingo de Goath^a oy juebes diez del mes de abril de este año de mill cetessientos y veynte. In-fol.

MANUSCRIT de 8 ff., d'une écriture fort serrée; présent de Don Carlos Meany, de Guatémala.

— Bocabulario de solo los nombres de la lengua POKOMAN, escrito y ordenado por el padre fray Pedro Moran en el convento de N. P. S^{to} Domingo de Goathemala. in-fol.

MANUSCRIT en 120 ff., qui ne comprend que les vocables de la lettre A à la lettre N, inclusivement, mais copieux et très fourni pour ce qu'il contient.

— Bocabulario de nombres que comiençan en romance en la LENGUA POKOMAN de Amatitan. Ordenado y compuesto por el padre fray Pedro Moran, en este convento de N. P. S^{to} Domingo de Goathemala. in-fol.

MANUSCRIT de 99 ff., sorte de dictionnaire de la conversation, dont les vocables commencent avec l'espagnol, que l'auteur intitule *romance*, c'est à dire langue vulgaire. Il est copieux et contient beaucoup de choses.

— Vidas de santos en forma de homilias, en POKOMAN y castellano, para los principiantes que comiençan à aprender la lengua pokoman de Amatitan, ordenadas por el padre fray Pedro Moran, en este conv^{to} de N. P. S^{to} Domingo de Goathemala. in-fol.

MANUSCRIT de 92 ff., comprenant une suite d'homélies en langue pokomane avec la traduction espagnole interlinéaire, suivie de notes et d'explications, évidemment faites pour faciliter l'étude de la langue aux élèves. C'est un ouvrage copieux et abondant et le seul de ce genre que je connaisse.

La langue Pokoman, dont il est ici question, se parlait encore au temps de Juarros, aux environs du faubourg de la Candelaria, à Guatémala, à Amatitan et à Mixco, ainsi qu'à Petapa, localités qui ne sont pas à une distance considérable de la capitale actuelle. On trouvait encore le Pokoman à Chalchuapa, dans le Salvador, non loin de la frontière guatémalienne, à San Luis Xilotepeque, dans la république guatémalienne, département de Chiquimula, et à Mita, dans celui de Jutiapa. Pour retrouver ensuite cette langue, il faut aller jusqu'à l'extrémité N.-O. de la république, à Jacaltenango et à Soloma, où elle se parle encore aujourd'hui. Partout ailleurs, le nombre des indigènes qui parlaient Pocoman, a considérablement diminué. Cette langue est entièrement distincte du Mam ; quant au *Poconchi*, qui se parle à San Cristobal et à Taktic, dans la Verapaz, c'est un dialecte du pocoman, avec des différences assez notables. On ne connaît jusqu'à présent de ces langues que l'abrégé de grammaire qu'on trouve à la suite de la première édition française des voyages de Thomas Gage, et un petit vocabulaire publié par M. le Dr Scherzer, à Vienne.

MORELLI (D. Cyriaci) Fasti novi orbis et ordinationum Apostolicarum ad Indias pertinentium breviarium cum annotationibus, opere D. Cyriaci Morelli, presbyteri, olim in universitate neo-cordubensi in Tucumania Professoris. *Venetiis*, 1776. *Prostat apud Antonium Zatta*. in-4°.

VIII et 642 pp., 1 fnc.

Cet ouvrage, fruit de profondes recherches, est fort intéressant, surtout au point de vue des dates de l'histoire de l'Église en Amérique. La première est de l'an 1248 et concerne le Groenland, de même que la suivante : la dernière est celle de 1771. Ces dates rappellent d'une manière particulière tous les actes du Saint Siége en Amérique et dont l'auteur donne une analyse fort remarquable.

Vénitien et fort probablement frère de l'abbé Jacques Morelli, bibliographe et gardien de la bibliothèque de Saint Marc, D. Cyriaque Morelli avait appartenu à la compagnie de Jésus : il avait été professeur à l'Université du Tucuman à Cordoba, alors dépendant de la vice-royauté du Pérou, établissement qu'on sait, ainsi que le collége de Monserrat, avoir appartenu aux Jésuites avant leur expulsion. Morelli fut, sans doute, déporté avec les autres et tout laisse à penser qu'il se retira à Venise, où il publia son ouvrage.

MORO (Cayetano). Reconocimiento del istmo de Tehuantepec, practicado en los años 1842 y 1843, con el objeto de una comunicacion oceánica, por la comision cientifíca que nombró al efecto el empresario D. José de Garay. *Mexico, imprenta de Vicente Garcia Torrès*, 1844. in-fol. de 40 pp., 2 *cartes*.

La signature de l'auteur se trouve à la fin.

MUÑOZ (Juan Bautista). Historia del Nuevo Mundo, escribiala D. Juan Baut. Muñoz. *En Madrid, por la Viuda de Ibarra*, 1793. in-4°, vél.

2 fnc., xxx et 464 pp. Le tome 1 seul a été publié.

On peut voir dans FUSTÉR la liste des nombreux documents réunis par Muñoz pour son *Histoire du Nouveau Monde.*

MURGUIA Y GALARDE (Don José). Memoria estadistica de Oaxaca y descripcion del valle del mismo nombre, estractada de la que en grande trabajo el Sr. Don José Murguia y Galarde. Publicala el Lic. DON CARLOS MARIA BUSTAMANTE. *Veracruz, en la imprenta constitucional*, 1821. in-4°, 26-8 pp.

NAU (Émile). Histoire des Caciques de Haiti, par le Baron Émile Nau. *Port-au-Prince, imprimerie nationale*, 1855. in-8°.

L'auteur de ce livre, qui est correct et intéressant, faisait partie de la noblesse haïtienne, créée par l'empereur Faustin Ier (Soulouque).

NAVARRETE (D. Martin Fernandez de). Coleccion de los viages y descubrimientos, que hicieron por mar los españoles, desde fines del siglo XV. Con varios documentos ineditos concernientes á la Historia de la marina Castellana y de los establecimientos españoles en Indias, coordinada é ilustrada por D. Martin Fernandez de Navarrete. *Madrid, Imprenta real*, 1825-37, 5 vol. in-4°.

Cette collection importante contient les pièces suivantes :

Vol. I. 1 fnc., CLI pp. Relaciones, cartas y otros documentos, concernientes á los cuatro viages que hizó el almirante D. CRISTOBAL COLON para el descubrimiento de las Indias Occidentales, pp. 1-352.

— *Apendice* de documentos relativos á la dignidad del almirantasgo mayor de Castilla, sus prerogativas y jurisdiccion, pp. 353-429; Indice, pp. 430-455, *carte.*

Vol. II. Documentos diplomaticos, pp. 1-372; — Apendice, pp. 373-438; Indice, pp. 439-455.

Vol. III. XV pp. — *Seccion primera.* Viages menores, pp. 1-74; Apendice, pp. 75-180, carte. — *Seccion segunda.* Viages de AMERICO VESPUCIO, pp. 315-334. — *Seccion tercera.* Establecimientos de los Españoles en el Darien, pp. 335-456. — Noticia biográfica del Adelantado Pascual de Andagoya, pp. 457-590. — Observaciones sobre las anteriores probanzas, pp. 591-615. — Sumario é indice, pp. 617-632. — Indice, pp. 633-642.

Vol. IV. XXIII pp. Noticia biográfica de Fernando de Magallanes y Juan Sebastian de Elcano, pp. 1-406, portrait de Elcano. — Sumario é Indice, pp. 407-416.

Vol. V. — *Viages de Loaisa y Alvaro de Saavedra*, pp. 1-190. — *Apendice*, de documentos, pp. 191-486. — Sumario é Indice, pp. 487-498. — Indice cronologico, pp. 499-501.

NAVARRO (José Maria). Memoria del estado actual de la parroquia de S. Martin Xilotepeque formada por su cura encargado Presbitero José Maria Navarro, para presentarla en la visita canónica al Ilmō y Rmō. Sr. Arzobispo Dr. D. Francisco Garcia Pelaez, dignisimo Prelado de la diócesis de Guatemala. Comprende los años de 1857 á 1859. *Guatemala. Imprenta de Luna*. 1861. in-4°.

72 pp. carte du territoire et de la commune de San Martin Xilotepeque.

Détails géographiques, topographiques et statistiques, etc. donnant une idée générale des paroisses du diocèse de Guatémala, et en particulier de celle de San-Martin. L'auteur, ancien militaire mexicain, un des membres les plus instruits du clergé guatémalien, a écrit divers autres opuscules.

— Memoria del estado de la parroquia de Concepcion de Villa Nueva, formada por su cura encargado presbítero José María Navarro, para presentarla en la visita canonica al Ilmō y Rmō Sr. Arzobispo Dr. Don Francisco de Paula Garcia Pelaez, dignisimo prelado de la diocesis de Guatemala. *Guatemala, Imprenta de la Aurora*, 1868. in-4°. 2 cartes.

Dans le même volume, à la suite :

— Documentos justificativos de la conducta que ha observado en Centro-America el presbítero José María Navarro, reimpresos con nuevos atestados. *Guatemala, Imprenta de la Paz*, 1869. in-4°.

NAXERA (F. Manuel Crisostomo). Disertacion sobre la lengua OTHOMI, leida en latin en la sociedad Filosofica Americana de Filadelfia, y publicada de su orden en el tomo 5° de la nueva serie de sus actas; traducida al castellano por su autor F. Manuel Crisostomo Naxera, etc. Publicase de orden del E. S. Presidente de la republica. *Mexico. En la Imprenta del Aguila*, 1845. in-fol.

XIII et 145 pp. A la suite du prologue, en espagnol, second titre en latin. " Pars prima „ en latin des pp. 1-20 ; puis en espagnol, des pp. 21-52; " Pars altera „ en latin, des pp. 53-70; en espagnol, pp. 71-94. "Annotanda, „ sorte de vocabulaire et règles grammaticales, syntaxe et exemples de version interlinéaire, othomi et espagnol, et une ode d'Anacréon, en grec, en latin et en othomi, etc., des pp. 95-116. La répétition des mêmes annotanda, "notas„ en espagnol, des pp. 117-143; à la p. 145, catalogue des localités mexicaines où est parlé l'othomi.

Le P. Manuel de San Juan Crisostomo Naxera naquit à Mexico, en 1803. Il prit l'habit du Carmel en 1819 et s'appliqua, dans la vie du cloître, aux études les plus variées. Les langues et la philosophie du langage semblent avoir particulièrement captivé son attention. Profitant des richesses de son ordre, déjà réduit à un fort petit nombre de religieux, il voyagea aux États-Unis et en Europe. De retour au Mexique, il fut nommé, en 1834, prieur du monastère du Carmel à Guadalaxara, qui devint de son temps un foyer intellectuel où se réunissaient de préférence les savants et les lettrés, à quelque opinion qu'ils appartinssent. Naxera mourut à Mexico, en 1853.

NEVE Y MOLINA (L. D. Luis de). Reglas de Orthographia, Diccionario y Arte del idioma OTHOMI, breve instruccion para los principiantes, que dictó El L. D. Luis de Neve y Molina. *Impressas en Mexico, en la Imprenta de la Bibliotheca Mexicana. Año de* 1767. in-8°.

11 fnc. 160 pp. " Parte primera „ entre les pp. 1-12, règles de prononciation, suivies d'une planche gravée des erratas. " Parte segunda „ contenant le *Vocabulario* entre les pp. 13-96. " Parte tercera „ *Arte del idioma othomi,* entre les pp. 96-160.

Au rapport de Naxera (*Disertacion sobre la lengua Othomi,* pag. 13-16), Neve y Molina était de la race même des Othomis : né probablement dans la montague aux environs de Mexico, où les Othomis sont encore fort nombreux, il devint prêtre au séminaire de cette ville, où depuis il professa sa langue maternelle et fut nommé interprète du tribunal de la Foi, pour la section de la cour ecclésiastique des indigènes.

— Le même ouvrage. *Mexico*, 1863. *Tipografia de Mariano Villafaña.* in-16°.

254 pp., 1 fnc.

NOREÑA (P. F. Alonso). Carta tocante á las confessiones de indios, escrita por el M. R. P. Fr. Alonso Noreña, prior y provincial de la Provincia de San Vicente de Chiapa y Guatemala, al R. Pe Fr. Diego Serrano, Vicario de Tecutzitlan, en la Provincia de Mexico, fecha en febrero de 1580. in-fol.

MANUSCRIT de 7 ff., dans XIMENEZ (Francisco). Voir ce nom, *Tratado segundo,* etc.

Fray Alonso de Noreña, natif de la province d'Oviedo, en Espagne, renonça au monde et à une carrière honorable dans la jurisprudence, pour vêtir l'habit de Saint Dominique et suivre le célèbre Las Casas en Amérique, vers l'an 1544. Il cultiva avec soin les langues des Indiens et les sciences sacrées. Après avoir exercé plusieurs des charges de son ordre, il fut élu vicaire capitulaire et gouverneur de la mitre du diocèse de Chiapas après la mort de l'évêque Casillas, de l'an 1567 à l'an 1574. Il fut élu provincial de son ordre à Guatemala, en 1580 et mourut vers la fin du siècle au couvent de Ciudad Real où il s'était retiré. Il écrivit divers ouvrages et traités religieux et canoniques, etc., restés manuscrits comme la présente lettre.

NOTICIA BREBE de los vocablos mas usuales de la Lengua CACCHIQUEL. in-4° vél.

MANUSCRIT de 92 ff., écrits d'une main ancienne mais élégante du XVIIe siècle. Il ne porte ni date, ni nom d'auteur et est resté inachevé au vocable *Raxkule.* C'est d'ailleurs, un petit vocabulaire parfaitement soigné et qui contient beaucoup de choses.

NUÑEZ (Fr. Joan). Sermones de Doctrina en lengua CHAPANECA compuestos por el R. P. Fr. Joan Nuñez, dominico, recogidos en la familia del Sr. D. Esteban Nucamendi, gobernador que fué de Acalá. in-4°.

MANUSCRIT de 80 ff., dont plusieurs ont été plus ou moins rongés par le temps et l'abandon.

— Algunas cossas curiossas en lengua CHAPANECA sacadas de pposito p^a doctrina de los yn^{os} y p^a q. los p^{es} que deprenden esta lengua se aprovechen dellas por no aver en ella nada escrito. Los padres perdonen y R^{uan} el buen desseo que tubo q^{en} lo trauajo por servirles y aprouechar las almas destos pobres. Signé FR. JOAN NUÑEZ en marge. 1633. in-4°.

MANUSCRIT en 54 ff., formant une série d'homélies ou de sermons, unique en son genre, puisqu'il n'y avait rien d'écrit, ainsi que dit l'auteur, qu'on pût enseigner aux indigènes en langue chiapanèque. Ce petit traité provient de la famille d'Estevan Nucamendi, gouverneur d'Acala, et me fut donné avec l'*Arte de la lengua Chiapaneca*, etc. par Don Angèl Corso, gouverneur de l'État de Chiapas, en 1859.

NUÑEZ DE LA VEGA (Ill. D. Fr. Francisco). Constituciones diaecesanas del obispado de Chiappa, hechas y ordenadas por su S^a Ill. el Sr. Maestro D. Fr. Francisco Nuñez de la Vega, de la orden de Predicadores, obispo de Ciudad Real de Chiappa y Soconusco, etc,, año de 1692. *En Roma, año de* 1702, *En la Nueva imprenta de Caietano Zenobi. En la Curia Innocenciana,* in-fol.

Dédicace au Pape, 3 fnc.. lib. prim., 164 pp., lib. seg., 142 pp., 15 fnc.

Cet ouvrage, fort rare en Amérique comme en Europe, est surtout curieux pour les détails qu'il contient, relatifs à l'ancienne histoire du pays de Chiapas. Ces détails, ayant en partie le mythe de Votan pour objet, se trouvent de la page 8, n° 31, § XXVII, à la page 10, n° 36, § XXXII inclusivement. Dans la 2e partie, page 131, se trouve la IXe lettre pastorale, traitant des erreurs de la secte idolâtre du Nagualisme. Nuñez de la Vega était né à Carthagène des Indes: il prit l'habit de Saint Dominique en 1650, à Santa-Fé de Bogota. Nommé en 1673, procureur de son ordre, il se rendit en Espagne, où son mérite lui fit obtenir, en 1683, l'évêché de Chiapas, qu'il administra jusqu'à sa mort, arrivée en 1703.

BOTURINI blâme vivement ce prélat, pour avoir livré aux flammes les débris de l'antiquité indigène, tombés entre ses mains. Nuñez de la Vega ne détruisit, toutefois, aucun document manuscrit, de ceux qu'il cite lui-même, sous le titre de *Reportortos*, l'un fut envoyé par lui au capitaine-général à Guatémala, et l'autre conservé, d'après ORDOÑEZ, dans les archives de l'évêché de Ciudad-Real où celui-ci le consulta fréquemment. HUMBOLDT a cité, sans l'avoir jamais lu, ce que Nuñez dit de Votan; aussi sa citation est-elle tout-à-fait fautive. CLAVIGERO, d'où il tira ce qu'il en dit, n'est guère plus exact que lui; ce qui semblerait annoncer qu'il ne connut pas lui-même l'ouvrage de Nuñez de la Vega.

— Copia de una carta relativa á la secta idolatra del NAGUALISMO, escrita por el Ilmō Sr. D. Francisco Nuñez de la Vega, obispo de Chiappa, al Exmō Sr. Capitan General á Guatemala. in-4°.

MANUSCRIT d'un feuillet, copié par moi aux Archives épiscopales de San Cristobal (Ciudad Real) de Chiapas, au mois de Septembre 1859. Le document original, dont la dernière page manque, n'a point de date, mais doit avoir été écrit entre les années 1691 et 1693.

N° 7 du vol. *Documentos originales y copias para servir á la historia de Chiapas, Yucatan y Guatemala.*

ONFFROY DE THORON (Don Enrique). Antiquité de la navigation de l'Océan. — Voyages des vaisseaux de Salomon au fleuve des Amazones Ophir, Tarschisch et Parvaïm, par Don Enrique Onffroy de Thoron, ingénieur. — Extrait du journal géographique le Globe. *Genève, Carey, frères,* 1869. gr. in-8°. *carte.*

OÑA (Lic. Pedro de). El Arauco Domado, compuesto por el Licenciado Pedro de Oña, natural de los Infantes de Engol en Chile, etc., dirigido á D. Hurtado de Mendoza, primogenito de D. Garcia Hurtado de Mendoza, marquez de Cañete, etc. Nueva edicion, arreglada á la de Madrid del año 1605. *Valparaiso, Imprenta Europea, marzo* 1849. in-8°.

Cet ouvrage est un poème fort curieux sur la conquête des Arancans, encore inconquis aujourd'hui.

ORANTES (Segundino). Esposicion del gobierno

del estado de Chiapas contra la desmembracion de una parte considerable de su territorio, intentada por el Exmo Sr. Gobernador de Tabasco. *Imprenta del Gobierno de Chiapas, dirigida par Manuel Maria Trugillo; año de* 1856. in-4°.

Don Segundino Orantes, qui écrivit ce mémoire au nom du gouvernement de Chiapas, est un des hommes les plus distingués de ce pays et le premier auteur de la carte géographique de cet état, qui depuis servit de base à toutes les autres, imprimées ou manuscrites.

Voir au vol. *Documentos Estadisticos para servir á la historia y geografia de los Departamentos de Chiapas e Tabasco.*

ORDOÑEZ (D. Ramon de). Historia de la Creacion del cielo y de la Tierra, conforme al systema de la gentilidad Americana.

Theologia de los Culebras, figurada en ingeniosos geroglyficos, symbolos, Emblemos y metaphoras. Diluvio Universal, dispersion de las Gentes.

Verdadero Origen de los Indios : su salida de Chaldea : su transmigracion á éstas partes septentrionales; su transito por el Oceano, y derrota que siguieron, hasta llegar al seno Mexicano.

Principio de su Imperio, Fundacion y destruccion de su antigua, y primera corte, poco há descubierta, y conocída con el nombre de CIUDAD DE PALENQUE. Supersticioso culto, con que los antiguos Palencanos adoraron al verdadero Dios, figurado en aquellos symbolos, ó Emblemas, que colocados en las Aras de sus Templos, ultimamente degeneraron en abominables Idolos.

Libros todos de la mas venerable antiguedad; sacados del olvido unos; nuevamente descubiertos otros : é interpretados sus symbolos, emblemas, y metaphoras, conforme al genuino sentido del phrasismo Americano.

Por Dⁿ Ramon de Ordoñez y Aguiar, Presbitero

domiciliano de Ciudad-Real de Chiapa, y residente en Goathemala. in-fol.

MANUSCRIT de 258 ff., copié par moi sur les brouillons de l'auteur au Musée National de Mexico, en 1848 et 1849. C'est le premier volume de l'original qui a disparu. Du second volume, je n'ai trouvé que 4 fol. copiés à la suite des autres. Il est à penser qu'aujourd'hui ce manuscrit est unique.

— Memoria relativa à las ruinas de la Ciudad descubierta en las inmediaciones del pueblo de Palenque, de la provincia de los Tzendales del obispado de Chiapa, dirigida al Ilmō y Rmō Señor Obispo desta diocesis por el Sr. canonigo Don Ramon de Ordoñez y Aguiar. in-fol.

MANUSCRIT en 23 ff., copié sur l'original au Musée national de Mexico. Il est précédé de tous les documents relatifs aux ruines de Palenqué, existant aux archives de la bibliothèque de l'Académie royale d'histoire de Madrid.
1º Expediente sobre el descubrimiento de una gran ciudad en la provincia de Chiapa, etc.
2º Informe de D. ANTONIO CALDERON, Teniente de Alc. Mayor del Palenque.
3º Informe de D. ANTONIO BERNASCONI sobre la ciudad arruinada en la prov. de Chiapa, à 3 l. del pueblo del Palenque.
4º Descripcion del terreno y poblacion antigua, nuevamente descubierta en las inmediaciones del Pueblo del Palenque jurisdicion de la Prov. de Ciudad Real de Chiapa, unas de las del Reino de Guatemala, de la America septentrional, fecha : Palenque 24 de junio de 1787, firmado ANTONIO DEL RIO. in-fol. MANUSCRIT de 14 ff., ensemble 37 ff.

— Notas de Chiapas y Palenque, recogidas entre los borrones de Don Ramon de Ordoñez y Aguiar. in-fol.

MANUSCRIT de 3 ff., notes détachées, copiées par moi dans les brouillons du célèbre chanoine de Ciudad-Real, au Musée de Mexico. Nº 6 du vol. : *Documentos originales y copias para servir á la historia de Chiapas, Yucatan y Guatemala.*

OROZCO Y BERRA (Manuel). Geografia de las lenguas y carta etnografica de Mexico precedidas de un ensayo de clasificacion de las mismas lenguas y de apuntes para las inmigraciones de las tribus por el Lic. Manuel Orozco y Berra. *Mexico. Imprenta de J. M. Andrade y F. Escalante,* 1864. in-4°, *carte* coloriée du Mexique selon la répartition des langues.

— Memoria para la carta hídrografica del valle de Mexico, formada por acuerdo de la Sociedad Mexicana de geografia y estadística por su socio hononario el Lic. D. Manuel Orozco y Berra. in-4° avec 4 *cartes* (extrait du *Boletin de la Sociedad de geografia y estadistica de Mexico.*

<small>Ces deux ouvrages sont remarquables par des recherches consciencieuses de tout genre et témoignent d'un travail long et laborieux.</small>

OSORIO (Don Lope de Sierra). Auto de Real Visita hecha por Don Lope de Osorio en el pueblo de Chiapa de la Real Corona á favor de los Indios de dicha comunidad, fecho en Guatemala, á 24 de julio de 1665. in-fol.

<small>MANUSCRIT en 21 ff., sur papier timbré de l'époque. Pièce originale contenant des détails curieux sur les Indiens chiapanèques du temps : il témoigne de leurs plaintes contre les services extraordinaires que leur imposaient les autorités espagnoles et les religieux de Saint Dominique. Le licencié Don Lope de Sierra Osorio, président de Guadalaxara, alla à Guatémala comme visiteur de Don Fernand de Escobedo, président de l'Audience royale de cette ville, vers les années 1675-8.</small>

OVALLE (Alonso de). Historica Relacion del Reyno de Chile y de los misiones y ministerios que exercita en el la compañia de Jesus, etc., por Alonso de Ovalle, de la compania de Jesus, natural de Santiago de Chile y su procurador en Roma. *En Roma, por Francisco Cavallo,* 1648. in-fol. vél.

<small>Titre écrit à la main, de l'époque de l'auteur. 3 fnc., 455 pp., 1 fnc., 14 fig., 1 carte " *Tabula geografica regni Chile,* „ 12 pl. sur bois en 6 ff., représentant les plans des collèges de la compagnie de Jésus au Chili ;</small>

plus 6 autres pl. en 3 ff., représentant les principaux ports de ce pays. Entre les pp. 322-323 se trouvent 9 pl. gravées sur acier, précédées d'un titre avec le monogramme *AT* in-f. qui est celui d'*Antonio Tempesta*, représentant les gouverneurs du Chili; suivent 12 autres pl. précédées aussi d'un titre imprimé, offrant les portraits en buste des " duces „ du même royaume.

OVIEDO y VALDES (Gonzalo Fernandez de). Historia General y natural de las Indias, islas y tierra-firme del mar Oceano, Por el Capitan Gonzalo Fernandez de Oviedo y Valdes, primer cronista del Nuevo Mundo. Publicala la Real Academia de la Historia, cotejada con el códice original, enriquecida con las enmiendas y adiciones del autor é ilustrada con la vida y el juicio de las obras del mismo por Don José AMADOR DE LOS RIOS. *Madrid, Imprenta de la Real Academia de la Historia*, 1851-55.

3 part. en 4 vol. in-4º.
PRIMERA PARTE: faux titre, représentant les armes d'Espagne, CXII et 632 pp., 5 pl., 1 fnc. — SEGUNDA PARTE, tomo 1º : faux titre aux armes d'Espagne; VII et 511 pp., 1 pl., 2 cartes, 1 fnc. — Tomo 2º: faux titre aux armes d'Espagne; VIII et 651 pp., 1 fnc., 1 carte, 1 pl. — TERCERA PARTE : faux titre aux armes d'Espagne; VIII et 619 pp., 1 fnc., 4 pl., 1 carte.

Publication importante et qui fait honneur à l'Académie Royale d'histoire de Madrid. Oviedo, né à Madrid, vers 1478, d'une famille noble, servit en qualité de page à la cour de ses souverains et vint avec elle à Grenade, pour la réception de Colomb, au retour de son premier voyage (1493). Nommé, en 1512, secrétaire de Gonzalve de Cordoue, qu'il avait suivi dans sa campagne d'Italie, il se détermina, peu de temps après, à passer en Amérique et se joignit à l'expédition de Pedrarias Davila. Après avoir occupé divers portes importants, il fut successivement gouverneur de la province de Carthagène et de Darien et inspecteur des mines d'or. Nommé chroniqueur genéral des Indes, en 1532, il abandonna ses autres emplois. Oviedo résida 34 ans en Amérique et traversa fréquemment l'Atlantique pour remplir ses diverses missions. Il retourna pour la dernière fois en Espagne, en 1556, et mourut à Valladolid, l'année suivante.

La première édition de ses ouvrages est de *Sevilla, Juan Cromberger*, 1535, et le livre XX de *Valladolid, por Francisco Fernandez de Cordova*, 1557. in-fol.

A ces renseignements que je copie en grande partie de l'excellent catalogue, *Bibliotheca Americana de Maisonneuve et Cie* (*Paris*, 1867), je n'ajouterai qu'une chose, c'est qu'Oviedo se montra constamment, dans ses écrits comme dans ses actes, un adversaire injuste autant qu'implacable des indigènes américains, dont l'histoire fut la cause unique de sa renommée.

PADILLA (Dr. Don Mariano). Ensayo historico sobre el orígen de la enfermedad venerea ó de las Bubas y de su antiguedad tanto en Europa, como en America. Escrito por el Sr. Dr. Don Mariano Padilla, Decano de la Facultad de Medicina de Guatemala, catedratico de cirurgia de esta universidad, Vice-Presidente del Protomedicato de la Republica, Primer Medico de la casa de Misericordia, consiliario de la sociedad Economica de amigos del Pais, etc. Impreso de orden del supremo Gobierno. *Guatemala, imprenta de la Paz*. 1861. in-4°, 20 pp.

Petit ouvrage curieux et dont l'auteur fut constamment un des meilleurs amis des savants et des voyageurs étrangers dans son pays. Le Dr. Padilla est mort en 1569, universellement regretté.

— Apuntamientos para la biografia del señor Licenciado Don José Antonio Larrave y Velazco, sócio benemérito y director de la Sociedad Económica de amigos de Guatemala, consejero de Estado, etc. leidos en el salon de sesiones de la misma, etc. el dia 27 de agosto de 1858. *Guatemala. Imprenta de L. Luna* (1858).

In-4° de 20 pp., relié à la suite du président.

PALACIOS (Enrique). Memoria leida en la junta general que celebro la sociedad Económica de amigos del pais, el 26 de diciembre de 1861. *Guatemala. Imprenta de L. Luna*, 1861. in-4°.

Voir au vol. ROSSIGNON.

— Memoria sobre el cultivo del café en Escuintla,

presentada á la sociedad Económica de amigos del pais, por su secretario D. Enrique Palacios. *Guatemala. Imprenta de L. Luna.* 1862. in-4°.

<small>Travail intéressant sous le rapport de l'industrie agricole et de la production du café dans l'état de Guatémala.
Voir au vol. ROSSIGNON.</small>

PALOU (Fr. Francisco). Relacion historica de la vida y apostolicas tareas del venerable padre Fray Junipero Serra, y de las misiones que fundó en la California septentrional, y nuevos establecimientos de Monterey. Escrita por el R. P. L. Fr. Francisco Palou, *Mexico, en la Imprenta de Don Felipe de Zuñiga y Ontiveros, año de* 1787. in-4° vél.

<small>13 fnc., 344 pp.; carte de la Californie ancienne et moderne et portrait de Fray Junipero.
L'auteur, né comme lui, à l'île de Majorque, entra au collége de San Fernando, des missions franciscaines *de Propaganda Fide,* à Mexico, dont il fut gardien et à la fois président des missions de Carlifornie.</small>

PANDOSY (M^{ie} C^{les}). Grammar and Dictionary of the YAKAMA LANGUAGE. By Rev. M^{ie} C^{les} Pandosy, oblate of Mary Immaculate. Translated by George Gibbs and J. C. Shea. *London,* Trübner and C°. 1862. Gr. in-8°.

<small>Volume de la *Collection de M. Shea.*</small>

PAREDES (P. Ignacio de). Catecismo MEXICANO, que contiene toda la doctrina christiana con todas sus declaraciones : en que el Ministro de almas hallará, lo que á estas debe enseñar : y estas hallarán lo que, para salvarse, deben saber, creer, y observar. Dispuesto primeramente en Castellano POR EL PADRE GERONYMO DE RIPALDA de la compañia de JESUS. Y despues para la comun utilidad de los Indios; y especialmente para alguna ayuda de sus zelosos Ministros clara, genuina, y literalmente la traduxo del Castellano, en el puro, y proprio Idioma Mexicano el Padre Ignacio de Paredes, de la misma Compañia de Jesus. Y le añadió la Doctrina pequeña, con otras cosas, á todos utilissimas, para la vida del Christiano, etc. *Mexico, en la imprenta de la Bibliotheca Mexicana. Año de* 1758. in-8° vél.

<small>Verso du titre, imprimé avec des maximes. Gravure de Saint François Xavier, faisant face à un second titre en mexicain, traduction du précédent, ayant au ℣. les armes de D. Manuel Joseph Rubio y Salinas, archevêque de Mexico, à qui le livre est dédié ; 14 fnc.; au 12ᵉ f. ℣. prologue en mexicain ; 170 pp., 1 fnc.

C'est, dit Beristain, le plus complet, le plus exact et le plus élégant de tous les catéchismes qui ont été écrits en mexicain.

Ignacio de Paredes naquit, en 1703, à San Juan de los Llanos, alors de l'évêché de Puebla, et entra chez les Jésuites en 1722. Il se distingua par sa profonde connaissance de la langue mexicaine et son zèle pour l'instruction des indigènes. Il était d'une famille d'hommes remarquables sous ce rapport ; car il eut deux frères, l'un jésuite comme lui, l'autre religieux de Saint François, auteurs d'ouvrages également estimés. Enveloppé probablement dans la proscription de son ordre, en 1767, il est à croire qu'il termina ses jours en Italie.</small>

— Promptuario Manual Mexicano, que á la verdad podrá ser utilissimo á los Parochos para la enseñanza ; á los necesitados Indios para su instruccion ; y á los que aprenden la lengua para la expedicion. Contiene quarenta y seis platicas con sus exemplos, y morales exhortaciones, y seis sermones morales, acomodados a los seis Domingos de la Quaresma, etc. Añaden por fin un sermon de nuestra Sanctissima Guadalapana Señora, con una breve narracion de su historia, etc. Lo que con claridad, y propriedad en el idioma que pudo, dispuso el P. Ignacio de Paredes, de la compañia de Jesus, etc. *En Mexico, en la Imprenta de la Bibliotheca Mexicana, Año de* 1759. in-4°, vél.

<small>22 fnc., 380 et xc pp.</small>

— Compendio del arte de la lengua Mexicana

del P. Horacio Carochi de la comp. de Jesus, dispuesto con brevedad, claridad, y propriedad por el P. Ignacio de Paredes, de la misma compañia, etc. *En Mexico, en la imprenta de la bibliotheca Mexicana,* 1750. in-4° vél.

PAVON. Noticia biografica del Señor D. Manuel Francisco Pavon, consejero de Estado y ministro de lo interior del gobierno de la republica de Guatemala. *Guatemala, imprenta de la Paz,* 1855. in-4°.

Ce document, en 24 pp., est suivi de divers autres documents imprimés, ayant rapport au Guatémala, au Salvador et au Honduras.

Le personnage, objet de cette notice, premier ministre dirigeant du gouvernement du général Carrera, avait contribué plus que personne à l'établissement de cette oligarchie, peut-être nécessaire à la stabilité de l'Amérique centrale, qui vient de succomber au mois de juin dernier sous les coups de la révolution.

PAZ (Fr. Domingo). Confesionario y Doctrina Christiana en lengua CHANABAL de Comitan y Tachinulla en las Chiapas, su autor el R. Padre Fray Domingo Paz, de la orden de Santo Domingo, el año de 1775: in-8°.

MANUSCRIT comprenant 47 ff. en chanabal, suivis de 8 ff. blancs, puis d'une "Doctrina christiana„, en espagnol, de 25 ff. Enfin, le dernier f. présente les noms de nombre de 1 à 21. Tel qu'il est, ce petit MSS. a une grande valeur, étant, avec le " Confesionario „ de CAMPOSECA (voir ce nom), l'unique monument existant de la langue chanabal. Le père Domingo Paz était probablement l'un des réligieux du monastère des Dominicains de Comitan, à cette époque.

PEREZ (D. Francisco). Catecismo de la Doctrina cristiana en lengua OTOMI, traducido literalmente al castellano por el presbitero D. Francisco Perez, catedratico propietario de dicho idioma en la nacional y pontificia universidad de la ciudad federal de los estados mexicanos, examinador sinodal de dicho idioma de este arzobispado. *México: Im-*

prenta de la testamentaria de Valdès á cargo de Josè Maria Gallegos, 1834. in-4°.

<small>4 fnc., 43 pp., 1 fnc.</small>

PEREZ (P. Fr. Manuel). Cathecismo Romano, traducido en castellano y MEXICANO, por el P. Fr. Manuel Perez, del Orden de N. P. S. Agustin, etc. Cathedratico de lengua mexicana en la Real universidad. *En Mexico, por Francisco de Rivera Calderon. Año de* 1723. in-4°.

<small>13 fnc., 248 pp.
L'auteur, dont Beristain ne dit rien de particulier, était religieux de Saint Augustin : il enseigna durant 22 ans le mexicain à l'université de Mexico. Il laissa plusieurs autres ouvrages ayant la langue mexicaine pour objet, entre autres un *Arte y Gramatica* etc.</small>

PEREZ (D. Pio). Explicacion del calendario y de la cronologia antigua de Yucatan, escrita por D. Pio Perez, juez que fué de Peto. in-fol.

<small>MANUSCRIT de 14 ff., copie exacte de l'original faite sur le " Registro Yucateco „ de la chronologie publiée par Stephens, *Incidents of travels in Yucatan*, et par moi, dans ma *Relation des choses de Yucatan de Landa*.
N° 4 du vol : *Documentos originales y copias para servir à la historia de Chiapas, Yucatan y Guatemala*.</small>

PEZUELA (D. Jacobo de la). Discursos leidos ante la Real Academia de la historia en la recepcion publica de D. Jacobo de la Pezuela, el dia 21 de Mayo de 1866. *Madrid*. 1866. *Imprenta á cargo de Ramon de Soler*. in-8° mayor. 67 pp.

<small>Le discours de D. Jacobo de la Pezuela comme celui qui lui répond, de DON VICENTE DE LA FUENTE, ayant pour objet unique l'Amérique, son histoire et ses historiens, trouve naturellement sa place dans les appendices de cette bibliothèque.</small>

PIEDRAHITA (D. Lucas Fernandez). Historia general de las conquistas del Nuevo Reyno de Granada. A la S. C. R. M. de Don Carlos Segundo, Rey de las Españas y de las Indias. Por el Doctor D. Lucas Fernandez Piedrahita, chantre de la Iglesia Metropolitana de Santa fe de Bogota, calificador del Santo oficio por la Suprema y general Inquisicion, y obispo electo de Santa Marta. *Amberes, por Juan Baptista Verdussen.* (1688) in-fol. vél.

Titre gravé par *J. Mulder;* 8 fnc., 599 pp. et 7 fnc. Les livres premier et troisième portent également un titre gravé par le même, avec les portraits en médaillons des Zaques de Tunja et des princes-électeurs du royaume de Bogota, ainsi que des principaux conquérants de la Nouvelle Grenade.

Le faux titre de l'ouvrage porte pour lieu d'impression : " *Amberes por Juan Baptista Verdussen* „ ; mais les licences, datées de Madrid, et, en particulier, l'errata donneraient lieu de supposer qu'il fut imprimé dans cette ville. " Este libro, y est-il dit, intitulado *Primera parte de la Historia general de la conquista del Nuevo Reyno de Granada*, advirtiendo estas erratas está fielmente impresso. Madrid, y Agosto 5 de 1688 años. „ *Don Martin de Ascarça correct. gen. por Su Magestad.*

L'auteur de cet ouvrage, natif de la Nouvelle-Grenade, était un homme parfaitement versé dans l'histoire de son pays. Il paraît qu'il mourut évêque de Sainte-Marthe, au commencement du dernier siècle. Son ouvrage, très estimé, forme, avec les relations manuscrites de ROBLEDO, l'ouvrage manuscrit d'AGUADO, et les histoires imprimées de SIMON et de ZAMORA, que contient cette bibliothèque, un ensemble complet de travaux originaux manuscrits et publiés sur la Nouvelle-Grenade.

PINEDA (Emeterio). Descripcion geografíca del Departamento de Chiapas y Soconusco, por Emeterio Pineda, Magistrado del Tribunal superior de justicia del mismo Departamento. *Mexico; Imprenta de Ignacio Cumplido*, 1845. in-4°, avec 2 tableaux statistiques.

Cet ouvrage est l'unique travail de statistique, publié sur l'état de Chiapas. L'auteur, magistrat de San Cristobal (Ciudad-Real), est mort dans cette ville en 1858.

PIQUERO (Ignacio). Apuntes para la corografia y la estadistica del estado de Michoacan, etc. *Mexico, Imprenta de Vicente Garcia Torres*, 1850. in-8°. Carte.

(Extrait du tome 1er du *Boletin de la Sociedad Mexicana de geografia y estadistica.*)

PLATICA de los principales misterios de la religion, en POCONCHI, etc. in-8°.

MANUSCRIT de 32 pp., écrit par un curé du pueblo de Taktic, dans la Verapaz, en 1856.

'**PLATICAS** piadosas en lengua MEXICANA VULGAR de Guatemala. in-fol.

MANUSCRIT de 10 ff., anonyme. L'écriture en paraît appartenir au siècle dernier.

POEY (Felipe). Geografia de la isla de Cuba Por Felipe Poey. *Habana. Imprenta de la Viuda de Barcina*, 1860. in-4°, 48 pp.

Opuscule bien conçu et dont l'auteur est conservateur du Musée d'histoire naturelle de la Havane.

POMAR (Don Juan Bautista de). Relacion de las antiguedades politicas y religiosas de los Indios, dirigida al Rey Ntro Señor, en 9 de Marzo de 1582. in-8°.

MANUSCRIT de 78 ff., copie faite sur l'original par D. FAUSTINO CHIMALPOPOCATL GALICIA, au collége de San-Gregorio à Mexico, en 1850.

Ce document concerne en particulier l'histoire de Tetzcuco; l'auteur était un descendant des derniers rois de cette ville. J'ai copié ici le titre que Beristain donne de ce document, cette copie n'en portant pas d'autre que " Relacion hecha á su Magestad. „ Torquemada et Vetancurt, qui en tirèrent de précieuses notions, ainsi que Sigüenza, le citent simplement sous le titre de " Memorias historicas „.

L'original appartenait à la bibliothèque du collége de San-Gregorio, dispersée et en grande partie disparue durant les luttes de Miramon et de Juarez.

POP (Eugenio). Doctrina christiana en LENGUA QUECCHI, escrita por padron del pueblo de San Augustin Lanquin, en la Verapaz, por Eugenio Pop, alcalde que fué en el año de 1795. in-4°.

MANUSCRIT en 17 ff., le premier semble manquer, bien que l'opuscule soit complet. Il porte au f. 3, *recto*, ces paroles en marge : " Padron del pueblo de San Agustin, „ et au 17°, " Años de 1795, en 22 de junio, Doctrina christiana : ha yn Eugenio Pop, „ le tout de la même main que le reste de l'ouvrage, indiquant bien que c'était lui qui l'avait écrit, probablement à la demande du curé, comme traduction du catéchisme espagnol. Les additions d'une autre main et le nom des alcaldes Juan Xol et Carlos Kal, du 18 janvier 1806, etc., prouvent que cet opuscule était l'œuvre d'un alcalde passé et qu'il se transmettait chaque année aux alcaldes suivants, selon la coutume des indigènes de la Verapaz. Cf. la notice au nom CARDENAS, " *Arte de la lengua Caccht.* „

POZARENCO (Fray Juan). Doctrina Christiana en LENGUA TZOQUE, seguida de un confesionario y del modo de dar el viatico á los enfermos, en la misma lengua ; obra del Rdo Padre Maestro Fray Juan Pozarenco, quien la acabo en veinte y dos de agosto del año de 1696. in-4°.

MANUSCRIT de 38 ff., signé, au bas du dernier, du nom de l'auteur, à demi effacé par celui de " Fray Luis Molina, „ qui peut-être aurait voulu s'en attribuer le mérite. L'opuscule est clair, bien écrit et se trouve suivi, en dernier lieu, d'une sorte de vocabulaire de noms des différentes parties du corps et de ceux des degrés de parenté. Ce document provient du monastère des Dominicains de Ciudad Real (San Cristobal).

PROVANÇA DEL CACIQUE Don Felipe de Leon, Indio, como hijo, nieto, viznieto y descendientes de tales, etc., para que se exente de los tributos y de servicios comunes á los yndios, etc. Segun causa hecha en virtud de la Real Cedula en Chiapa de la Real Corona, á 11 de Octubre de 1618. in-fol.

MANUSCRIT de 69 ff., comprenant un fol. (n. 37) en langue mexicaine et portant, à la fin, le grand sceau royal aux armes d'Espagne. Les dernières pièces n'ont pas un rapport direct à la première cause, qui comprend les 36 premiers ff. et qui contient des détails intéressants sur la conquête de Chiapas par les Espagnols, ainsi que sur la condition faite aux indigènes depuis cette époque. C'est uniquement dans des documents de ce genre que l'on apprend à apprécier la véritable condition des princes indigènes, au moment de la conquête et leurs rapports subséquents avec la race conquérante.

QUADERNO en lengua TZENDAL, hecho en el año de 1798. in-4°.

MANUSCRIT de 9 ff., anonyme, sorte de confessionnaire en espagnol et tzendal, par demandes et réponses, commode pour faciliter l'étude de cette langue.

RAMIREZ (Fr. Antonio de Guadalupe). Breve compendio de todo lo que debe saber y entender el christiano para poder lograr, ver, conocer y gozar de Dios nuestro Señor en el cielo eternamente. Dispuesto en LENGUA OTHOMI y construido literalmente en la lengua castellana. Por el P. Fr. Antonio de Guadalupe Ramirez, ex-Guardian del Apostolico Colegio de Propaganda Fide de N. P. S. Francisco de Pachuca, etc. *Mexico en la Imprenta Nueva Madrileña de los herederos del Lic. D. Joseph de Jauregui.* 1785. in-4°.

Fnc., 7 f., alphabet et règles de lecture 1-17.— Catéchisme, 18-80 pp.
On ne sait de cet auteur rien de plus que ce qu'annoncent le titre qu'il se donne, d'ex-gardien du couvent des Franciscains de Propaganda Fide de Pachuca.

RAMIREZ (D. José Fernando). Proceso de residencia contra Pedro de Alvarado. Ilustrado con estampas sacadas de los antiguos codices mexicanas y notas y noticias biograficas, criticas y arqueológicas por D. José Fernando Ramirez. La publica paleografiado del MS. original el Lic. Ignacio L. Rayon. *Mexico, Impreso por Valdes y Redondas,* 1847. in-4°, *portrait* et *fac-simile* de la signature d'Alvarado et 2 *planches* coloriées.

Ouvrage fort curieux et rare, d'un grand intérêt pour ce qui concerne l'histoire de D. Pedro Alvarado, le compagnon de Cortès, l'auteur des massacres du grand temple de Mexico et le conquérant dévastateur du Guatémala et du Honduras.
L'annotateur de cet ouvrage, DON FERNANDO RAMIREZ, est le même qui fut ministre d'État sous l'Empereur Maximilien.

REJON (C. Antonio G.). Memoria del estado que guarda la administracion publica de Yucatan, escrita por el secretario general de gobierno C. Antonio G. Rejon, y leida por el mismo ante la legislatura constitucional, en la sesion del dia 8 de setiembre de

1862. *Merida, Imprenta de Jose Dolores Espinosa.* 1862. in-fol.

<small>Intéressant au point de vue de la statistique, du commerce et de l'économie politique du Yucatan. Livre entièrement inconnu en Europe, et qui est l'œuvre d'un des hommes les plus instruits et les plus capables du parti, dit libéral, à Mérida de Yucatan.</small>

REPRESENTACION verbal que hicieron á su P. Cura los Alcaldes presentes y pasados, con los demas Indios Principales de Coban, pidiendole un certificado, en que declarase las causas y motibos que ellos le manifestoban, como las que el mismo havia visto, y observado sobre la gran dificultad, que cada dia se experimenta en la cobranza y pago de los tributos, asi por la actual hambre, como por otras razones. Fecha de Coban, en 4 de setiembre de 1807. firmado " Fr. Rafael de Aguirre. „ Siguen las firmas de los Alcaldes y principales de Coban, in-fol.

<small>MANUSCRIT en 6 ff., renfermant des détails intéressants sur les régions voisines de Coban, vers le désert et le Rio Lacandon.
Relié avec le vol. *Documentos originales de Verapaz y Lacandon.*</small>

REYU PUHVAL MAK, etc. Confesionario en lengua POKOMAN. in-4°.

<small>MANUSCRIT de 18 ff., anonyme et d'une main qui paraît dater de la dernière partie du XVIIIe siècle.</small>

RIO (Antonio del). Descripcion del terreno y poblacion antigua, nuevamente descubierta en las inmediaciones del Pueblo del Palenque jurisdicion de la Provincia de Ciudad Real de Chiapa, una del Reino de Guatemala de la America septentrional. Fecha del Palenque en 24 de junio de 1787. in-fol.

<small>MANUSCRIT de 14 ff., copie de l'original existant aux archives de l'Académie Royale d'histoire de Madrid. Voir ORDOÑEZ Y AGUIAR. Ce document comprend toutes les pièces relatives à la découverte et aux premières explorations des ruines de Palenqué, où l'auteur fut envoyé par le gouvernement du Roi Charles IV d'Espagne.</small>

RIVERA MAESTRO. Atlas Guatemalteco en ocho cartas formadas y grabadas en Guatemala de orden del gefe del estado C. Doctor Mariano Galvea. *Año de* 1832. *Grab. en Guat. por Casildo España.*

Atlas oblong in-fol. demi-rel. Outre les 8 cartes des départements de la république de Guatémala, dont il est question dans le titre, j'y ai joint : 1º une vue prise de mer de la côte et du port d'Ixtapa, 2º le plan des ruines de Tecpan-Guatémala, dessiné par le même Rivera Maestro, 3º celui des ruines de Santa-Cruz del Quiché (Utlatlan), avec une vue des mêmes ruines, 4º un plan de la Nueva Guatemala et de ses ravins, ainsi que des portraits anciens de divers évêques et capitaines-généraux de cette ville.

L'auteur de ce travail, mort il y a une quinzaine d'années, passait à Guatémala pour un homme de talent et un architecte distingué.

RIVERO (Mariano Eduardo de). Antiquités Péruviennes par Mariano Eduardo de Rivero et Juan Diego de Tschudi. Ouvrage traduit de l'allemand (de l'espagnol?) en français pour la " Revue des Races Latines. „ *Paris, à l'administration de la Revue,* 1859. in-8º.

Ce volume est un assemblage des divers articles, publiés dans la Revue des Races latines, articles que j'ai réunis et auxquels j'ai adapté un titre, imprimé exprès. La numération des pages ne se correspond pas. L'original de cet ouvrage fut publié à Vienne, en espagnol.

ROBLEDO (Jorge). Relacion del viaje que hizo el muy noble Señor Capitan Jorge Robledo teniente de gobernador i capitan-general en las provincias de Ancerma é Quimbaya en las á ellas comarcanas por el Ylustre í muy magnifico Señor el Marquez Dⁿ Francisco Pizarro, adelantado gobernador i capitan-general en los reinos de la Nueva Castilla por S. M. é de las dos cibdades quel dicho Senor capitan fundó en la provincia de Ancerma i en la cibdad de San Juan en la provincia de Quimbaya, en la cibdad de Cartago á la qual que dicho capitan es yo el escrivano, y á su escripto doy fée é berdadero testimonio que me hallé presente con el dicho Señor capitan á todo lo que abajo irá declarado en la forma é manera siguiente. Fecha en la cibdad de Cali, martes 12 de 1540.

MANUSCRIT in-fol. de 28 pp., copie de l'original, existant aux archives de l'Académie Royale d'histoire à Madrid. Coll. de Muñoz ; rel. avec la relation suivante.

— Relacion de lo que sucedió al Magnifico Señor capitan Jorje Robledo en el descubrimiento que hizó de las provincias de Antiochia é cibdad que en ellas fundó á lo qual yo Juan Baptista Sardela escrivano í su escripto doy fée y verdadero testimonio que me hallé presente con el dicho Señor capitan á todo lo que avajo era declarado en la forma siguiente.

MANUSCRIT in-fol de 108 pp., relié avec le précédent. Les deux terminent ainsi : Cotejado por mis escrivientes. Visto por mi lo dudoso. Simancas 27 junio 1783. Muñoz.
Real Academia de la Historia. = A. 109 = coleccion de Muñoz. Indias, 1539-1541. tomo 82.
Don Jorge Robledo, compagnon d'armes des premiers conquérants du Pérou et de la Nouvelle Grenade, paraît, d'après ces deux rapports, avoir été un observateur curieux autant que soldat courageux. Les deux documents sont remplis de détails intéressants, en particulier, pour ce qui concerne la province si peu connue d'Antioquia, les ruines d'anciens monuments qu'il y observa, ainsi que pour les usages et les mœurs de cette contrée.

ROBLES (D. Mariano). Memoria historica de la provincia de Chiapa, una de las de Guatemala, presentada al augusto congreso por el Br. D. Mariano Robles Dominguez de Mazariegos, canonigo de la Santa Iglesia catedral de Ciudad Real (San Cristobal) de Chiapa, Diputado en Córtes por su Provincia. *Cadiz*, 1813. *Imprenta Tormentaria*. pet. in-12°. 71 pp.

Opuscule curieux à consulter pour la statistique et l'ethnographie de l'état de Chiapas, à l'aurore de l'indépendance mexicaine.

ROCHEFORT (César de). Histoire naturelle et morale des Antilles de l'Amérique. Enrichie de plusieurs belles figures des Raretez les plus considérables qui y sont d'écrites. Avec un vocabulaire CARAÏBE. A *Rotterdam, chez Arnould Leers,* 1658. in-4°.

2 fnc. Épitre dédicatoire, signée L. D. P., portrait de Jacques Amproux à qui le livre est dédié ; 4 fnc., 527 pp., 6 fnc., deux titres, l'un gravé ; figures gravées dans le texte. Vocabulaire caraïbe de pp. 515-527. C'est la première édition de l'ouvrage de CÉSAR DE ROCHEFORT.

Cet ouvrage, outre l'intérêt qu'il offre sous le rapport de la linguistique, est intéressant à consulter pour les origines des populations Caraïbes des Antilles, qu'il fait venir du fond des États-Unis.

RODAZ (P. Fr. Juan de). Arte de la lengua TZOTZLEM Ó TZINACANTECA. Con explicacion del Año solar y un Tratado de las Quentas de los Indios en lengua tzotzlem. Lo todo escrito el año de 1688, asi mismo como las Frases y Oraciones utiles y Provechosas en esta lengua tzotzlem para que con facilidad aprehenda el Ministro y sepa hablar. Sacadas a luz por el P. Fr. Juan de Rodaz, predicador y cura por su Mag^d del Conv^{to} de N^{ra} S^{ra} de la Assumpcion de Guegtyupa. — Y ahora trasladadas nuevamente por el padre fray Dionycio Pereyra Diacono y Conventual del convento de N. P. S^{to} Domingo de Comitlan. Del Sagrado Orden de Predicadores, etc. Oy dia 27 de henero de mill setecientos y veinte y tres. Años 1723. in-fol.

MANUSCRIT de 30 ff. ; il est numeroté de 49-98, ce qui prouve qu'il a dû originairement être cousu avec d'autres documents du même genre L'ouvrage, néanmoins, est complet ; il n'y manque absolument rien. Je le tiens du Sr. Don Domingo Robles, Doyen de la cathédrale de Ciudad-Real (San Cristobal) de Chiapas. Les 19 premiers ff. comprennent l'*Arte ;* le f. suivant jusqu'à la moitié du ỳ, donne les noms des 18 mois de l'année Solaire tzotzlem avec des explications. Quant aux mois, l'auteur les omet ; on les a heureusement dans NUÑEZ DE LA VEGA, BOTURINI, etc. — Vient ensuite le traité des comptes ou de la numération en langue tzotzlem, du ỳ du 20 au f. 25, ỳ. Les quatre derniers ff. contiennent une sorte de dictionnaire de conversation, espagnol et tzotzlem, terminant avec une troisième signature du copiste, Fr. Dionycio Pereyra.

ROMAN (F. Hieronymo). Republicas del mundo divididas en XXVII libros. Ordenadas por F. Hieronymo Roman, frayle professo, y Cronista de la orden de S. Augustin. Natural de la ciudad de Logroño, etc. *En Medina del Campo, por Francisco del Canto*, 1575.

<blockquote>

2 vol. in-fol. vél. titre aux armes de Castille et Léon, etc.
Vol. I, 18 fnc., 343 folios. — Vol. II, 8 fnc., 456 folios.

Ce volume, du fol. 353 au fol. 423, contient une histoire des états indigènes de l'Amérique sous ce titre : *Libro primero (segundo y tercero) de la republica de las Indias Occidentales, ordenada por fray Hieronymo Roman, professo y coronista de la orden de Santo Augustin.* C'est une histoire, remplie de détails intéressants qu'on ne trouve guère ailleurs. Ils ont surtout rapport au Mexique, à l'Amérique centrale et au Pérou et paraissent, en grande partie, tirés de Las Casas, *Historia apologetica de las Indias Occidentales,* inédite. Torquemada en a profité considérablement pour sa *Monarquia Indiana.*

Ces deux volumes et surtout le second ont été raturés en plusieurs endroits d'une manière remarquable par ordre de l'inquisition et le second au dos du dernier folio porte la note manuscrite suivante:
" Este libro esta espurgado por comision del S^{to} off^o conforme al
„ espurgatorio que se publico el año pasado de 1584 fecho en burgos
„ a 3 de julio de 1585 años.
„ He leido Gaspar de Alava. „

Rien ne manque aux trois livres sur l'Amérique.

</blockquote>

ROSSIGNON. Porvenir de la Verapaz en la republica de Guatemala. — Memoria dedicada al consulado de comercio de Guatemala por Julio Rossignon. *Guatemala, Imprenta de Luna*. 1861.

<blockquote>

Ouvrage peu connu en Europe, court et bien fait, donnant une idée fort exacte des ressources du département de la Verapaz au Guatémala. Il complète les nombreux documents anciens sur la Verapaz que contient ma bibliothèque.

A la suite viennent, dans le même volume, les opuscules signés PALACIOS et LAPRADE.

</blockquote>

RUDIMENTOS Gramaticales ú Oserbaciones en YDIOMA TZOTZIL de Cinacantlan. in-4°.

MANUSCRIT en 14 ff., sorte de grammaire abrégée de la langue Tzotzile ou de Cinacantan.

RUIZ (Enrique). Congreso (del estado de Chiapas) Memoria estadistica del mismo Estado, firmada Enrique Ruiz. *San-Cristobal, Noviemb. 26 de* 1846. in-4°.

Dans le volume *Documentos Estadisticos para servir á la historia y geografia de los Departamentos de Chiapas y Tabasco.*
Ce mémoire est un compte-rendu statistique de la condition de l'État de Chiapas, en 1846.

RUZ (P. Fr. Joaquim). Gramática YUCATECA por el P. Fr. Joaquim Ruz, formada para la instruccion de los indigenas, sobre el compendio de D. Diego Narciso Herranz y Quiros. *Merida de Yucatan. Por Rafael Pedrera,* 1844. in-4°.

Le père Joaquim Ruz, le plus fécond des écrivains de la langue maya que le Yucatan ait produits, naquit dans cette péninsule à la fin du siècle dernier. Il entra tout jeune au monastère des Franciscains de Mérida, dont il prit l'habit, quelques années avant qu'éclatât la révolution qui mit fin au régime monastique dans le Yucatan. Le père Ruz connaissait admirablement la langue maya, dans laquelle il ne cessa de prêcher jusqu'à la fin de ses jours. Ses sermons étaient fort suivis, à Mérida, de toutes les classes de la population. On lui reproche seulement d'avoir été trop verbeux et d'avoir usé dans son style de formes et de redondances tout aussi peu élégantes que grammaticales. Le père Ruz est mort à Mérida dans un âge avancé, il y a sept ou huit ans.

— Cartilla ó Silabario de LENGUA MAYA, para la ensenanza de los niños indigenas, por el Padre Fr. Joaquim Ruz. *Merida de Yucatan. Por Rafael Pedrera.* 1845. in-8°.

16 pages.

— Manual Romano Toledano, y YUCATECO para la administracion de los Santos Sacramentos, por el R. P. Fr. Joaquim Ruz. *Mérida de Yucatán. En la oficina de José D. Espinosa.* 1846. in-4°.

14 fnc., 191 pp.
En maya se trouvent traduites, dans cet ouvrage, les instructions que le Manuel Romain donne ordinairement en langue vulgaire: 1°, pour

le baptême, pag. 10; — 2°, pour la pénitence, pag. 29; — 3°, pour la communion, pag. 43; — 4°, pour le viatique, pag. 51 et suiv.; — 5°, pour l'extrême onction, pag. 55 et suiv.; — 6°, enfin, pour le mariage, pag. 96 et suiv.

— Catecismo y exposicion breve de la doctrina cristiana por el Padre Maestro GERÓNIMO DE RIPALDA de la compañia de Jesus. Traducida al IDIOMA YUCATECO con unos afectos para socorrer à los moribundos por el M. R. P. Fr. Joaquim Ruz. *Merida de Yucatan. Impreso por José D. Espinosa.* 1847. in-8°.

88 pages.

— Explicacion de una parte de la doctrina cristriana ó instrucciones dogmatico-morales, en que se vierte toda la doctrina del catecismo romano por el R. P. M. FR. PLACIDO RICO; traducido al IDIOMA YUCATECO por el R. Padre Fr. Joaquim Ruz. Part. 1 (la seconde n'a jamais paru). *Merida de Yucatan. Oficina de S. D. Espinosa.* 1847. in-4°.

389 pp., 2 fnc.

— Via Sacra del Divino amante corazon de Jesus, dispuesta por las cruces del Calvario, por el presbitero JOSÉ DE HERRERA VILLAVICENCIO, traducida al IDIOMA YUCATECO por el R. P. Fr. Joaquim Ruz. *Merida de Yucatan. Impreso por Nazario Novelo.* 1849. in-8°.

34 pages.

— Coleccion de Sermones para los domingos de todo el año y cuaresma, tomados de varios autores, y traducidos libremente al IDIOMA YUCATECO por el padre Fr. Joaquim Ruz. *Mérida. Impreso por Nazario Nevelo*, 1849—1850. 2 vol. in-4.

Collection en *langue maya*, unique en Europe et fort rare actuellement au Yucatan; le premier manque. et ne se trouve plus : chaque volume forme une collection à part.

N° 1. Contiene desde Ceniza, Viernes de Cuaresma y dominicas hasta Pentecostes. 268 pp.

N° 2. Contiene desde Pentecostes hasta la dominica vigesima quarta. 254 pp.

N° 3. Contiene las festividades principales del Señor, de Nuestra Señora, de algunos Santos, y cuestro platicas de Animas, sobre el dogma. 228 pp.

— Analisis del IDIOMA YUCATECO al Castellano por el R. P. Fray Joaquim Ruz. *Merida de Yucatan, impreso por Mariano Guzman*. 1851. in-8°.

16 pages.

SAHAGUN (P. Fr. Bernardino de). Historia general de las cosas de Nueva España, que en doce libros y dos volumenes escribió el R. P. Fr. Bernardino de Sahagun, de la observancia de San Francisco, etc., dá la á luz con notas y suplementos CARLOS MARIA DE BUSTAMENTE, etc. *Mexico: Imprenta de Alejandro Valdés*. 1829-30. 3 vol. in-4°.

Le livre XII, qui est le dernier, à la fin du tome III, a un titre à part : *Historia de la conquista de Mexico*, etc. *Mexico, Imprenta de Galvan à cargo de Mariano Arevalo*, 1829. L'ouvrage entier de Sahagun a été republié dans la collection de Lord Kingsborough, en 1836-40.

Bernardino de Sahagun était natif de la ville de ce nom, dans le royaume de Léon. Après avoir étudié à Salamanque, où il prit l'habit de Saint François, il passa à Mexico en 1529 et brilla dans cette ville comme un des plus doctes professeurs du collége de Santa Cruz de Tlatelolco, érigé pour l'instruction des jeunes indigènes. Il posséda admirablement la langue mexicaine, dont il étudia l'histoire avec les plus savants d'entre les chefs de la race vaincue, et écrivit dans la même langue un grand nombre d'ouvrages; de ce nombre fut son *Historia general*, qu'il traduisit ensuite en espagnol. Il éprouva plus d'une fois des persécutions de certains de ses confrères qui, jaloux de ses talents, prétendaient qu'il favorisait l'idolâtrie en écrivant, comme il le faisait, l'histoire des anciennes cérémonies religieuses du Mexique.

Sahagun mourut, âgé de plus de quatre-vingt-dix ans, en 1590, après avoir en passé soixante et onze à Mexico. Entre autres ouvrages, laissés par lui, étaient *Diccionario historico Mexicano*, en 12 vol. in-fol., *Arte de la lengua Mexicana, Diccionario trilingue, latino-español y Mexicano*, etc.

Ces ouvrages, restés manuscrits, ne se sont pas retrouvés.

Outre l'ouvrage présent, publié par Bustamante, il publia lui-même : *Catecismo de la Doctrina christiana en lengua Mexicana. Mexico, por Pedro Ocharte*, 1583, in-4°. *Explicacion de los Evangelios y epistolas de la Misa*, ouvrage publié à Milan, sous ce titre : " Evangeliarium, Epistolarium et Lectionarium Aztecum, sive Mexicanum, ex antiquo codice autographo Bernardini Sahagunti depromptum, nunc primum cum interpretatione, adnotationibus, glossario adidit B. Biondelli, in-4°.

— Relacion de la conquista de esta Nueva España, como la contaron los soldados indios que se hallaron presentes. Convertiose en lengua espanola, llana é inteligible, y bien enmendada, en este año de 1585. Por el Padre Fray Bernardino de Sahagun. in-4°.

Par une aberration inconcevable, l'éditeur de cet ouvrage, Don Carlos Maria Bustamante, au lieu de reproduire le titre précédent qui est celui que porte en second l'œuvre du père Sahagun, lui a donné pour titre principal :

" La Aparicion de N^{tra} Señora de Guadalupe de Mexico, comprobada con la refutacion del argumento negativo que presenta D. Juan Bautista Muñoz, fundandose en el testimonio del P. Fr. Bernardino Sahagun, ó sea Historia original de este escritor que altera la publicada en 1829 en el equivoco concepto de ser la unica y original de dicho autor. Publícala precediendo una disertacion sobre la Aparicion Guadalupana, y con notas sobre la conquista de Mexico, CARLOS MARIA DE BUSTAMANTE. *Mexico. Impreso por Ignacio Cumplido*, 1840. in-4°, avec estampe de la Vierge de Guadaloupe.

L'éditeur précité avait publié en 1829, à la suite de l'*Histoire Générale* du père Sahagun, l'histoire de la conquête de Mexico, qui en fait le livre XII. Le manuscrit de l'ouvrage présent qui en est une variante fort curieuse, lui étant depuis tombé entre les mains, il le publia à part avec l'étrange titre qui précède. Je dis étrange ; car il n'est pas question une seule fois de la Vierge de Guadaloupe, ni du miracle qui lui est attribué, dans l'œuvre de Sahagun. Cet auteur, au contraire, s'indigne contre le faux zèle de ceux qui avaient érigé à la Sainte Vierge le temple de Guadaloupe au même lieu où avait existé celui de Tonantzin, la mère des dieux du Mexique. Voir l'ouvrage précédent, tom. III, pag. 321.

SALAZAR (P. Fr. Gabriel de). Informe del M. Rdo Padre Fr. Gabriel de Salazar, prior del convento de Coban al Rey, escrito en 20 de diciembre del año de 1636, sobre los asuntos y misiones de la Verapaz. in-fol.

MANUSCRIT en 5 ff., contenant des renseignements fort curieux sur la Verapaz et les pays voisins; sur la navigation du Rio Uzumacinta jusqu'à Coban et sur les moyens faciles de faire en cinq jours le trajet de Coban à la lagune de Terminos, en descendant ce grand fleuve, aujourd'hui non moins mystérieux qu'à l'époque de Cortès.

Voir au vol. *Documentos originales de Verapaz y Lacandon*.

SALAZAR Y OLARTE (D. Ignacio). Historia de la conquista de Mexico, poblacion y progresos de la America septentrional, conocida por el nombre de Nueva España. Segunda parte. Escribiala Don Ignacio de Salazar y Olarte. Segunda edicion. *En Madrid, año de* 1786. in-fol.

16 fnc., 472 pp. Cet ouvrage est une suite à l'Histoire de la conquête du Mexique d'Antonio de Solis.

SAMPER (José M.). Ensayo sobre las revoluciones politicas y la condicion social de las repúblicas colombianas (hispano-americanas); con un apendice sobre la orografía y la poblacion de la confederacion granadina, por José M. Samper. *Paris, imprenta de Fr. Thunot y C^{ia}*, 1861. in-8°.

Dans ce petit ouvrage, bien écrit, mais très exalté, l'auteur, aujourhui professeur de droit à l'université de Bogota, exprime des idées socialistes et révolutionnaires, qu'il a sincèrement répudiées depuis.

SANDOVAL (D. Rafael). Arte de la lengua MEXICANA. Por el Br. en Sagrada Theologia D. Rafael Sandoval. *En Mexico, en la oficina de D. Manuel Antonio Valdés, año de* 1810. in-8°.

Gravure de la Ste Trinité, à qui le livre est dédié ; 7 fnc. du ỳ. du 4ᵉ au ỳ du 5ᵉ " Misterios muy importantes á la Salvacion para los dias festivos „, en langue mexicaine ; 62 pp. 1 fnc., errata et 8 fnc. " Doctrina breve sacada del catecismo Mexicano, que dispusó el P. Ignacio de Paredes, „ en mexicain.

L'auteur de cet opuscule, né à Mexico, était métis, et descendait de familles également illustres, espagnole et indigène. Prêtre du séminaire de Mexico, il fut curé dans plusieurs paroisses importantes, professeur au collége de Tepotzotlan et plus tard au séminaire diocésain et à l'université de Mexico, où il fut chargé d'enseigner la langue mexicaine.

SANTO DOMINGO (Fr. Thomas de). Vocabulario en la LENGUA CAKCHIQUEL (y española) Richin Fratris Thomae a S^to Dominico e coetu fratrum sacri ordinis Praedicatorum superopidi de Zumpan animarum curam intendentis, etc. in-4°.

MANUSCRIT de 3 fnc. et 139 ff., avec les lettres majuscules en rouge, d'une écriture fort belle, du commencement du xvıı° siècle. L'auteur de ce vocabulaire, ainsi qu'il l'énonce dans la page préliminaire, religieux de l'ordre de Saint Dominique, était curé de la commune de Zumpango, habitée par des Indiens de la langue cakchiquèle, à 8 l. O. N. O. de la Antigua Guatémala. Le vocabulaire est bien fait et fort complet : c'est un des meilleurs de ma bibliothèque.

SARMIENTO DE GAMBOA. Viage al estrecho de Magallanes, por el Capitan Pedro Sarmiento de Gambóa en los años de 1579 y 1580. Y noticia de la expedicion que despues hizo para poblarle. *En Madrid, en la imprenta real de la Gazeta, año de* 1768. in-4°.

LXXXIV et 402 pp., 3 pl. " Declaracion que de orden del Virey del Perú, Don Francisco de Borja hizo Tomé Hernandez, de lo sucedido en las dos poblaciones fundadas en el Estrecho de Magallánes por Pedro Sarmiento de Gambóa „ pp. xxxıı. Ouvrage important dans l'ordre des découvertes des Espagnols, publié pour la première fois sur un MS. de la Bibliothèque Royale de Madrid, par D. BERNARDO YRIARTE.

SAUVAGE (M. D. L.). Dictionnaire GALIBI, présenté sous deux formes ; I° commençant par le mot François ; II° par le mot Galibi. Précédé d'un essai de Grammaire. Par M. D. L. S. *A Paris, chez Bauche.* 1763. in-8°.

XVI, 24 et 126 pp., 1 fnc. Cet ouvrage est extrait de celui de Préfontaine, *Maison Rustique de Cayenne* (n°s 1199). C'est le meilleur et le plus complet que nous ayons sur la langue Galibi, parlée par la principale des peuplades indigènes de la Guyane française. Il a été composé, ainsi que l'auteur le dit dans sa préface, d'après les vocabulaires du P. Pelleprat, de Boyer, de Biet, mais en particulier sur des documents manuscrits, rédigés par le P. Pelleprat, durant son séjour dans les missions. L'auteur de ce livre est aussi nommé quelquefois de la Salle de Lestang. On sait que ce dernier nom est encore aujourd'hui celui d'une famille créole distinguée à la Guadeloupe.

SEEMAN (Dr Berthold). History of the Isthmus of Panama by Dr. Berthold Seeman. *Printed and published at the office of the Star and Herald, Panama,* 1867. in-8°.

53 pages.

SERMONES en lengua Achi ó Tzutuhil, compuestos para el uso de los padres de la Orden de Santo Domingo de Guatemala, a principíos del Siglo XVII, conforme al estilo del R. P. Fray Domingo de Vico. in-4°.

MANUSCRIT de 174 ff., d'une main correcte et belle, sans aucun nom d'auteur, bien que l'un des folios porte la date de 1635. Il se compose de trente-trois sermons en langue Tzutuhile, ayant pour objet les fêtes principales des Saints et de l'année. D'après l'avis placé à la fin de la *Theologia Indorum, en Tzutuhil,* du P. Domingo de Vico (voir ce nom), ces sermons, ainsi que ce dernier ouvrage, auraient été traduits et transcrits à l'aide de quelques Indiens instruits, qui y auraient fait des interpolations à leur manière, peu orthodoxes, c'est-à-dire plus en rapport avec leurs anciens rites idolâtres qu'avec le christianisme : " Añadiendo, dit l'annotateur, algunas cosas impertinentes. „ C'est ce qui paraît résulter encore de la ligne complétement effacée au commencement du sermon sur le Jugement Dernier, au fol. 74.

La langue *Tzutuhile* ou *Achi,* ainsi que l'appelle l'annotateur de la *Theologia Indorum,* cité plus haut, était, comme elle l'est encore aujourd'hui, celle de la population agglomérée sur les bords du lac d'Atitan, au Guatémala, et sur les versants S. et O. de la montagne que domine ce volcan. Quánt au nom d'*Achi* qu'on lui donne ici, il signifie courageux ou héros, ce qui ferait du dialecte tzutuhile la langue Héroïque du Guatémala. Aussi l'annotateur la met-il au dessus de ses deux sœurs, la Quichée et la Cakchiquèle.

Je ferai observer, en terminant, que les folios de ce manuscrit, ayant été transposés par une main inhabile, se trouvaient numérotés inexactement. Pour les mettre en ordre, j'ai dû placer à la fin plusieurs pages qui avaient été inscrites au commencement du volume, à la suite de la *Theologia Indorum*, que j'en ai détachée. Voir Vico.

SIERRA (Justo Y. G. M. R.). Pequeño catecismo de geografia arreglado para el uso de los niños por J. S. C. Y. F. G. M. R. quienes le dedican á la juventud estudiosa de ambos sexos. *Merida de Yucatan. Reimpreso por Manuel Mimenza.* 1851. in-8°.

150 pp., dont une partie considérable est consacrée au Mexique, en particulier au Yucatan.

Le nom de l'un des deux auteurs, Justo Sierra, le seul que j'aie pu reconnaître aux initiales, est connu comme celui d'un littérateur distingué dans son pays, amateur de son histoire et de ses antiquités, mais plus fanatique, dans son faux libéralisme, que ne l'étaient les franciscains auxquels il reproche dans ses écrits ce qu'il appelle leur fanatisme religieux. Sierra était l'éditeur de la seconde édition de l'ouvrage de Cogolludo. (Voir ce nom.)

A la suite de la " Geografia, „ vient relié dans le même volume un autre opuscule aussi curieux qu'intéressant, intitulé " Itinerarios y Leguarios que proceden de Merida capital del Estado de Yucatan á las vigias de su parte litoral : á las cabeceras de los partidos que lo componen : de estas á las que son limítrofes ; y de los puntos mas notables de su costa (facilitados por el Sr. D. Juan Pablo Celarain y el Sr. cura D. José Antonio Garcia). *Merida. Tipografia á cargo de Manuel Mimenza.* 1851. „ in-8°. 32 pp.

SIMON (Fray Pedro). Primera parte de las noticias historiales de las conquistas de Tierra-Firme en las Indias occidentales. Compuesto por el Padre Fray Pedro Simon, provincial de la serafica orden de San Francisco del Nuevo Reyno de Granada en las Indias. Lector jubilado en sacra theologia y calificador del San Officio, hijo de la Provincia de Carthagena en Castilla. Natural de la Parrilla Obispado de Cuenca, etc. (*Año de* 1626.)

Tout ce titre est gravé, portant l'image du roi Philippe IV, à qui le livre est dédié, à genoux aux pieds du Pape et faisant hommage de sa couronne à sa Sainteté, avec ces mots sortant de sa bouche : " Quantum offero pro Indis. „

Au bas : *Alarde de Popma fecit. Año de* 1626. Et plus bas : *En Cuenca, en casa de Domingo de la Iglesia.* in-fol. vél.

8 fnc., 671 pp., 20 fnc.

Cet ouvrage, bien que demeuré incomplet, est extrêmement recherché pour sa rareté : les notions qu'il contient sur la terre-ferme de la Nouvelle Grenade, sont tirées principalement des manuscrits du Père AGUADO. (Voir ce nom). La troisième notice de l'*Historia de Tierra-Firme* du Père Simon a été republiée dans la grande collection de Lord Kingsborough, vol. VIII, de la pag. 219 à la pag. 271.

SITJAR (Fray Buenaventura). Vocabulario de la lengua de los naturales de la mision de SAN-ANTONIO, Alta California. Compuesto por el Rev. Padre Fray Buenaventura Sitjar del orden seráfico de N. P. San-Francisco. *Nueva-York*, 1861. gr. in-8°.

Volume de la *Collection de M. Shea.*

SOLIS Y ROSALES (Dr. José Vicente). El ejercicio del Viacrucis puesto en IDIOMA MAYA y copiado de un antiguo manuscrito. Lo dà à la prensa con superior permiso el Dr. José Vicente Solis y Rosales, etc. Va corregida por el R. P. Fr. M. Antonio Peralta. *Mérida. Imprenta de J. D. Espinosa é hijos*, 1869. in-8°, 31 pp.

— Vocabulario de la lengua MAYA, compuesto y redactado por el Sr. Dr. Don José Vicente Solis y Rosales, para el uso del Sr. abate Brasseur de Bourbourg, quien le dá aqui las gracias. in-fol.

MANUSCRIT de 18 ff., à deux colonnes. Opuscule moderne et qui me fut donné par l'auteur lors de mon séjour au Yucatan, en 1870.

SOSA (Franscisco de P.), Manual de biographia Yucateca por Francisco de P. Sosa. *Merida. Imprenta de J. D. Espinosa é hijos*, 1866. in-8°, *portrait* photographié de l'auteur.

Ce livre est l'ouvrage d'un tout jeune homme, rempli d'ardeur pour l'histoire et le progrès vrai de son pays. On y sent l'inexpérience et l'enthousiasme de son âge. Je regrette de ne voir parmi ces biographies ni celle de Cogolludo, ni celle du père Ruz qui méritent certainement une grande place dans l'histoire littéraire du Yucatan.

SUAREZ DE FIGUEROA. Hechos de Don Garcia Hurtado de Mendoza, quarto Marquez de Cañete a Don Francisco de Roxas y Sandoval, Duque de Lerma, marquez de Denia, etc. por el Doctor Christoval Suarez Figueroa. *En Madrid, en la Imprenta Real*, 1613. petit in-fol.

14-324 pages.

Ce livre curieux et fort peu connu des amateurs est surtout intéressant pour l'histoire de la conquête des tribus indigènes du Chili, en particulier des Araucans.

TAPIA (Fray Diego de). Confessionario en LENGUA CUMANAGOTA, y de otras naciones de Indios de la provincia de Cumaná, con unas Advertencias previas al confessionario. Por Fray Diego de Tapia, Missionario Apostolico en las vivas conversiones de Piritu. *En Madrid. Por Pedro Fernandez. Año de* 1723, in-8° vél.

18 fnc., dédicace et approbations ; " Advertencias previas „ pp. 1-238; " Platica en que se enseña á los Indios el modo de confessarse „ pp. 239-696 (español y cumanagota) ; " indice, „ pp. 697-732.

Ouvrage rare, dont l'auteur, franciscain déchaussé de Séville, passa de nombreuses années parmi les Indiens du Piretu : cette province, dépendante de la Nouvelle-Grenade, confine à l'E. avec le Venezuela et avec celle de Cumana à l'O. Là existent les tribus diverses de Cumanagotas, Palenques, Arvacas, Caribes, etc., qui tous parlent des dialectes de la même langue: c'est un groupe qui appartient à la famille des langues Caraïbes du voisinage de l'Orénoque.

TAPIA ZENTENO (Carlos de) Noticia de la LENGUA HUASTECA que en beneficio de sus nacionales, de orden del Illmō Sr. Arzobispo de esta Santa Iglesia Metropolitana, y á sus expensas da Carlos de Tapia Zenteno, cura que fué de la Iglesia Parroquial de Tampamolan, etc. con catecismo, y doctrina christiana para su instruccion, segun lo que ordena el Santo Concilio Mexicano, Enchiridion sacramental para su administracion con todo lo que parece necessario hablar en ella los Neoministros, y copioso Diccionario para facilitar su inteligencia. *En Mexico, en la Imprenta de la Bibliotheca Mexicana.* 1767. in-4°.

4 fnc., " Noticia „ pp. 1-47; " Diccionario Huasteco „ " (español-huasteco) „ pp. 48-88; " Cathecismo „ pp. 89-128.

L'auteur de cet ouvrage était natif de Mexico, élève du séminaire diocésain et très instruit des langues mexicaine et huaztèque: retiré de sa cure de Tampamolon, il obtint au concours la chaire de langue mexicaine à l'université de Mexico. Il écrivit d'abord " Arte novissima de lengua Mexicana „, Mexico, 1753, in-4°, et, dans le prologue de cet ouvrage il s'offre de publier un volumineux „ Dictionnaire de la même langue, un " Manuel de Sacramentos „ et un " Catechisme „, qui sont restés manuscrits, par suite de la mort de son Mécène, l'archevêque Rubio Salinas, qui lui avait promis les frais de l'impression. Plus tard l'archevêque LORENZANA fit ceux de l'ouvrage ci-dessus, ainsi que l'énonce le titre. D'après la carte ethnographique de D. MANUEL OROZCO Y BERRA, la Huazteca, où se parle la langue de ce nom, comprend la partie nord de l'état de Veracruz, avec une fraction de celui de San-Luis, confinant à l'est avec le golfe du Mexique, depuis la barre de Tuxpan jusqu'à Tampico. Le Huazteco a de grandes analogies avec la langue maya.

TELLECHEA (P. Fr. Miguel). Compendio gramatical para la inteligencia del idioma TARAHUMAR — Oraciones, Doctrina cristiana, Pláticas, y otras cosas necesarias para la recta administracion de los Santos Sacramentos en el mismo idioma; Dispuesto por el P. Fr. Miguel Tellechea. *Mexico año de* 1826. *Imprenta de la federacion en palacio.* in-4°.

10 fnc., 162 et VI pp., 3 fnc.

Fr. Miguel Tellechea était, comme nous l'apprend son livre, prédicateur apostolique du collége franciscain de Propaganda Fide de Zacatecas et avait administré les Indiens de Chinipas, qui est la contrée inférieure du Tarahumara: divisée en haute et basse, cette contrée appartient à la portion occidentale des montagnes de Chihuahua.

Miguel Tellechea n'est pas le seul qui ait étudié le tarahumar. On cite le P. Stoffel, dont le dictionnaire, mis à profit par Murr, est mentionné dans le *Mithridates* d'Adelung et de Vater. Clavigero et Beristain nomment encore les Pères Geronimo Figueroa et Agustin Roa, auxquels Beristain joint José Victoriano, comme auteur d'une grammaire et d'un vocabulaire. Tellechea semble ignorer leur existence et même les PP. J. M. Guzman et P. Cortina affirment qu'il est le premier grammairien de la langue Tarahumar.

TEMPORAL (P. Fr. Bartholomé). Libro de Comparaciones y de moral cristiana, en lengua tzendal, escrito por el P. Fr. Bartholomé Temporal (de la orden de Predicadores). in-fol.

MANUSCRIT, comprenant 169 ff. et 4 de table.

Entre le dernier f. de l'ouvrage et le premier de la table vient celui où se trouve indiqué le nom de l'auteur : " Estas comparaciones „ son del P. Fr. Bartholomé Temporal. „ Je n'ai trouvé nulle part la moindre mention de l'auteur; tout ce dont j'ai pu m'assurer, c'est qu'il était dominicain. Le livre paraît avoir été écrit à la fin du XVIe ou au commencement du XVIIe siècle.

TEOTAMACHILIZTI iny iuliliz auh yni miquiliz Tu Temaquizticatzim Jesu Christo quenami in quim pua teotacuiloque itech teomauxti; ó Sea Tratado de la Vida y muerte de Nuestro Señor Jesu Christo, en lengua VULGAR MEXICANA de Guatemala. *(Guatemala (Antigua), en la imprenta de las Animas* 16..*).* in-4°.

32 fol. très rognés.

Cet ouvrage, dont j'ai recomposé le titre, d'après la première page, est l'unique exemplaire que je connaisse d'un livre en langue " vulgaire mexicaine „ de Guatémala. Bien que l'auteur, dont le nom ne se trouve point, fasse une distinction entre cet idiome et le " Pipil „, je crois pouvoir assurer que c'est la même langue, c'est-à-dire un mexicain, dépouillé des consonnes sonores et en particulier de la lettre *l* après le *t*, qui est un de ses ornements. C'est le même dialecte que Squier nomme " Nahual de la Costa del Balsamo, au Salvador. „

TESTIMONIO de los instrumentos autenticos sobre el origen de las Santas imagenes del Cármen en el cerro de la Hermita y del Viejo en el pueblo de este nombre en Nicaragua. Con advertencia que poco despues de compulsado el presente testimonio se perdieron los originales. A 12 de octubre de 1806. in-fol.

<small>MANUSCRIT de 22 ff., renfermant des détails intéressants au point de vúe de la fondation de la capitale actuelle de Guatémala, dont la plaine ne renfermait naguère que l'édifice de la Hermita, bâti comme une forteresse moresque sur la colline isolée, d'où l'on domine au loin la cité, la plaine et le site des volcans. Les Indiens continuent à donner à la capitale le nom de " la Hermita. „
Nº 17 du vol. *Documentos originales y copias para la historia de Chiapas, Yucatan y Guatemala.*</small>

TESTORY (l'abbé). L'Empire et le clergé mexicain par l'abbé Testory, aumônier en chef de l'armée française en Mexique, chevalier de la légion d'honneur, officier de l'ordre impérial de Guadalupe. *Mexico. Imprenta de M. Murguia*, 1865. in-4°.

<small>Cet opuscule qui traite avec beaucoup de sans gêne des matières fort délicates, fut mis à l'index par la cour de Rome. L'auteur s'est, depuis, entièrement rétracté.</small>

TITULO REAL de Don Francisco Izquin, ultimo Ahpop Galel, ó Rey de Nehaib, en el Quiché, otorgado por los señores que le dieron la investidura de su real dignidad, firmada por el ultimo Rey del Quiché, con otros varios principes, en dia 22 de noviembre del año de 1558. Texto original en LENGUA QUICHE. in-fol.

<small>MANUSCRIT original de 11 ff. en langue Quichée, contenant outre les prolégomènes symboliques d'usage, l'histoire de la conquête des villes de la Verapaz inférieure et du Quiché par les tribus de ce nom, et en particulier par les trois maisons royales, dont celle de Nehaib était la dernière en rang. Il porte les signatures originales des derniers princes du Quiché, qui, ainsi que ceux du Mexique, s'empressèrent d'adopter les caractères de l'alphabet latin, tout au commencement de la conquête, afin d'y pouvoir consigner leurs histoires, sans péril et sans crainte d'être soupçonnés d'idolâtrie ou de rebellion. J'ai traduit ce document en français à la prière du DR. DON MARIANO</small>

Padilla; cette traduction existe aujourd'hui aux archives de la bibliothèque de l'université de Guatémala.

TITULOS de los antiguos Nuestros antepasados, los que ganaron estas tierras de Otzoya, antes de que viniera la fé de Jesu Christo entre de ellas, en el año de mil y trescientos. in-fol.

MANUSCRIT original de 8 ff., dont le 1er qui ferait 9 manque. Ce document est d'un très haut intérêt pour l'histoire des tribus de la langue quichée, du XIIIe au XIVe siècle, et pour celle de la conquête du Guatémala : il comprend la relation des victoires et conquêtes des rois Quichés, de Quetzaltenango; celle des villes de la côte du Pacifique; enfin, celle de la conquête de cette portion du pays par Alvarado. Il affirme la légitimité des droits des princes de Quelzaltenango et de Momostenango, ainsi que les services qu'ils rendirent aux Espagnols.

La pièce est datée de l'époque la plus ancienne, 7 mai 1524, et porte la signature d'Alvarado de cette manière : " Ante mi DON PEDRO DE ALBARADO Juez capitan español conquistador : „ elle est précédée de celles des dix princes de Quetzaltenango, dont le nombre faisait allusion au nom quiché de cette ville : *Xe-Lahuh Quieh,* sous les Dix-Cerfs; tous, néanmoins, portent déjà des noms espagnols, bien que cinq d'entre eux y aient accolé leur nom indigène. Suivent, après la signature du conquérant, celles des quatre religieux Franciscains qui accompagnaient l'armée d'invasion.

Ce document curieux fait suite, dans le même cahier, à un autre en langue quichée, dont le titre précède. Il est suivi de diverses pièces officielles qui en attestent l'authenticité : elles sont des années 1581, 1589, 1674, 1751, 1757 et 1782.

Je tiens ce document, ainsi que les autres qui y ont rapport, de DON JUAN GAVARRETE, directeur du dépôt des archives nationales, d'où elles furent retirées, en 1856, à cause de leur état de vétusté. Elles furent copiées authentiquement aux frais des chefs indigènes de Quetzaltenango et de Momostenango, dont elles attestent les possessions territoriales, et les copies remplacèrent les originaux aux archives.

J'ai fait suivre ce document d'une copie moderne que j'ai faite, partie sur celle du gouvernement, partie sur l'original, en lui donnant le titre suivant : " Titulo de los Señores de Quetzaltenango y de Momostenango, firmado por el conquistador Don Pedro de Alvarado, con una reseña de la historia del Quiché, de las victorias del rey Qikab, de la conquista de la ciudad de Quetzaltenango por los Españoles, etc. „

TRACTADO de la fundacion del convento de la ciudad de San Salvador de la provincia de Guathemala, y de las cosas notables, que desde ella han sucedido en el, hasta estos tiempos. in-fol.

MANUSCRIT de 14 ff., du XVIIe siècle, contenant des détails, oubliés aujourd'hui et fort intéressants sur les origines de la ville de San Salvador, capitale de la république de ce nom. L'auteur anonyme était un religieux de l'ordre de Saint-Dominique.

TRATADO DE LIMITES das conquistas entre Os muy altos, e Poderosos Senhores D. Joaõ V. Rey de Portugal e D. Fernando VI Rey de Espanha, pelo qual abolida a demarcaçaõ da linha Meridiana, ajustada no Tratado de Tordesillas de 7 de Junho de 1494, se determina individualmente a Raya dos Dominios de huma e outra Coroã na America Meridional, etc. Com os Plenos-poderes, e Ratificaçoẽs dos dous Monarchas. Assignado em Madrid a 13 de Janeiro de 1750. *Impresso em Lisboa. Anno de* 1750. *Na officina de Joseph da Costa Coimbra.* in-4°.

143 pages.

TRUXILLO (Fr. M. Maria). Exhortacion pastoral, avisos importantes y reglamentos útiles, que para la mejor observancia de la Disciplina regular é ilustracion de la Literatura en todas las provincias y colegios Apostólicos de America y Filipinas expone y publíca á todos sus subditos, el Rmō P. Fr. Manuel María Truxillo, actual comisario general de las Indias de la Regular observancia de N. S. P. S. Francisco. *Madrid,* 1786, *por la Viuda hijos y Compañia.* in-4°. 240 pp. *carte.*

ULLOA (Don Jorge Juan y Don Antonio de). Relacion historica del viage à la America Meridional hecho de orden de S. Mag. para medir algunos grados de meridiano terrestre, y venir por ellos en conocimiento de la verdadera Figura, y Magnitud de la Tierra, con otras varias observaciones astronomicas y Phisicas : Por Don Jorge Juan y Don Antonio de Ulloa. *Madrid, Antonio Marin*. 1748. 5 vol. in-4°.

<small>Vol. I. 10 fnc., 404 pp., front. gravé, vignettes, XII cartes et pl. — Vol. II. 405-682 pp., vignettes, pl. et cartes XII-XXI (manque la pl. XX). — Vol III. 4 fnc., 379 pp., front. gravé, vignettes, X cartes et pl. (manque la pl. I). — Vol. IV. 381-603 pp. " Resumen historico del origen, y succession de los Incas, y demas soberanos del Perú, con noticias de los successos mas notables en el reynado de cada uno. „ CXCV pp., vignettes, cartes XI et XII et une très grande estampe gravée, représentant une sorte de panthéon avec les médaillons des Incas du Pérou, au centre celui de Ferdinand VI, roi d'Espagne, le tout couronné au frontispice des armes d'Espagne. — Vol. V. " Observaciones astronomicas, y phisicas, hechas de orden de S. Mag. en los reynos del Perú, etc. de las quales se deduce la figura y magnitud de la tierra, y se aplica á la navegacion. „ *En Madrid, por Juan de Zuñiga,* 1748. 6 fnc. XXVIII et 396 pp., 7 fnc., front. gravé, vignettes, IX pl., et, entre les pp. 88-89, une pl. sans n° offrant l'image de la lune.</small>

— Dissertacion historica y geographica sobre el meridiano de demarcacion entre los dominios de España y Portugal, y los parages por donde passa en la America Meridional, conforme á los tratados, y derechos de Cada Estado, y las mas seguras, y modernas observaciones : por Don Jorge Juan y Don Antonio de Ulloa. *En Madrid, en la imprenta de Antonio Marin*, 1749. in-8° vél.

<small>175 pages.</small>

— Noticias secretas de America, sobre el estado naval, militar, y político de los reynos del Perú y provincias de Quito, costas de Nueva Granada y Chile : gobierno y regimen particular de los pueblos de Indios : cruel opresion y extorsiones de sus corregidores y curas : abusos escandalosos introducidos entre estos habitantes por los misioneros : causas de su origen y motivos de su continuacion por el espacio de tres siglos. Escritas fielmente segun las instrucciones del marqùes de la Ensenada, primer secretario de Estado, y presentadas en informe secreto á S. M. C. el Señor Don Fernando VI. por Don Jorge Juan y Don Antonio de Ulloa, etc. Sacadas à luz para el verdadero conocimiento de los españoles en la America meridional, por Don David Barry. *Londres, en la imprenta de R. Taylor,* 1826. 2 part. en 1 vol. in-fol.

Parte I. " Sobre el estado militar y politico de las costas del mar pacifico ,, XIII et 224 pp., portrait de D. Antonio de Ulloa. — Parte segunda : " Sobre el gobierno, administracion de justicia, estado del clero, y costumbres entre los Indios del interior ,, pp. 22-610,." Apendice ,, pp. 611-690, " Indice ,, pp. 691-707; portrait de D. Jorge Juan.

" These secret memoirs, in which everything concerning the manners, government and state of defence of that portion of America which belonged once to Spain, is accurately described, are written with that truth, impartiality and good judgment which distinguished the informants, D. Jorge Juan and D. Antonio de Ulloa. ,, Salva (n° 4121, où l'exemplaire est coté L. 3. 3. S.).

Dans cet ouvrage curieux les auteurs exposent avec fidélité tout ce qu'ils ont vu et remarqué dans leur long voyage. La vie et les scandales du clergé espagnol, tant séculier que régulier, n'y sont point ménagés. Les Jésuites sont les seuls dont ils rendent un témoignage avantageux : ils parlent d'eux comme de véritables et dignes missionnaires et pour la conduite desquels ils n'ont que des éloges.

D. Jorge Juan et D. Antonio de Ulloa n'étaient point frères, ainsi que l'ont cru quelques personnes, Juan étant le nom de famille du premier.

ULLOA (Don Antonio de). Noticias Americanas, entretenimientos phisicos-historicos, sobre la América Meridional, y la Septentrional Oriental, comparacion general de los Territorios, Climas, y Produciones en las tres especies, Vegetales, Animales, y Minerales : con Relacion particular de las petrificaciones de cuerpos marinos : de los Indios naturales de aquellos Paises, sus costumbres, y usos : de las Antigüedades : discurso sobre la lengua, y sobre el modo en que pasaron los primeros Pobladores. Su Autor Don Antonio de Ulloa, etc. *En Madrid, en la imprenta de Don Francisco Manuel de Mena.* 1772. in-4° vél.

Édition originale. Ouvrage écrit sans le concours de Don Jorge Juan. 11 fnc., 407 pp.

VAE RI QUTUBAL qhabal, Kalahiçabal pe richin Christianoil tzih Doctrina christiana tucheex (EN LENGUA CAKCHIQUEL). (*En Guatemala (Antigua), por Sebastian de Arebalo, año de* 17..). in-4°.

24 pp. très rognées.

Cet opuscule, en langue cakchiquèle, s'est trouvé relié avec d'autres opuscules en espagnol, mais ayant perdu la page du titre : je l'ai recomposée, en ajoutant le nom de l'imprimeur, comme de la ville où il fut publié, car il paraît avoir été imprimé à la Antigua Guatémala et des mêmes types que la grammaire du père Flores. Il serait possible même que celui-ci en fût l'auteur. Je n'ai rien découvert, d'ailleurs, qui me mît à même de reconnaître celui qui écrivit est opuscule. De toute manière, c'est jusqu'à présent, à part la grammaire de Flores, l'unique livre imprimé qui existe en langue cakchiquèle et l'unique exemplaire connu. Je le tiens, avec divers autres documents, de l'obligeance du Dr Murguia, médecin à Guatémala.

VALADES (Didaci). Rhetorica Christiana ad concionandi et orandi usum accommodata, utriusq facultatis exemplis suo loco insertis ; quae quidem, ex Indorum maxime deprompta sunt historiis, unde praeter doctrinam, sumā quoque delectatio comparabitur. Auctore R^{do} admodum P. F. Didaco Valades fratrum minorum regularis observantia olī procuratore generali in Romana curia. An° Dnī. M. D. LXXVIIII (et la dernière page) *Perusiae apud Petrumiacobum Petrutium.* 1579. in-4° vél.

Titre gravé, aux armes de Grégoire XIII, à qui le livre est dédié; dédicace, 4 fnc. ; préface, 3 fnc. ; index 2 fnc. ; texte 373 pp.; index 8 fnc.; 14 gravures dans le texte (celles hors du texte manquent).

Diego Valades était espagnol, ainsi que l'indiquent les deux pièces de vers placés en son honneur au *verso* du titre. C'est lui qui affirme, dans cet ouvrage, Part. IV, cap. 23, que l'empereur Charles Quint offrit vainement au frère Pierre de Gand l'archevêché de Mexico, après la mort de Zumarraga.

La *Rhetorica Christiana* de Valades est un ouvrage fort bien écrit et rempli de notions intéressantes sur les indigènes du Mexique. Les pages qu'il consacre à l'examen de leurs arts et de leurs sciences, ce qu'il dit de la variété de leurs systèmes graphiques, prouve qu'il les connaissait bien et qu'il avait su les apprécier. Il fut réimprimé une première fois en 1583 et une troisième fois, à Rome, en 1587. Valades laissa encore divers autres ouvrages imprimés et manuscrits.

VALLE (R. P. Fr. Blas del). Informe sobre la provincia de Verapaz escrito par el Rdo Padro Fray Blas del Valle, de la Orden de Predicadores. in fol.

MANUSCRIT en 2 ff., relié au vol. *Documentos originales de Verapaz y Lacandan*.

VEGA (P. Fr. Manuel de la). Historia del descubrimiento de la America Septentrional por Cristobal Colón, escrita por el R. P. Fr. Manuel de la Vega, religioso franciscano de la provincia del Santo Evangelio de Mexico. Dá la á luz CARLOS MARIA DE BUSTAMANTE. *México*: 1826. *Oficina de la testamentaria de Ontiveros*. in-4°.

5 fnc., 237 pp.

Cet ouvrage a été extrait par Bustamante du 1er des 8 volumes de l'*Histoire du Michoacan* qui existait naguère manuscrite aux archives du monastère de San Francisco à Mexico.

VELA (José Canuto). Carta que yo presidente de la Mision evangelica dirigo á los caudillos de los indios sublevados del Sur y Oriente de esta peninsula de Yucatan (en LENGUA MAYA), en Tekax, 23 de febrero de 1848. José Canuto Vela. — *Mérida de Yucatan. Impreso por Antonio Petra*, 1848. 1 fol.

Ce document, relié avec deux autres qui le précèdent, dans le même volume, est un appel, *en langue maya*, aux indigènes Mayas, encore aujourd'hui révoltés dans le Yucatan contre les descendants des Espagnols. Voir ACOSTA (José Antonio).

VELASCO (Juan de). Historia del reino de Quito en la America meridional, escrita por el Presbitero Dn. Juan de Velasco, nativo del mismo reino.

Tomo 1° que contiene la historia natural, año de 1789. *Quito, Imprenta de gobierno,* 1844. Tomo 2° que contiene la historia antigua, año 1789. *Quito, Imprenta de gobierno, por Juan Campuzano,* 1841. Tomo 3° que contiene la historia moderna hasta el año de 1789. *Quito, imprenta de gobierno, por Juan Campuzano,* 1842.

Les 3 vol. in-4° sont reliés en un, reliure de Quito.

Le titre du premier, avec l'avertissement qui le suit, a été ajouté après l'impression des trois.

Velasco était né à Quito, où il entra dans la compagnie de Jésus, à laquelle il appartint jusqu'à sa suppression. Il ne paraît pas qu'il ait été déporté à cette époque comme les autres jésuites. La dernière partie de son ouvrage, demeuré longtemps MSS, avait primitivement pour titre: *Historia moderna del reino de Quito y Cuonica de la Provincia de la Compañia de Jesus del mismo reino.* Ce qui concerne la Compagnie de Jésus aurait été publié à part, à Quito.

Velasco mourut dans cette ville, doublement pensionné par l'État pour son ouvrage.

VELAZQUEZ DE CARDENAS y Leon (Br. D. Carlos Celedonio). Breve practica, y regimen del confessionario de Indios, en MEXICANO, y castellano; para instruccion del confessor principiante, habilitacion, y examen del penitente, que dispone para los Seminaristas El Br. D. Carlos Celedonio Velazquez de Cardenas y Leon, etc. *Impresso en Mexico en la Imprenta de la Bibliotheca Mexicana. Año de* 1761. in-8.

11 fnc., 54 pp., vél.

L'auteur mexicain, de la race indigène, élève d'abord et puis professeur de rhétorique et de philosophie, au Séminaire de Mexico, fut ensuite curé en diverses paroisses et occupa plusieurs charges ecclésiastiques importantes, dans ce diocèse.

VENEGAS (P. Miguel). Noticia de la California y de la conquista temporal y espiritual hasta el tiempo presente. Sacada de la historia manuscrita formada en Mexico, año de 1739, por el P. Miguel

Venegas de la Compañía de Jesus, y de otras noticias y relaciones antiguas y modernas. *En Madrid; en la imprenta de la Viuda de Manuel Fernandez,* 1757. 3 vol. in-4° vél.

V. I. 11 fnc., 240 pp., 1 carte. — Vol. II. 3 fnc., 564 pp., 2 cartes. — Vol. III. 3 fnc., 436 pp., carte. Le vol. III, pp. 140-194, contient : *Derrotero* del viage, que en descubrimiento de la costa Oriental de Californias, hasta el Rio Colorado, en donde se acaba su estrecho, hizo el P. FERNANDO CONSAG, año de 1746.

Les documents, dont se servit le P. Venegas pour la composition de cet ouvrage, existent en grande partie, soit aux archives nationales de Mexico, soit aux archives de la bibliothèque royale d'histoire de Madrid. Le MSS. original, d'après lequel le R. Burrial publia cet ouvrage, conservé naguère au collége de San-Gregorio de Mexico, avait pour titre : *Empresas Apostolicas de los Misioneros de la Compañia de Jesus de la N. E. en la conquista de las Californias.*

Le P. Venegas, né en 1680 à la Puebla de los Angeles, prit l'habit de Saint Ignace au noviciat de Tepotzotlan, en 1700. Il professa la rhétorique et la philosophie au collége de San Pedro et San Pablo de Mexico et ensuite la théologie morale. Affaibli physiquement par une saignée mal-entendue, il se retira à la hacienda de Chicomucelo, domaine de la Compagnie, et y vécut le reste de ses jours dans des études variées. C'est là qu'il composa la plupart de ses ouvrages qui sont nombreux ; c'est de là aussi qu'il dédia son livre sur la Californie au marquis de Villapuente, par lettre datée du 5 août 1739. Il y mourut, en 1764, âgé de 84 ans.

VETANCURT (P. Fr. Augustin de). Arte de langua MEXICANA, dispuesto por orden, y mandato de N. R^{mo} P. Fr. Francisco Trevino, etc. Comissario-General de todas las (Provincias) de la Nueva Espana, etc. Por el P. Fr. Augustin de Vetancurt, etc. Preceptor de la lengua Mexicana, Vicario de la capilla de S. Joseph de los naturales en el convento de N. P. S. Francisco de Mexico. *En Mexico, por Francisco Rodriguez Lupercio,* 1673. in-4°.

5 fnc., " Arte „ 49 ff., suivi de : " Instruccion breve para administrar los santos sacramentos de la Confession, Viatico, Matrimonio, y velaciones en la lengua Mexicana. „ 4 ff.

Vetancurt, Vetancur ou Betancurt, comme d'autres écrivent son nom, naquit en 1620, à Mexico, de parents issus de Jean de Bethencourt, gentilhomme français, qui fit la conquête des Canaries, dont il fut roi. Notre auteur ne passait pas pour un écrivain élégant ; mais il connaissait à fond la langue mexicaine et sut profiter des nombreux documents, existant dans cette langue, pour composer sa chronique, etc. Il mourut à l'âge de 80 ans. Sa grammaire est un ouvrage rare et justement estimé des connaisseurs.

— Teatro Mexicano Descripcion breve de los sucessos exemplares, historicos, politicos, militares, y religiosos del nuevo mundo Occidental de las Indias, etc. Dispuesto por el R. P. Fr. Augustin de Vetancurt, mexicano, hijo de la misma provincia, etc. *En Mexico, por Doña Maria de Benavides Viuda de Juan de Ribera. Año de* 1698.

5 fnc., " Parte Primera, „ 66 pp. — " Parte Segunda y tercera „, 168 pp., 1 fnc.

— Chronica de la Provincia del Santo Evangelio de Mexico. Quarta parte del Teatro Mexicano de los successos Religiosos. Compuesta por el R. Padre Fray Augustin de Vetancur, etc. *En Mexico, por Doña Maria de Benavides Viuda de Juan de Ribera. Año de* 1697.

2 vol. in-fol. en un, vél.; 11 fnc., 136 pp. et table, suivie du : " Menologio Franciscano de los Varones mas señalados, que con sus vidas exemplares, perfeccion Religiosa, ciencia, predicacion Evangelica, en su vida, y muerte ilustraron la Provincia de el Santo Evangelio de Mexico. Recopiladas por el Padre Fray Augustin de Vetancurt, etc. „ 156 pp.

Exemplaire complet de l'ouvrage, justement célèbre du Père Vetancurt. On observera que son nom change trois fois dans l'ensemble des titres de ses ouvrages.

VEYTIA (D. Mariano). Historia antigua de Mejico, escrita por el Lic. D. Mariano Veytia. La publica con varias notas y un apendice el Lic. C. F. Ortega. *Mejico; Imprenta á cargo de Juan Ojeda,* 1836. 3 vol. in-4°, avec 6 *planches* et le *portrait* de l'auteur.

Veytia, d'une famille espagnole distinguée, naquit à la Puebla de los Angeles, où il exerça des fonctions municipales et fut avocat de l'Audience Royale de Mexico. Il fut l'exécuteur testamentaire de Boturini et eut longtemps en sa possession une partie des documents de l'illustre voyageur et antiquaire.

VICO (Ven. P. Fr. Dominici de). Vae rucam ru vuhil nima Viitz Theologia Indorum, ru binaam, tihobal quichim Indio cristiano, pa ru chabal. Dios Nima — Ahau pa cacchequel chicovi (Auctore Ven. P. Fr. Dominico de Vico, Ord. Sancti Dominici). in-fol.

1 fnc., avis du copiste, Fr. Juan Ruiz ; 130 ff. d'une écriture qui paraît appartenir au commencement du XVIIe siècle.

Le vénérable Domingo de Vico, né à Ubeda en Espagne, prit dans cette ville l'habit de Saint Dominique. C'est de là que le retira le célèbre Las Casas, qui l'emmena en Amérique, en 1544. Il accompagna son illustre patron dans ses pérégrinations de la Verapaz et fut tour à tour prieur des couvents de Guatémala, de Chiapas et de Coban. Il tenta à plusieurs reprises de convertir les Acalaes, population de la race maya; mais il périt victime de son zèle et fut tué par eux à coups de flèches dans une ville lacandone, en 1555. Vico possédait admirablement les principales langues de Guatémala et écrivit, entre autres ouvrages, six grammaires de langues différentes. Ces ouvrages, restés manuscrits, disparurent les uns après les autres, à l'exception de ceux qui sont mentionnés ici. Celui qu'on regrette le plus est une *Historia de los Indios, de sus fabulas, supersticiones, Costumbres,* etc., mentionnée par Remesal.

C'est au père de Vico que tous les écrivains guatémaliens réfèrent indistinctement, lorsqu'il s'agit d'un ouvrage écrit ou à écrire dans une des langues indigènes. Nul ne les posséda comme lui et ne sut s'en servir d'une manière aussi complète et aussi remarquable.

— Theologia Indorum, scripta in lingua tzutuhila a Ven. Patre in Christo Fr. Dominico de Vico, ordinis Prædicatorum de Prov[a] dicta de Sancti Vincentii de Chiapa et Guatimala. in-4°.

MANUSCRIT de 26 ff., d'une main correcte et belle, traduction en langue Tzutuhile de la vie de N. S. J. C., dernière partie de la *Theologia Indorum,* qui se retrouve en quiché dans l'ouvrage précédent et en cakchiquel dans la traduction du même ouvrage par le père Maldonado. (Voir ce nom.) Le premier fol. avec le titre manquent. A la suite:

— Sermones de San Mathias Apostol, de la

Anunciacion de María Santissima y de San Marcos Evangelista, en LENGUA TZUTUHIL (atribuidos al Ven. P. Fray Domingo de Vico). in-fol.

MANUSCRIT de 16 ff., que l'annotateur de la *Theologia Indorum* (Voir en ce vol. au folio précédent le *Sermon de san Mathias)* semble attribuer au P. de Vico.

Ces sermons, la *Theologia Indorum* et les SERMONES EN LENGUA ACHI ó TZUTUHIL (voir à ce nom) sont les uniques documents littéraires aujourd'hui existant de cette langue.

— Arte de la lengua QICHE ó UTLATECAT. Seguido del modo de bien vivir en la misma lengua, sacado de los escritos del Ven. Padre Fr. Domingo de Vico. in-4°.

MANUSCRIT en 34 ff. Les 18 premiers ff. contiennent la grammaire; le suivant manque; les autres contiennent la seconde partie.

Ce MS. m'a été donné par un chef indigène de Rabinal, en 1855. Il m'assura qu'il était du père Domingo de Vico, ce que semblerait confirmer la lettre *t* finale du vocable *Utlatecat* qui s'y trouve; forme antique et entièrement inusitée depuis longtemps. C'est sur la parole de ce chef, que j'ai inscrit le nom de Vico sur ce document.

VICUÑA MACKENNA (Benjamin). El ostracismo de los Carreras, los jenerales José Miguel i Juan José i el coronel Luis Carrera Episodio de la independencia de Sur-America por Benjamin Vicuña Mackenna. *Santiago (de Chile), imprenta del ferrocarril, octubre de* 1857. in-4° de 553 pp., orné d'un grand nombre de *cartes* et de *portraits* lithographiés.

VILAPLANA (Fr. Hermenegildo de). Vida portentosa del Americano Septentrional apostol, el V. P. Fr. Antonio Margil de Jesus, fundador y ex-guardian de los colegios de Sta Cruz de Queretaro, etc. Ralacion historica de sus nuevas y antiguas maravillas, escrita por el R. P. Fray Hermenegildo de Vilaplana, etc. *En Mexico, en la imprenta de la Bibliotheca mexicana,* 1763. in-4° vél.

Cet ouvrage est rempli de détails curieux sur les indigènes de la région de Palenqué, où Margil exerça son ministère, et surtout sur l'idolâtrie des nagualistes et du pontife suprême de Samayac, au Guatémala. Vilaplana, natif de la province de Valence, où il prit l'habit de Saint François, enseigna avec honneur la théologie et la philosophie : étant passé en Amérique, il y occupa des fonctions importantes, entre autres celle de chroniste de tous les colléges de son ordre dans la Nouvelle Espagne. Il est auteur de plusieurs autres ouvrages d'histoire et de théologie.

VILLAGUTIERRE (D. Juan). Historia de la conquista de la provincia de el Itza fundacion y progressos de la de el Lacandon, y otras naciones de indios barbaros de la mediacion de el reyno de Guatemala, á las provincias de Yucatan, en la America septentrional. Primera parte. Escrivela Don Juan de Villagutierre Soto-Mayor, etc. *(Madrid, 1701.)*

Frontispice gravé aux armes d'Espagne et au bas *Marcus Orozco, Delin^t et Sculpt M^{ti}* 1701.

La seconde partie de cet ouvrage ne fut jamais publiée, non plus que son *Histoire du Nouveau-Mexique*, qui existe manuscrite à Madrid. 31 fnc., 660 pp., 17 fnc.

VILLA-SEÑOR Y SANCHEZ (D. Joseph Antonio de). Theatro Americano, Descripcion general de los Reynos y provincias de la Nueva España, y sus jurisdicciones, etc. Su author D. Joseph Antonio de Villa-Señor y Sanchez, contador general de la Real Contaduria de azogues, y cosmographo del Rey, etc. *En Mexico, en la imprenta de la viuda de D. Joseph Bernardo del Hogal, año de* 1746-1748. 2 vol. in-fol.

Après le titre du Ier vol., estampe représentant le roi d'Espagne, Philipe V, auquel l'ouvrage est dédié, debout sur le globe du monde, au pied duquel l'auteur paraît agenouillé, offrant son livre, avec ces mots : *Teatro Americano*. 8 fnc., 382 pp., 5 fnc. — Vol. II, 5 fnc., l'estampe du roi sur le globe, 428 pp., 5 fnc.

Villa-Señor était mexicain, natif de Mexico. Outre les emplois énumerés plus haut, il était connu comme un mathématicien distin-

— 155 —

gué, un historien exact et un bon citoyen. Il est auteur de plusieurs autres ouvrages, également imprimés à Mexico.

VILLAVICENCIO (Manuel). Geografia de la república del Ecuador. *New-York, R. Craighead*, 1858, in-8.

IX et 503 pp., portrait, 5 fig., 2 plans de " Quito et Guayaquil. "

VOCABULARIO de la lengua CAKCHIQUEL y española, con un Arte de la misma lengua. 1813. in-4°.

MANUSCRIT de 120 ff.; les 110 premiers comprennent le vocabulaire, les dix derniers une courte grammaire. Il n'y a aucune indication d'auteur. L'écriture, bien que fort pâle, en est moderne et paraît se rapporter à l'année 1813, placée en tête du premier feuillet, avec le nom de *Ravinal* : ce nom indiquerait peut-être que ce manuscrit aurait été laissé en cette localité par un de mes prédécesseurs, transféré d'une paroisse cakchiquèle à celle de Rabinal. Le vocabulaire, quant à sa rédaction, est un livre soigné et d'un bon auteur. Je le tiens d'Ignacio Coloche, chef d'une des principales familles indigènes de Rabinal.

WALDECK (Frédéric de). Voyage pittoresque et archéologique dans la province d'Yucatan (Amérique centrale), pendant les années 1834 et 1836, par Frédéric de Waldeck, dédié à la mémoire de feu le vicomte de Kingsborough. *Paris, Belizard Dufour et Cie*, MDCCCXXXVIII. grand in-fol.

X et 110 pp. avec 22 pl.

XIMENEZ (P. F. Franzisco). Arte de las tres lenguas CAKCHIQVEL, QVICHE Y TZVTVHIL (Escrito por el R. P. F. Franzisco Ximenez Cvra Doctrinero por el Real Patronato del pveblo de S^{to} Thomas Chvíla. in-fol.

MANUSCRIT original de la main de l'auteur, propriété naguère d'Ignacio Coloche, noble indigène de Rabinal, de qui je le tiens. Il paraît avoir été écrit dans cette commune, d'après les renseignements qu'on trouve à la fin du volume. Cet ouvrage se compose de 4 ff. sans titre, sorte de vocabulaire monosyllabique préliminaire. Du titre principal jusqu'à la fin de l' " Arte „, 92 ff. à 4 colonnes sur 2 pages.

Vient ensuite un second ouvrage, inutitulé :

— Tratato Segvndo de todo lo qve deve Saber vn ministro para la bvena administracion de estos naturales (CAKCHIQVEL, QVICHE y TZVTVHHIL). in-fol.

De 93 à 119 ff. " Prologo ", de la main du même auteur, comprenant la copie d'une longue lettre du père ALONSO DE NOREÑA, écrite en février 1580 (voir ce nom au présent catalogue), concernant les confessions des indigènes; du f. 94 v. au f. 100 v. " Confessionario ", jusqu'au f. 111 ; " Chathezismo de Indios ", du f. 111 v. au f. 119 v. Le tout est écrit dans les trois langues, Quiché, Cakchiquel et Tzutuhil.

— Empiezan las historias del origen de los Indios de esta Provinçia de Gvatemala tradvzido de la lengua QUICHE en la Castellana para mas commodidad de los ministros de el S^{to} Evangelio por el R. P. F. Franzisco Ximenez Cvra Doctrinero por el Pueblo de S^{to} Thomas Chvíla. in-fol.

MANUSCRIT de la main du père Ximenez, comme les précédents, ORIGINAL DU POPOL VUH, comprenant 66 ff. à 2 colonnes par page.

" Titre et Prologo " 2 ff. ; " Salutacion, etc. ", cinq espèces de harangues à l'usage des chefs indigènes allant au devant de leur curé, etc. 1 f. ; un autre folio préliminaire et l'histoire quiché, texte et traduction espagnole en regard, 56 ff. Cet ouvrage est suivi d'un autre, sans pagination également, intitulé :

— Ecolios a la Historias de el origen de los Indios escoliadas por el R. P. F. Franzisco Ximenez Cvra Doctrinero por el Real Patronato del Pueblo de S^{to} Thomas Chichicastenango del Sagrado orden de Predicadores para mayor noticia a los ministros de las cos. de los Indios. in-fol.

" Prologo ", 3 ff. cap. 1. un f.

Au verso de ce f. une apostrophe élogieuse en Espagnol à l'Ordre de Saint Dominique, d'une autre main que celle de Ximenez, datée " Rabinal y Ag^{to} 14 de años. "

Signée " Echave. "

Le dernier folio de la main, ce semble également, de Ximenez, comprend un commencement de catéchisme, par demandes et réponses.

— Manuscrito Antiguo Kiché, Encontrado á principios del Siglo XVIII entre los Indios del pueblo de Chichiscatenango por el P. F. Francisco Ximenez, Dominico, Cura que fué de aquel partido, el cual lo tradújo y lo puso al principio de su historia de Guatemala. Copiado fielmente por JUAN GAVARRETE. Guatemala Octubre 23 de 1847. En Seguida : — Historia del antiguo Reino del Quiché escrita por el P. F. Francisco Ximenes (Copia de mano de D. Juan Gavarrete). in-fol.

MANUSCRIT de 54 ff., original de celui qui fut copié pour M. le Dr Scherzer et depuis publiée à Vienne. Ce document est une copie tirée de l'*Histoire générale de Guatémala* du P. Ximenez, qui existe manuscrite dans la bibliothèque de l'université de cette ville.

YEPES (Fr. Joaquim Lopez). Catecismo y declaracion de la doctrina cristiana en lengua OTOMI, con un vocabulario del mismo idioma, compuesto por el R. P. Fr. Joaquim Lopez Yepes. *Mexico;* 1826. *Impreso en la oficina del ciudadano Alejandro Valdés.* in-4°.

254 pp., 1 fnc. pp. 6-17, " Alfabeto otomi: „ pp. 18-91, " Catecismo y doctrina: „ pp. 93-251, " Vocabulario: „ p. 252, " Cifras y nombres numerales; „ pp. 252-254, " Modo de explicar el catecismo à los Indios.„

Lopez Yepes était mexicain, de l'ordre des Franciscains reformés de Propaganda Fide, et l'un des membres du collége que ces religieux possédaient à Pachuca. Son vocabulaire otomi, ci-joint, est encore le plus complet qui ait été publié.

ZAMORA (Fr. Alonso de). Historia de la provincia de San Antonio del Nuevo Reyno de Granada, del Orden de Predicadores. Por el P. M. Fr. Alonso de Zamora, su coronista, hijo del convento de N. Señora del Rosario de la Ciudad de Santa-Fé su patria. *Cadix*, 1702. in-fol.

9 fnc., 537 pp., 10 fnc.

On ne sait de cet écrivain, fort peu connu, que ce qu'en dit son ouvrage. Natif de Santa Fé de Bogota, il entra au couvent des Dominicains de cette ville où il prit l'habit de son ordre. Il en fut nommé chroniste et remplit fidèlement son emploi. Son ouvrage, assez différent de ceux de SIMON et de PIEDRAHITA, renferme des détails intéressants sur la Nouvelle-Grenade qu'on ne trouve pas ailleurs.

ZECEÑA (Basilio). Oracion pronunciada en la Santa Iglesia Catedral en el XXX aniversario de la Independencia por el presb. D. Basilio Zeceña, Doctor en teologia, cura de San Juan Sacatepequez. Se imprime del Orden del Gobierno. *(Guatemala) Imprenta de la Paz*. 1851. in-4°. 17 pp.

Seguido de: Oracion funebre pronunciada por el clerigo menorista José Pio CANTARERO, indigno familier que fué del Exelentisimo é Ilmo Sr. Dr. y Maestro Don Jorge de Viteri y Ungo dignisimo obispo de Nicaragua. El dia 25 de Agosto, en las exequias que hizó el sentimental Barrio de Sn. Felipe para recordar la memoria de su buen Pastor. El inmortal Sr. Viteri. — *Año de* 1853. *(Leon de Nicaragua)*. in-4°.

TABLEAU

PAR ORDRE ALPHABÉTIQUE

DES OUVRAGES DE LINGUISTIQUE AMÉRICAINE CONTENUS
DANS LA BIBLIOTHÈQUE MEXICO-GUATÉMALIENNE.

OBSERVATIONS PRÉLIMINAIRES.

Quand on vient à jeter les yeux sur le tableau des langues américaines, on est à la fois étonné de leur grand nombre et du peu d'analogie que les groupes paraissent avoir entre eux. Bien qu'il n'entre pas dans mon plan de faire ici aucune dissertation spéciale à cet égard, je crois, toutefois, pouvoir jeter, en passant, quelque lumière sur ce sujet intéressant, sans sortir des bornes que je me suis tracées, et compléter ainsi ce que j'ai déjà pu dire ailleurs, par rapport aux langues du groupe mexico-guatémalien, dont il est surtout question dans cette bibliothèque. L'étude incomplète que l'on a faite, jusqu'à ce jour, des langues américaines me semble, à parler franchement, la cause principale de l'obscurité qui continue d'envelopper l'existence de leurs degrés d'affinité, en empêchant qu'on puisse en dresser sûrement le tableau généalogique. Une autre cause est la manie chez certains soi-disant linguistes de copier, n'importe où, une trentaine de vocables à tort et à travers, sans même faire attention à l'orthographe spéciale de chacun des auteurs qui en ont formé le catalogue, puis de les comparer à quelque langue européenne, en faisant un grand étalage du fatras technologique, inventé par l'école germanique, pour jeter plus aisément de la poudre aux yeux de ses adeptes. Ajoutez que fort souvent ces écoliers n'ont pas d'autre acquis que cette technologie charlatanesque et qu'ils s'en vont dénaturant, sans même s'en apercevoir, ces langues, dont ils n'entendent ni le génie, ni les mots les plus simples. D'autres, négligeant de s'occuper de la différence marquée qui existe entre les langues du nord, du centre et du sud de l'Amérique, les ont confondues pêle-mêle, sans se donner le peine de les analyser le moins du monde. D'autres, enfin, suivant le système de certains professeurs à trois plumes, n'ont recherché dans les langues américaines que des formes grammaticales, s'inquiétant fort peu des mots, comme si de ces formes dépendait toute la langue. Marmitons, qui voudraient vous donner à manger avec des casserolles vides et qui vous nieraient la ressemblance qu'il y a entre le latin et le français, dont la grammaire est, néanmoins, si différente.

Si l'on avait fait pour l'ensemble des langues américaines des travaux de l'importance de ceux qui existent sur l'Orient, on y aurait trouvé précisément une échelle d'affinités non moins remarquable que celle que présentent les langues européennes dans leurs rapports avec celles de l'Asie jusque dans l'Inde. On y aurait reconnu que la source principale des différentes familles américaines ne saurait se découvrir ailleurs que dans le groupe mexico-guatémalien et que les analogies et les ressemblances vont en diminuant, à mesure qu'on s'en éloigne, bien que, de temps à autre, il se rencontre à des distances considérables des analogies frappantes avec le groupe de l'Amérique du centre.

Les langues du monde entier ont eu évidemment un même berceau, aussi bien que les nations. Ce que les découvertes récentes, concernant les instruments et les armes des âges de la pierre ont révélé sur l'unité des arts pré-historiques, les langues le confirment à leur tour, d'un bout à l'autre du monde, en ce qui concerne l'unité de l'espèce humaine. Tout semble s'accorder à démontrer, que son berceau existait dans les régions ensevelies aujourd'hui sous les flots des quatre grands courants souterrains qui minèrent l'Atlantide, entre l'Amérique, l'Afrique et l'Europe : or c'est dans le groupe mexico-guatémalien, d'un côté; de l'autre, dans le groupe celtique, embrassant encore la Grande-Bretagne, les Pays-Bas et la Scandinavie, qu'il conviendrait de rechercher les véritables origines, sans en excepter même les origines sémitiques, etc. Le sanscrit et les autres langues cultivées de l'Asie ne sont, je le répète, que les derniers flots du grand fleuve linguistique, parti du centre commun, dont nos pays celtiques ont les avances; dont l'autre branche, partie des bords du golfe du Mexique, a été répandre, en s'éloignant de sa source, ses dernières ondes, par le Brésil et le Pérou, jusqu'aux extrémités les plus froides du Chili.

Parmi les langues connues de l'Amérique, celles dont les traces se découvrent aux distances les plus éloignées, sont le Mexicain ou Nahuatl, avec ses dialectes; le Maya du Yucatan et le Qquichua ou langue des Incas. Le Mexicain a pour centre principal Mexico et ses environs, avec une extension peu considérable au nord-est : il rayonne ensuite par groupes plus ou moins étendus sur une foule de contrées, aussi distinctes qu'éloignées les unes des autres. On le trouve mélangé avec les idiomes voisins de la Sonora jusqu'au delà du Gila et l'on en reconnaît les traces, à l'ouest, dans les langues des Montagnes Rocheuses et du détroit de Noutka, et, à l'est, jusqu'aux extrémités de la Virginie. Tournant ensuite nos regards au sud, on le revoit s'échelonnant par l'intérieur de l'Amérique centrale et le long du Pacifique, jusqu'à l'isthme de Panama; puis s'étendre de là et se perdre au loin, en marquant son passage dans une foule de noms de localités jusqu'au lac de Titicaca et aux bords même des grands fleuves de la république Argentine.

Le Qquichua, comme son frère aîné l'Aymara, occupe l'ensemble de la cordillère des Andes: des frontières du Chili à celles de la Nouvelle-Grenade, il a des ramifications vers les rivages du Pacifique, ainsi qu'aux régions voisines des grandes sources de l'Amazone. Puis, en revenant vers le nord, on en découvre des traces dans la langue des Dirias du Nicaragua, dans celle des Huabis (*wabi*) de Tehuantepec, dans l'idiome, particulièrement désigné sous le nom de Chiapanèque, dans le Zoqui et jusque dans le Tarasque du Michoacan.

Le Maya, dont la partie monosyllabique se reconnaît aisément au fond des vocables de la langue mystérieuse des Mexicains, semble se rattacher à une langue plus ancienne qui aurait été celle des Antilles, avec laquelle il a de nombreuses et puissantes affinités. Ses traces sont parfaitement reconnaissables dans les noms des localités et dans ceux des chefs de l'ancienne Floride. Avec le Mexicain, le Cakchiquel et ses dialectes, il entre dans la composition de presque tous les noms d'hommes et de lieux jusqu'aux extrémités du Canada et du Labrador. Le même phénomène s'observe, en redescendant vers le Sud. C'est le groupe de ces langues, que j'ai désigné sous le nom de Mexico-Guatémalien, qui paraît avoir servi, aux époques d'une antiquité très reculée, à dénommer les localités, les fleuves, les rivières, les caps, les montagnes et les volcans, les tribus et les nations, dans toute l'étendue de l'Amérique méridionale et septentrionale, à fort peu d'exceptions près, si, toutefois, il y en a. Remarquons qu'il ne s'agit pas uniquement ici d'une simple ressemblance de sons; mon observation serait dénuée de sens. Non, ce qu'il y a, et on ne saurait y prêter trop d'attention dans l'intérêt de l'histoire et de l'ethnographie, c'est que ces noms, analysés à l'aide du groupe mexico-guatémalien, correspondent par leur signification étymologique, aux lieux où on les découvre, à leur situation topographique ou naturelle, comme souvent aussi aux conditions géologiques ou climatériques du sol.

Si maintenant, retournant de nouveau sur nos pas, nous passons des Antilles et des côtes de l'Amérique du Nord à celles de la Scandinavie, des îles de l'Océan Britannique, de la Gaule et des Pays-Bas, le même phénomène reparaît; il s'étend à la plupart des noms anciens, soit des bords de la Baltique, soit de ceux de la Méditerranée, sans en excepter ni la Palestine ni l'Égypte. Mais ce qui n'est pas moins remarquable, c'est que presque tous les noms des anciennes tribus des bords de la Baltique, comme des nations et des rivières de la Germanie et de la Gaule, ainsi que des populations anciennes de l'Asie septentrionale et des rivages de la Méditerranée, se retrouvent également en Amérique.

L'explication en est facile : c'est que, de part et d'autre, ces noms ont été donnés, dans les temps primitifs, par des colonies émigrées d'un centre commun et parlant la même langue; aux lieux où elles s'arrêtaient, chaque fois que ces lieux se trouvaient, des deux côtés, dans les mêmes conditions topographiques ou géologiques. C'est un fait qu'on ne saurait nier. On peut le vérifier, en ouvrant les dictionnaires d'histoire et de géographie ancienne les plus élémentaires et en les comparant aux noms des nations ou des tribus, des fleuves et des rivières de l'Amérique, en particulier de l'Amérique méridionale. Le *Dictionnaire géographique d'Alcedo*, publié au siècle dernier, suffirait, au besoin, pour le plus grand nombre. Qu'on ne s'imagine pas, d'ailleurs, que ces noms aient été donnés par les Espagnols. Ceux qu'ils imposèrent à l'époque de la conquête, rappelant les villes de la mère-patrie, sont en petit nombre et ils n'étaient pas assez savants pour appliquer à chacune des tribus américaines des noms qu'on ne découvre que dans les auteurs anciens, latins ou grecs. On en dira ce qu'on voudra. Les faits sont là. Ils sont appuyés sur la vérité, sur l'accord réuni des monuments de l'antiquité dans les deux mondes.

TABLEAU LINGUISTIQUE.

ACHI ou TZUTUHIL.

SERMONES en lengua achi ó tzutuhil, compuestos para el uso de los padres de la Orden de Santo Domingo de Guatemala, á principios del Siglo XVII, conforme al estilo del R. P. Fray Domingo de Vico. in-4°. *Manuscrit.*

VICO (Ven. P. Fr. Domingo de). Theologia Indorum, scripta in lingua tzutuhila a Ven. Patre in Christo Fr. Dominico de Vico, ordinis Praedicatorum de Prov^a dicta de Sancti Vincentii de Chiapa et Guatimala. in-4°. *Manuscrit.*

— Sermones de San Mathias Apostol, de la Anunciacion de Maria Santissima y de San Marcos Evangelista, en lengua tzutuhil (atribuidos el Ven. P. Fray Domingo de Vico). in-fol. *Manuscrit.*

XIMENEZ (P. F. Franzisco). Arte de las tres lengvas Cakchiquel, Qviche y Tzvtvhil, (Escrito por el R. P. F. Francisco Ximenez Cvra Doctrinero por el Real Patronato del Pveblo de S^{to} Thomas Chvila). in-fol. *Manuscrit.* (suivi de :)

— Tratado Segundo de todo lo qve deve Saber vn ministro para la bvena administracion de estos naturales. in-fol. *Manuscrit.*

BRÉSILIEN.

FERREIRA FRANÇA (Dr Ernesto). Chrestomathia da lingua Brazilica, pelo Dr Ernesto Ferreira França. *Leipzig : F. A. Brockhaus*, 1859. in-8°.

CACCHI ou CAKCHI.

CANCER (V. Fray Louis). Varias coplas, versos é himnos en lengua de Coban Verapaz, sobre los misterios de la religion para uso de los Neofitos de la dicha provincia, compuestos por el Ven. Padre Fray Luis Cancer, de la orden de Santo Domingo. in-4°. *Manuscrit.*

CARDENAS (Illmō fray Thomas de). Arte de la lengua cacchi, de Coban en la Verapaz, compuesto por el Illmō Sr. Don fray Thomas de Cardenas, de la Orden de Predicadores, quarto obispo de Coban. in-4°. *Manuscrit*.

CURA DE TAKTIC. Confesionario en lengua kahchi, en metodo breve, escrito por un padre cura de la orden de Santo Domingo del pueblo de Taktic, año de 1812. in-4°. *Manuscrit*.

CAHITA.

GONZALEZ (P. Diego Pablo). Manual para administrar a los indios del idioma cahita los Santos Sacramentos, segun la reforma de NN. SS. PP. Paulo V y Urbano VIII. Compuesto por un sacerdote de la Compañía de Jesus, Missionero en la Provincia de Zynaloa, sacalo á luz la Piedad del Alferez D. Sebastian Lopez de Guzman y Ayala. *Impresso en Mexico, en la imprenta Real del superior Gobierno de Doña Maria de Rivera. Año de* 1740. in-8°.

CAKCHIQUEL.

ALARCON (Fr. Baltasar de). Sermones en lengua cakchiquel, escritos por varios padres de la orden de San-Francisco, y recogidos por el M. R. M. Padre Fray Baltasar de Alarcon, procurador general de la misma orden en la prov. del Dulce Nombre de Jesus de Guatemala. in-4°. *Manuscrit* (¹).

ANGEL (P. Pr.). Arte de lengua cakchiquel, compuesto por el Padre fray Angel. in-4°. *Manuscrit*.

— Bocabulario de la lengua cakchiquel, compuesto por el Padre fray Angel. in-4°.

ARANA XAHILA (Don Francisco Ernantez). Manuscrit Cakchiquel. Mémorial de Tecpan-Atitlan (Solola), histoire des deux familles royales du royaume des Cakchiquels d'Iximché ou Guatémala, rédigé en langue cakchiquèle par le prince Don Francisco Ernantez Arana-Xahila, des rois Ahpozotziles. Texte cakchiquel et essai de traduction française en regard, faite à Rabinal en 1856. In-fol. *Manuscrit*.

FLORES (P. F. Ildefonso Joseph). Arte de la lengua metro-

(¹) Le vocable *cakchiquel* s'écrit dans un grand nombre d'auteurs au moyen d'un caractère, analogue à l'ε grec, dont le son est celui d'un *h*, très guttural et alors il remplace le *k*.

politana del Reyno cakchiquel, o Guatemalico, con un paralelo de las lenguas metropolitanas de los Reynos Kiche, Cakchiquel, y Tzutuhil, que hoy integran el Reyno de Guatemala. Compuesto por el P. F. Ildefonso Ioseph Flores, hijo de la Santa Provincia del Dulcíssimo nombre de Iesus de Guatemala, de la Regular Observancia de N. Seraphico P. S. Francisco, etc. *En Guatemala (Antigua), por Sebastian de Arebalo: Año de* 1753. in-4°.

MALDONADO (Fr. Franciscus). Sermones super evangelia que in sanctorum festivitatibus leguntur : Cum eorumdem vitis, et transitis idiomathe Guatimalensi cakchiquel. Per fratrem Franciscum Maldonado. Ordinis diui Francisci predicatorem. Olim que diffinitorem nominis Jesu Guathemalensis provincie alumnum licet Matriti natum. Anno D. M. LXXI — 1671. In-fol. vél. *Manuscrit.*

— Ha nima Vuh vae Theologia Indorum ru binaam. (Auctore R. P. M. Fratre Francisco Maldonado). In-fol. *Manuscrit.*

NOTICIA BREBE de los vocables mas usuales de la Lengua cakchiquel. in-4° vél. *Manuscrit.*

SANTO DOMINGO (Fr. Thomas de). Vocabulario en la lengua cakchiquel (y española) Richin Fratris Thomae a S^{to} Dominico e caetu fratrum sacri ordinis Praedicatorum superopidi de Zumpan animarum curam intendentis, etc. in-4°. *Manuscrit.*

VAE RI QUTUBAL qhabal kalahiçabal pe richin christianoil tzih Doctrina Christiana tucheex. (*En Guatemala (Antigua)*, por Sebastian de Arebalo, año de 17..) in-4°. (¹).

VICO (Ven. P. Fr. Dominici de). Vae rucam ru vuhil nima Viitz Theologia Indorum, ru binaam tihobal quichim Indio christiano, pa ru chabal, Dios Nima Ahau pa cacchequel chicovi (Auctore Ven P. Fr. Dominico de Vico, Ord. Sancti Domini). in-fol. *Manuscrit.*

VOCABULARIO en lengua Cakchiquel y española, con un Arte de la misma lengua. 1813. in-4°. *Manuscrit.*

XIMENEZ (P. Fr. Francisco). Arte de las tres lenguos Cakchiqvel, qviche y tzutvhil (Escrito por el R. P. Fr. Franzisco Ximenez Cvra Doctrinero por el Real Patronato del pveblo de Santo Thomas Chvíla). in-fol. *Manuscrit.*

— Tratado Segundo de todo lo que deve saber vn ministro para la bvena administracion de estos naturales. in-fol. *Manuscrit.*

(¹) Le *qh* dans la langue cakchiquèle a le son d'un *ch*, rapide et dur.

CARAIBE.

HENDERSON (Alexander). Araidatiu-Tumurau segung Madeju karabagungte lau Alexander Henderson (The Gospel according to Mathew. (in the charibbean language) translated by A. H.) *Edinburg.* 1847. in-8.

ROCHEFORT (César de). Histoire naturelle et morale des Antilles de l'Amérique. Enrichie de plusieurs belles figures des Raretez les plus considérables qui y sont d'écrites. Avec un vocabulaire caraibe. *A Rotterdam, chez Arnould Leers;* 1658. in-4°.

CHANABAL.

CAMPOSECA (Marcial). Confesionario para confesar á los Indios por su idioma, sacado en lengua chanabal por Marcial Camposeca para el uso del M. R. P. Fray Benito Correa, de Comitan, á 16 de julio de 1815. in-4°. *Manuscrit.*

PAZ (Fr. Domingo). Confesionario y Doctrina Christiana en lengua chanabal de Comitan y Tachinulla en las Chiapas, su autor el R. Padre Fray Domingo Paz, de la orden de Santo Domingo, el año de 1775. in-8°.

CHIAPANÈQUE.

ALBORNOZ (P. Fr. Juan de). Arte de la Lengua chiapaneca, compuesto por el padre fray Juan de Albornoz, de la orden de Predicadores, de la provincia de San Vicente de Chiapas y Guatemala. in-4°. *Manuscrit.*

BARRIENTOS (P. Fr. Luis). Doctrina christiana en lengua chiapaneca, escrita por el padre M[tro] Fray Luis Barrientos de la Orden de Predicadores. 1690 años. in-4°. *Manuscrit.*

NUÑEZ (Fr. Joan). Sermones de Doctrina en lengua chapaneca compuestos por el R. P. Fr. Joan Nuñez, dominico, recogidos en la familia del Sr. D. Esteban Nucamendi, gobernador que fué de Acalá. in-4°. *Manuscrit.*

— Algunas cossas curiossas en lengua chapaneca sacadas de pposito p[a] doctrina de los yn[os] y p[a] q. los pu[es] que deprenden esta lengua se aprovechen dellas por no aver en ella nada escrito. Los padres perdonen y R[uan] el buen desseo que tubo q[en] lo trauajo por servirles y aprouechar las almas destos pobres. (Signé) Fr. JOAN NUÑEZ en marge. 1633. in-4°. *Manuscrit.*

CHINOOK.

GIBBS (George). A dictionnary of the Chinook Jargon, or trade language of Oregon. By George Gibbs. *New-York, Cramoisy press*, 1863. gr. in-8°.
— Alphabetical Vocabulary of the Chinook language. By George Gibbs. *New York, Cramoisy press*, 1863. gr. in-8°.

CUMANAGOTA.

TAPIA (Fray Diego de). Confessionario en lengua cumanagota, y de otras naciones de Indios de la provincia de Cumaná, con unas Advertencias previas al confessionario. Por Fray Diego de Tapia, Missionario Apostolico en las vivas conversiones de Piritu. *En Madrid. Por Pedro Fernandez. Año de* 1723, in-8° vél.

GALIBI.

SAUVAGE (M. D. L.). Dictionnaire Galibi, présenté sous deux formes; I° commençant par le mot François; II° par le mot Galibi. Précédé d'un essai de Grammaire. Par M. D. L. S. *A Paris, chez Bauche*. 1763. in-8°.

HEVE.

A Grammatical Sketch of the Heve language translated from an unpublished manuscript. By BUCKINGHAM SMITH. *London; Trübner and Co.* 1862. gr. in-8°.

HUAZTÈQUE.

TAPIA ZENTENO (Carlos de). Noticia de la lengua huasteca que en beneficio de sus nacionales, de orden del Illmō Sr. Arzobispo de esta Santa Iglesia Metropolitana, y á sus expensas da Carlos de Tapia Zenteno; cura que fué de la Iglesia Parroquial de Tampamolan, etc. con catecismo, y doctrina christiana para su instruccion, segun lo que ordena el Santo Concilio Mexicano, Enchiridion sacramental para su administracion con todo lo que parece necessario hablar en ella los Neoministros, y copioso Diccionario para facilitar su inteligencia. *En Mexico, en la Imprenta de la Bibliotheca Mexicana*. 1767. in-4°.

IROQUOIS.

BRUYAS (R. P. Jacobo). Radices verborum Iroquæorum. Auctore R. P. Jacobo Bruyas, Societatis Jesu. *Neo-Eboraci; typis J. M. Shea*. gr. in-8°.

MAM.

FUENTES (Don Manuel). Preguntas p.ª administrar el Santo Sacramen.to del matrimonio en Mam conformes al Manual que usamos. Siguen las varias partes de la doctrina cristiana en mam y en castellano, etc., lo todo hallado entre los papeles que quedaron del defunto Sr. presbitero Don Manuel Fuentes, cura proprio que fué de la parroquia de San Miguel Ixtlahuacan. in-4°. *Manuscrit.*

— La doctrina christiana en la lengua Mam, hallada entre los papeles que quedaron del defunto Sr. presbitero Don Manuel Fuentes, cura que fué de San Miguel Ixtlahuacan. in-12°. *Manuscrit.*

MATLATZINGA.

GUEVARA (Fr. Miguel de). Arte doctrinal y modo general para aprender la lengua Matlatzinga, para la administracion de los santos sacramentos asi para confesar, casar y predicar con la definicion de sacramentis y demas cosas necesarias para hablarla y entenderla, por el modo mas ordinario y versado comun y generalmente para no ofuscarse la inteligencia. Hecho y ordenado por el padre Fr. Miguel de Guevara, Ministro predicador y operario evangélico, en las tres lenguas que generalmente corren en esta provincia de Michoacan Mexicana, Tarasca y Matlatzinga, prior actual del convento de Santiago Undoméo. Año de 1638. (*Mexico, imprenta de Vincente Garcia Torres*, 1862). in-4° mayor.

MAYA.

ACOSTA (José Antonio). Oraciones devotas que comprenden los actos de fé, esperanza, caridad, y afectos para un cristiano, en idioma yucateco, con inclusion del Santo Dios, á devocion del pbro D. José Antonio Acosta. *Mérida de Yucatan, imprenta á cargo de Mariano Guzman*, 1851.

BELTRAN DE SANTA-ROSA MARIA (Fr. Pedro). Arte del idioma Maya reducido a sucintas reglas. Y semi-lexicon yucateco por el R. P. Fr. Pedro Beltran de Santa-Rosa María, hijo de esta Santa Recoleccion franciscana de Mérida, etc. Formólo y Dictólo, siendo Maestro de Lengua Maya en el convento capitular de N. S. P. S. Francisco de dicha ciudad. Año de 1742. Segunda edicion. *Merida de Yucatan. Imprenta de José Dolores Espinosa. Julio*, 1859. in-4°.

BRASSEUR DE BOURBOURG. Manuscrit Troano. — Études

sur le système graphique et la langue des Mayas. *Paris, Imprimerie Impériale*, 1869-70. 2 vol. in-4°.

DOMINGUEZ Y ARGAIZ (Dr. D. Francisco Eugenio). Platicas de los principales mysterios de nuestro Sta Fee, con breve exortacion al fin del modo con que deben excitarse al dolor de las culpas. Hechas en el Idioma yucateco, por orden del Ilmo y Rmo Sr. Dr. D. F. Ignacio de Padilla, Arzobispo-Obispo de Yucatan, por el Doctor D. Francisco Eugenio Dominguez y Argaiz. *Impresso en Mexico, en la imprenta del Real Colegio de S. Ildefonso, Año de 1758*. in-4°.

GALA (Ilmō Leandro R. de la). U Ɔibhuun hach Noh Tzicbenil Ahaucaan Ahmiatz Leandro R. de la Gala, Ti ú hach Yamailoob Mehenoob, yanoob tú nachilcahtaliloob Nohol y Chikin ti le luumcabil Yucatan laa. *Ho (Merida) U Ɔalhuun José D. Espinosa*, 1870. in-4°.

GUERRA (José Maria). Pastoral del Ilustrisimo Señor Obispo, dirigida a los Indigenas de esta diócesis. *Merida de Yucatan, impreso por Antonio Petra*, 1848. in-4°, *portrait*.

HENDERSON (Alexander). Catecismo de los Metodistas. N. 1. Para los niños de tierna edad. — Catecismo tile metodistaoob. N. 1. Utial mehen palaloob. *Londres*, 1865. in-8°.

Dans le même volume :

— Breve Devocionario para todos los dias de la semana. — Payalchioob utial tulacal le u kiniloob ti le semana. *Londres*, 1865. in-8°.

— The Maya primer, by Alexander Henderson, Belize, Honduras, etc. *Birmingham, printed by Showell*. Petit in-8°.

MANUSCRIT MEXICAIN N° 2 de la Bibliothèque Impériale, photographié (sans rédaction). Par ordre de S. E. M. Duruy, Ministre de l'Instruction Publique, Président de la commission scientifique du Mexique. *Paris, 1864. Imprimerie Bonaventure et Ducessois. — Imprimerie photographique Benoist*. 22 planches, grand in-fol.

RUZ (P. Fr. Joaquim). Gramática yucateca por el P. Fr. Joaquim Ruz, formada para la instruccion de los indigenos, sobre el compendio |de D. Diego Narciso Herranz y Quiros. *Merida de Yucatan. Por Rafael Pedrero*, 1844. in-4°.

— Cartilla ó Silabario de lengua maya, para la enseñanza de

los niños indígenas, por el Padre Fr. Joaquim Ruz. *Merida de Yucatan. Por Rafael Pedrera.* 1845. in-8°.

— Manual Romano Toledano, y yucateco para la administracion de los Santos Sacramentos. por el R. P. Fr. Joaquim Ruz. *Mérida de Yucatán. En la oficina de José D. Espinosa.* 1846. in-4°.

— Catecismo y exposition breve de la doctrina cristiana por el Padre Maestro Gerónimo de Ripalda de la compañia de Jesus. Traducido al idioma yucateco con unos afectos para socorrer à los moribundos por el M. R. P. Fr. Joaquim Ruz. *Merida de Yucatan. Impreso por José D. Espinosa.* 1847.

— Explicacion de una parte de la doctrina cristiana ó instrucciones dogmatico-morales, en que se vierte toda la doctrina del catecismo romano por el R. P. M. Fr. PLACIDO RICO; traducido al idioma yucateco por el R. Padre Fr. Joaquim Ruz. Part. 1. (la seconde n'a jamais paru). *Merida de Yucatan. Oficina de S. D. Espinosa.* 1847. in-4°.

— Via Sacra del Divino amante corazon de Jesus, dispuesta por las cruces del Calvario, por el presbitero JOSÉ DE HERRERA VILLAVICENCIO, traducida al idioma yucateco por el R. P. Fr. Joaquim Ruz. *Merida de Yucatan. Impreso por Nazario Novelo.* 1849. in-8°.

— Coleccion de Sermones para los domingos de todo el año y cuaresma, tomados de varios autores, y traducidos libremente al idioma yucateco por el padre Fr. Joaquim Ruz. *Mérida. Impreso por Nazario Novelo,* 1849-1850. 2 vol. in-4°.

— Analisis del idioma yucateco al castellano por el R. P. Fray Joaquim Ruz. *Merida de Yucatan, impreso por Mariano Guzman.* 1851. in-8°.

SOLIS Y ROSALES (Dr. José Vicente). El ejercicio del Viacrucis puesto en idioma maya y copiado de un antiguo manuscrito. Lo dá á la prensa con superior permiso el Dr. José Vicente Solis y Rosales, etc. Va corregido por el R. P. Fr. M. Antonio Peralta. *Mérida. Imprenta de J. D. Espinosa é hijos.* 1869. in-8°.

— Vocabulario de la Lengua Maya, compuesto y redactado por el Sr. Dr. Don José Vicente Solis y Rosales, para el uso del Sr. abate Brasseur de Bourbourg, quien le dá aqui las gracias. in-fol. *Manuscrit.*

VELA (José Canuto). Carta que yo presidente de la Mision evangelica, dirigo á los candillos de los indios sublevados del sur y del Oriente de esta peninsula de Yucatan, en Tekax, 23 de febrero

1848. José Canuto Vela. *Mérida de Yucatan. Impreso por Antonio Petra.* 1848. in-fol.

MEXICAIN ou NAHUATL.

ALVA (Bartolomé de). Confesionario mayor, y menor en lengua mexicana, y platicas contra las supersticiones de idolatria, que el dia de oy an quedado á los Naturales de la Nueva España, é instruccion de los Santos Sacramentos, etc. Al Ilustrisimo Señor D. Francisco Manso y Zuñiga, Arçobispo de Mexico, etc. Nuevamente compuesto por el Bachiller Don Bartolomé de Alva, beneficiado del partido de Chiapa de Mota. *Año de* 1634. *Impreso en Mexico, por Francisco Salbayo,* etc. In-4° vél.

AMARO (Juan Romualdo). Doctrina extractada de los catecismos mexicanos de los padres Carochi y Castaño, autores muy selectos, traducidos al castellano, para mejor instruccion de los Indios, en las oraciones y misterios principales de la doctrina, por el presbitero capellan Don Juan Romualdo Amaro, catedratico que fué en dicho idioma en el colegio seminario de Tepotzotlan etc. Va añadido á este catecismo el preambulo de la confesion para la mejor disposicion de los Indios en el Santo Sacramento de la Penitencia, etc. *Mexico,* 1840. *Imprenta de Luis Abadiano y Valdes.* pet. in-4°.

ANUNCIACION (Fray Juan de la). Nican ompehua yn temachtilli, yn itechpoui Dominical. Yc temachtilotiaz cecexiuhtica : Ynicuac ymilhuiuh quiztiaz inececeme Domingome, yniuh tecpantica yancuican Calendario, oquimotlalili oquimotecpanili ypan nauatlatolli, yn yehuatzin Fray Juan de la Anunciacion, Teopixqui Sant Augustin. *En Mexico, por Antonio Ricardo,* 1577. 2 vol. in-4°.

— Cathecismo en lengua mexicana y española, breve y muy compendioso, para saber la Doctrina Christiana y enseñarla. Compuesto por el muy Reverendo Padre Fray Juan de la Anunciacion, superior del Monasterio de Sant Augustin de Mexico. *En Mexico por Antonio Ricardo,* 1577.

ARENAS (Pedro de). Vocabulario manual de las lenguas castellana y mexicana. En que se contienen palabras, preguntas, y respuestas mas comunes y ordinarias que se suelen ofrecer, etc., el trato y comunicacion entre Españoles e Indios. Compuesto por Pedro de Arenas. *En Mexico, por la Viuda de Francisco Lupercio, y por su original, en la Puebla, por la Viuda de Miguel de Ortega y Bonilla.* In-8° (1611).

AVILA (P. F. Francisco de). Arte de la lengua mexicana, y breves platicas de los mysterios de N. Santa Fee catholica, y otras para exortacion de su obligacion á los Indios. Compuesto por el P. F. Francisco de Avila, del Orden de los Menores de N. P. San Francisco. *En Mexico, por los herederos de la Viuda de Miguel de Ribera Calderon. Año de* 1717. in-8°.

BAPTISTA (Fray Joan). Aduertencias para los confessores de los Natvrales. Compvesto por el padre fray Joan Baptista, de la orden del Seraphico Padre Sanct Francisco, Lector de Theologia, y Guardian del conuento de Sanctiago Tlatilvlco : de la provincia del Sancto Evangelio. *En Mexico, en el convento de Sanctiago Tlatilvlco, por M. Ocharte, año de* 1600. 2 part. in-8°, en deux vol.

CANTOS EN LENGUA MEXICANA, unos originales, y otros trasladados de la lengua Othomi, sacados de un Manuscrito antiguo, sin nombre de autor, en la biblioteca de la universidad de Mexico. pet. in-fol. *Manuscrit.*

CAROCHI (P. Horacio). Arte de la Lengua Mexicana con la declaracion de los adverbios della Al Ilmō y Rmō. Señor Don Juan de Mañozca, Arzobispo de Mexico, etc. por el padre Horacio Carochi Rector del Colegio de la C^a de Jesus de San Pedro y San Pablo de Mexico. *Año de* 1645. *En Mexico: Por Juan Ruiz.* in-4°.

CHIMALPOPOCATL GALICIA (Don Faustino). Devocionario para oir Misa Dedicado á los Indios p^r el Lic. Faustino Chimalpopocatl Galicia. in-32. *Manuscrit.*

— Silabario de Idioma Mexicano por el Lic. D. Faustino Chimalpopocatl Galicia. *Mexico:* 1849. *Imprenta de las Escalerillas,* n. 7, *dirigida por M. Castro.* in-8°.

CODEX CHIMALPOPOCA (Copie du), contenant les Époques, dites Histoire des Soleils et l'histoire des Royaumes de Colhuacan et de Mexico, texte mexicain (corrigé d'après celui de M. Aubin), avec un essai de traduction française en regard. gr. in-4°. *Manuscrit.*

FUENTE de los verbos Mexicanos, seguida de la fuente de los nombres Mexicanos. in-4°. *Manuscrit.*

GASTELU (D. Antonio Vasquez). Arte de lengua mexicana compuesto por el Bachiller D. Antonio Vasquez Gastelu, el Rey de Figueroa: Cathedratico de dicha lengua en los Reales collegios de San Pedro, y San Juan. Corregido segun su original por el Br. D. Antonio de Olmedo y Torre, etc. *En la Puebla, imprenta de Francisco Xavier de Morales y Salazar,* etc. *Año de* 1756. in-4°.

MANUSCRIT MEXICAIN ORIGINAL. Titre antique, *sur papier maguey,* du territoire de Zenpualan et autres lieux, peint et écrit aux premières années qui suivirent la conquête de Mexico. in-4°.

MANUSCRIT MEXICAIN DE l'AN 1576, ayant pour titre ces mots: « Nican ycuiliuhtica ynin xitlapovalcatca mexica çā naūtetl yniuh quitova ceacatl quitlamia, etc. » *Paris*, in-8°.

MAPPE, dit DE TEPECHPAN. Histoire synchronique et seigneuriale de Tepechpan et de Mexico, autographié d'après un document de la collection de M. Aubin. *Paris*. In-fol. oblong.

MOLINA (Fray Alonso de). Vocabvlario en lengva Castellana y mexicano, compuesto por el muy Reuerendo Padre Fray Alonso de Molina de la Orden del bienauenturado nuestro Padre Sant Francisco. Dirigido al mvy excelente Señor Don Martin Enriquez, Visorrey desta Nueva España. *En Mexico, en casa de Antonio de Spinosa*, 1571, in-fol. vél.

PAREDES (P. Ignacio de). Catecismo Mexicano, que contiene toda la doctrina christiana con todas sus declaraciones : en que el Ministro de almas hallará, lo que á estas debe enseñar : y estas hallarán lo que, para salvarse, deben saber, creer, y observar. Dispuesto primeramente en Castellano POR EL PADRE GERONYMO DE RIPALDA de la compañia de JESUS. Y despues para la comun utilidad de los Indios; y especialmente para alguna ayuda de sus zelosos Ministros clara, genuina, y literalmente la traduxo del Castellano, en el puro, y proprio Idioma Mexicano el Padre Ignacio de Paredes, de la misma Compañia de Jesus. Y le añadió la Doctrina pequeña, con otras cosas, á todos utilissimas, para la vida del Christiano, etc. *Mexico, en la imprenta de la Bibliotheca Mexicana. Año de* 1758. in-8° vél.

— Promptuario Manual Mexicano, que á la verdad podrá ser utilissimo á los Parochos para la enseñanza; á los necesitados Indios para su instruccion ; y á los que aprenden la lengua para la expedicion. Contiene quarenta y seis platicas con sus exemplos, y morales exhortaciones, y seis sermones morales, acomodados a los seis Domingos de la Quaresma, etc. Añaden por fin un sermon de nuestra Sanctissima Guadalapana Señora, con una breve narracion de su historia, etc. Lo que con claridad, y propriedad en el idioma que pudo, dispuso el P. Ignacio de Paredes, de la compañia de Jesus, etc. *En Mexico, en la Imprenta de la Bibliotheca Mexicana, Año de* 1759. in-4° vél.

— Compendio del arte de la lengua Mexicana del P. Horacio Carochi de la comp. de Jesus, dispuesto con brevedad, claridad, y propriedad por el P. Ignacio de Paredes, de la misma compañia, etc.

En Mexico, en la imprenta de la Bibliotheca Mexicana, 1750. in-4° vél.

PEREZ (P. Fr. Manuel). Cathecismo Romano, traducido en Castellano y mexicano, por el P. Fr. Manuel Perez, del Orden de N. P. S. Agustin, etc. Cathedratico de lengua mexicana en la Real universidad. *En Mexico, por Francisco de Rivera Calderon. Año de 1723.* in-4°.

SANDOVAL (D. Rafael). Arte de la lengua mexicana. Por el Br. en Sagrada Theologia D. Rafael Sandoval. *En Mexico, en la oficina de D. Manuel Antonio Valdés, año de 1810.* in-8°.

VELAZQUEZ DE CARDENAS y Leon (Br. D. Carlos Celedonio). Breve practica, y regimen del confessionario de Indios, en mexicano, y castellano; para instruccion del confessor principiante, habilitacion, y examen del penitente, que dispone para los Seminaristas El Br. D. Carlos Celedonio Velazquez de Cardenas y Leon, etc. *Impresso en Mexico en la Imprenta de la Bibliotheca Mexicana. Año de 1761.* in-8°.

VETANCURT (P. Fr. Augustin de). Arte de la lengua mexicana, dispuesto por orden, y mandato de N. R^{mo} P. Fr. Francisco Trevino, etc. Comissario-General de todas las (Provincias) de la Nueva España, etc. Por el P. Fr. Augustin de Vetancurt, etc. Preceptor de la lengua Mexicana, Vicario de la capilla de S. Joseph de los naturales en el convento de N. P. S. Francisco de Mexico. *En Mexico, por Francisco Rodriguez Lupercio, 1673.* in-4°.

MOSQUITO.

HENDERSON (Alexander). A grammar of the moskito language, by Alexander Henderson. Belize Honduras. *New-York, printed by John Gray*, 1846. in-8°.

MOXA.

MARBAN (R. P. Pedro). Arte de la lengua moxa, con su vocabulario y cathecismo, compuesto por el M. R. P. Pedro Marban, de la Compañia de Jesus. (*Lima En la imprenta Real de Jesus de Contreras* (1701). in-8° vélin.

MUTSUN.

ARROYO DE LA CUESTA (Fr. Philipp). Alphabetus Rivulus obeundus, exprimationum causa horum Indorum Mutsun Missionis Sanct. Joann. Baptistæ, exquisitarum a Fr. Philipp. Ab Ar. Yo. de

la Cuesta, supradictæ missionis Indior. Minist., etc. Año de 1815.
— A Vocabulary or phrase book of the Mutsun language of Alta California. *London, Trübner and Co.* 1862. gr. in-8°.

— Extracto de la Gramatica Mutzun, ó de la lengua de los Naturales de la mision de San Juan Bautista, compuesta por el Rev. Padre Fray Juan Arroyo de la Cuesta, del orden seráfico de N. P. San Francisco, ministro de dicha mision en 1816. *Nueva York, Cramoisy press* 1861.

NAHUAL ou MEXICAIN VULGAIRE.

ARTE DE LA LENGUA VULGAR MEXICANA de Guatemala, qual se habla en Ezcuintla y otros pueblos del Reyno. in-8°. *Manuscrit.*

PLATICAS piadosas en lengua vulgar mexicana de Guatemala. in-fol. *Manuscrit.*

TEOTAMACHILIZTI iny iuliliz auh yni miquiliz Tu Temaquizticatzim Jesu Christo quenami in quim pua teotacuiloque itech teomauxti; ó sea Tratado de la Vida y muerte de Nuestro Señor Jesu Christo, en lengua vulgar mexicana de Guatemala. (*Guatemala (Antigua), en la imprenta de las Animas* 16..). in-4°.

NEVOME.

ARTE de la lengua Nevome que se dice Pima, propia de Sonora; con la Doctrina cristiana y confesionario añadidos. *San Augustin de la Florida, año de* 1862. gr. in-8°.

ONONDAGUÉ.

DICTIONNAIRE FRANÇOIS ONONDAGUÉ, édité d'après un manuscrit du 17ᵉ siècle par JEAN MARIE SHEA. *Nouvelle-York, à la Presse Cramoisy*, 1859. gr. in-8°.

OTHOMI.

MIRANDA (P. Francisco de). Catecismo breve en lengua Otomi, dispuesto Por el P. Francisco de Miranda de la Compañia de Jesus. *En Mexico, en la imprenta de la Bibliotheca Mexicana. Año de* 1759. in-8°.

NAXERA (F. Manuel Crisostomo). Disertacion sobre la lengua othomi, leida en latin en la sociedad Filosofica Americana de Filadelfia, y publicada de su orden en el tomo 5° de la nueva serie de sus actas; traducida al castellano por su autor F. Manuel Crisostomo Naxera, etc. Publicase de orden del E. S. Presidente de la republica. *Mexico. En la Imprenta del Aguila*, 1845. in-fol.

NEVE Y MOLINA (L. D. Luis de). Reglas de Orthographia, Diccionario y Arte del idioma othomi, breve instruccion para los principiantes, que dictó El L. D. Luis de Neve y Molina. *Impressas en Mexico, en la Imprenta de la Bibliotheca Mexicana. Año de 1767.* in-8°.

PEREZ (D. Francisco). Catecismo de la Doctrina Cristiana en lengua otomi, traducido literalmente al castellano por el presbitero D. Francisco Perez, catedrático propietario de dicho idioma en la nacional y pontificia universidad de la ciudad federal de los estados mexicanos, examinador sinodal de dicho idioma de este arzobispado. *México: Imprenta de la testamentaria de Valdés á cargo de José Maria Gallegos*, 1834. in-4°.

RAMIREZ (Fr. Antonio de Guadalupe). Breve compendio de todo lo que debe saber y entender el christiano para poder lograr, ver, conocer y gozar de Dios nuestro Señor en el cielo eternamente. Dispuesto en lengua othomi y construido literalmente en la lengua castellana. Por el P. Fr. Antonio de Guadalupe Ramirez, ex-Guardian del Apostolico Colegio de Propaganda Fide de N. P. S. Francisco de Pachuca, etc. *Mexico en la Imprenta Nueva Madrileña de los herederos del Lic. D. Joseph de Jauregui.* 1785. in-4°.

YEPES (Fr. Joaquim Lopez). Catecismo y declaracion de la doctrina cristiana en lengua otomi, con un vocabulario del mismo idioma, compuesto por el R. P. Fr. Joaquim Lopez Yepes. *Mexico; 1826. Impreso en la oficina del ciudadano Alejandro Valdés.* in-4°.

POCONCHI.

PLATICA de los principales misterios de la religion, en poconchi, etc. in-8°. *Manuscrit.*

POKOMAN.

MORAN (P. Fray Pedro). Arte breve y compendiosa de la lengua pocomchi de la provincia de la Verapaz compuesto y ordenado por el venerable Padre fray Dionysio de Çuñiga para los principiantes que comiençan á aprender, y traducido en la lengua pocoman de Amatitan por el padre fray Pedro Moran, quien lo empeço á escrebir en este conv.to de N. P. S.to Domingo de Goath.a oy juebes diez del mes de abril de este año de mill cetessientos y veynte. in-fol. *Manuscrit.*

— Bocabulario de solo los nombres de la lengua pokoman escrito y ordenado por el padre fray Pedro Moran en el convento de N. P. S^{to} Domingo de Goathemala. in-fol. *Manuscrit.*

— Bocabulario de nombres que comiençan en romance en la lengua pokoman de Amatitan. Ordenado y compuesto por el padre fray Pedro Moran, en este convento de N. P. S^{to} Domingo de Goathemala. in-fol. *Manuscrit.*

— Vidas de santos en forma de homilias, en pokoman y castellano, para los principiantes que comiençan á aprender la lengua pokoman de Amatitan, ordenadas por el padre fray Pedro Moran, en este conv^{to} de N. P. S^{to} Domingo de Goathemala. in-fol. *Manuscrit.*

REYU PUHVAL MAK, etc. Confesionario en lengua pokoman. in-4°. *Manuscrit.*

QQUECHUA ou LANGUE DES INCAS.

CARTILLA Y CATECISMO de la doctrina cristiana en castellano y qquechua. Con adicion de algunas oraciones muy devotas, oracion preparatoria para antes de rezar la Doctrina Cristiana, actos de Fé, Esperanza, y Caridad, modo de oir el Santo Sacrificio de la Misa, Esplicacion del significado de las vestiduras sagradas, del Ayuno y de la Usura, para que los padres de familia instruyan à sus hijos y domesticos. *Cuzco. Año de* 1845, *Imprenta del Seminario.* in-4°.

CATECISMO (tercero) y exposicion de la doctrina christiana por sermones (en qquichua y español). Para que los curas, y otros ministros prediquen, y enseñen á los Indios, y á las demas personas: conforme á lo que se proveyó en el Santo Concilio Provincial de Lima el año pasado de 1583. Mandado reimprimir por el Concilio provincial del año de 1773. *En la oficina de la calle de San Jacinto.* in-4°.

HOLGUIN (P. Diego Gonzales). Gramatica y Arte nueva de la lengua general de todo el Peru llamada lengua qquichua o lengua del inca añadida cumplida en todo lo que le faltaba de tiempos y de la Gramática y recogido en forma de arte lo mas necesario en los dos primeros libros. Con mas otros dos libros postreros de adiciones al Arte para mas perficionarla, el uno para alcanzar la copia de vocablos, y el otro para la elegancia y ornato. Compuesta por el Padre Diego Gonzales Holguin. Nueva edicion revista y corregida. *Genova Pagano,* 1842. in-8°.

QUEKCHI.

APUNTES en lengua quekchi, y pequeño confesionario en la misma lengua. In-8°. *Manuscrit.*

POP (Eugenio). Doctrina christiana en lengua quecchi, escrita por padron del pueblo de San Augustin Lanquin, en la Verapaz, por Eugenio Pop, alcalde que fué en el año de 1795, in-4°. *Manuscrit.*

QUICHÉ ou UTLATECA.

ALGUNOS sermones en lengua quiche de Rabinal. *Manuscrit.*

BRASSEUR DE BOURBOURG. Popol Vuh. Le Livre Sacré et les mythes de l'antiquité américaine avec les livres héroïques et historiques des Quichés. Ouvrage original des indigènes de Guatémala, texte quiché et traduction française en regard, accompagnée de notes philologiques et d'un commentaire sur la mythologie et les migrations des peuples anciens de l'Amérique, etc., composé sur des documents originaux et inédits. *Paris, Arthus Bertrand,* 1861. in-8°. *Cartes et figures.*

— Gramatica de la lengua quiche. Grammaire de la langue quichée, espagnole-française, mise en parallèle avec ses deux dialectes, Cakchiquel et Tzutohil, tirée des manuscrits des meilleurs auteurs guatémaliens. Ouvrage accompagné de notes philologiques, avec un vocabulaire, comprenant les sources principales du quiché comparées aux langues germaniques. Et suivi d'un essai sur la poésie, la musique, la danse et l'art dramatique chez les Mexicains et les Guatemaltèques avant la conquête, servant d'introduction au Rabinal Achi, drame indigène avec sa musique originale, texte quiché et traduction française en regard. *Paris, Arthus Bertrand.* 1862. in-8°.

CONFESIONARIO en la lengua de San Miguel Chicah, dialecto de la lengua quiche de Rabinal. in-4°. *Manuscrit.*

DELGADO (P. Fr. Damian). Compendio del Arte Quiché del P. Fr. Damian Delgado, Ord. Praed. Siguese la Doctrina Christiana en lengua quiche del mismo Autor, con sermones del mismo Padre y otros de la Orden de N. P. Santo Domingo. *Manuscrit.*

— Sermones varios predicados en lengua quiche por el padre fray Damian Delgado, y trasladados para el uso de los padres de la Santa Orden de n^{tro} padre Santo Domingo en Rabinal (por el padre fr. Domingo de Basseta), etc. *Manuscrit.*

HERNANDEZ SPINA (presb. D. Vicente). Apuntamiento del idioma kiché. Junio de 1854. in-fol. *Manuscrit.*

— Kalendario conservado hasta el dia por los sacerdotes del Sol en Ixtlavacan, pueblo descendiente de la nacion kiché, descubierto por el Presbitero Vicente Hernandez Spina. *Santa Catarina Ixtlavacan agosto 12 de* 1854. gr. in-fol. obl. plié. *Manuscrit.*

MARTINEZ (Fr. Marcos). Arte de la lengua utlateca ó kiche, vulgarmente llamado el Arte de Totonicapan: compuesto por el Rdo Padre Fray Marcos Martinez, de la orden de Predicadores. in-4°. *Manuscrit.*

TITULO REAL de Don Francisco Izquin, ultimo Ahpop Galel, o Rey de Nehaib, en el Quiché, otorgado por los señores que le dieron la investidura de su real dignidad, firmado por el ultimo Rey del Quiché, con otros varios principes, en dia 22 de noviembre del año de 1558. Texto original en lengua quiche. in-fol. *Manuscrit.*

VICO (P. Fr. Domingo de). Arte de la lengua kiche ó Utlatecat. Seguido del modo de bien vivir en la misma lengua. Sacado de los escritos del Ven. Padre Fr. Domingo de Vico. in-4°. *Manuscrit.*

XIMENEZ (P. F. Franzisco). Arte de las tres lengvas cakchiqvel, qviche y tzvtvhil (Escrito por el R. P. F. Franzisco Ximenez Cvra Doctrinero por el Real Patronato del pveblo de S^{to} Thomas Chvíla). in-fol. *Manuscrit.*

— Tratato Segvndo de todo lo qve deve Saber vn ministro para la bvena administracion de estos naturales (cakchiqvel, qviche y tzvtvhil). in-fol. *Manuscrit.*

— Empiezan las historias del origen de los Indios de esta Provinçia de Gvatemala tradvzido de la lengua qviche en la Castellana para mas commodidad de los ministros de el S^{to} Evangelio por el R. P. F. Franzisco Ximenez Cvra Doctrinero por el Pveblo de S^{to} Thomas Chvíla. in-fol. *Manuscrit.*

SAN-ANTONIO (ALTA CALIFORNIA).

SITJAR (Fray Buenaventura). Vocabulario de la lengua de los naturales de la mision de San-Antonio, Alta California. Compuesto por el Rev. Padre Fray Buenaventura Sitjar del orden seráfico de N. P. San-Francisco. *Nueva-York*, 1861. gr. in-8°.

SELICA.

MENGARINI (P. Gregorio). Grammatica linguæ selicæ. Auctore P. Gregorio Mengarini, Soc. Jesu. *Neo-Eboraci*, 1861. gr. in-8°.

TARAHUMAR.

TELLECHEA (P. Fr. Miguel). Compendio gramatical para la inteligencia del idioma tarahumar. — Oraciones, Doctrina cristiana, Pláticas, y otras cosas necesarias para la recta administracion de los Santos Sacramentos en el mismo idioma; Dispuesto por el P. Fr. Miguel Tellechea. *Mexico año de 1826. Imprenta de la federacion en palacio.* in-4°.

TOTONAQUE.

DOMINGUEZ (D. Francisco). Catecismo de la Doctrina cristiana puesto en el idioma totonaco de la cierra baja de Naolingo, distinto del de la cierra alta de Papantla, por el Lic. D. Francisco Dominguez, cura interino de Xalpan. *Reimpreso en Puebla en la imprenta del hospital de San Pedro* 1837. in-8°.

TUPY.

GONÇALVES DIAS (A.). Diccionario da lingua tupy chamada lingua geral dos indigenas do Brazil, por A. Gonçalves Dias. *Lipsia: F. A. Brockhaus.* 1858. in-8°.

TZELDAL ou ZENDAL.

ARA (Ilmo Sr. Fray Domingo de). Bocabulario de lengua tzeldal segun el orden de Copanabaztla (Tzeldal y español). in-4° vél. *Manuscrit.*

— Vocabulario en lengua tzeldal juxta ussu oppidii De Copanabastla (castellano y tzeldal). in-4° vél. *Manuscrit.*

— Doctrina christiana y explicacion de los principales misterios de la fé catholica, espuestos en lengua tzeldal por el Ilmo señor D. Fray Domingo de Ara, obispo electo de Chiapa, año de 1560; obra trasladada de su original por el padre Fray Jacinto del Castillo, año de 1621. in-fol. vél. *Manuscrit.*

— Egregium opus Fratris Dominici de Hara. De comparationibus et similitudinibus (in lingua tzeldaica). petit in-4°. *Manuscrit.*

— In festo sanctissimi sacramenti, 4 ff. *Manuscrit.*

— Modus administrandi sacramentum matrimonii, 5 ff. en tzeldal. *Manuscrit.*

— Sermo pro disponendis nubentibus, 6 ff. en tzeldal. *Manuscrit.*

— Ztitzo ghibal hatezcan zpaz Confession zghoyoc zcan ych Communion Ecuctac. 15 ff. en tzeldal. *Manuscrit.*

— Incipit ars tzeldaica J. R. P. F. Dominici de Hara, ad laudem Domini nostri inventa et illustrata. *Manuscrit.*

DIEZ (P. Fr. Manuel). Conciones in lingua tzeldaica, exaratas a Reverendo Patre Fr. Manuel Diez, Ordinis S^{ti} Dominici, de Provincia Sancti Vincentii, dicta de Chiapa et Guatemala. 1675. in-4°. *Manuscrit.*

QUADERNO en lengua tzendal, hecho en el año de 1798. in-4°. *Manuscrit.*

TEMPORAL (P. Fr. Bartholomé). Libro de Comparaciones y de moral cristiana, en lengua tzendal, escrito por el P. Fr. Bartholomé Temporal (de la orden de Predicadores). in-fol. *Manuscrit.*

TZOQUE ou ZOQUI.

ARTE de lengua Zoque para la mayor gloria de Dios Nuestro Señor. in-4°. *Manuscrit.*

DOCTRINA Y PLATICAS devotas con otras oraciones sacadas del catecismo, lo todo en lengua tzoque. in-4°. *Manuscrit.*

GONZALEZ (fray Luis). Arte breve y Vocabulario de la lengua tzoque, conforme se habla en el pueblo de Tepatlan; dividese en dos partes, en la primera se trata de las quatro partes de la oracion, declinables, que son nombre, pronombre, verbo y participio. La segunda se compone de un vocabulario, lo todo compuesto por el Padre fray Luis Gonzalez, de la Orden de Predicadores. Año de 1652, in-4°. *Manuscrit.*

POZARENCO (Fray Juan). Doctrina Christiana en lengua tzoque, seguida de un confesionario y del modo de dar el viatico á los enfermos, en la misma lengua; obra del Rdo Padre Maestro Fray Juan Pozarenco, quien la acabo en veinte y dos de agosto del año de 1696. in-4°. *Manuscrit.*

TZOTSLEM ou ZOTZIL ou CINACANTECA.

DOCTRINA CHRISTIANA abreviada en lengua zotzlem. in-4°. *Manuscrit.*

HIDALGO (Presb. D. Manuel). Libro en que se trata de la lengua tzotzil; se continua con el Bocabulario breve de algunos bervos y nombres, etc. La Doctrina Christiana; el Formulario para administrar los Santos Sacramentos; el confesionario y sermones en la misma lengua tzotzil. Obra (segun parece) del Presbitero Don Manuel Hidalgo, insigne sierbo de Maria Santisima. in-fol. *Manuscrit.*

RODAZ (P. Fr. Juan de). Arte de la lengua tzotzlem ó tzinacanteca. Con explicacion del Año solar y un Tratado de las Quentas de los Indios en lengua tzotzlem. Lo todo escrito el año de 1688, asi mismo como las Frases y Oraciones utiles y Provechosas en esta lengua tzotzlem para que con facilidad aprehenda el Ministro y sepa hablar. Sacadas a luz por el P. Fr. Juan de Rodaz, predicador y cura por su Mag^d del Conv^{to} de N^{ra} S^{ra} de la Assumpcion de Guegtyupa. Y ahora trasladadas nuevamente por el padre fray Dionycio Pereyra Diaconc y Conventual del convento de N. P. S^{to} Domingo de Comitlan. Del Sagrado Orden de Predicadores, etc. Oy dia 27 de henero de mill setecientos y veinte y tres. Años 1723. in-fol. *Manuscrit.*

YAKAMA.

PANDOSY (M^{ie} C^{les}). Grammar and Dictionary of the yakama language. By Rev. M^{ie} C^{les} Pandosy, oblate of Mary Immaculate. Translated by Georges Gibbs and J. C. Shea. *London, Trübner and C^o*. 1862. Gr. in-8°.

ZAPOTÈQUE.

CUEBA (Fray Pedro de la). Parabolas y exemplos sacados de las costumbres del Campo, obra escrita en lengua zapoteca para el consuelo e instruccion de los naturales de la misma lengua por el R. P. M. Fray Pedro de la Cueba, de la orden de Predicadores. in-4° vél. *Manuscrit.*

FIN.

www.ingramcontent.com/pod-product-compliance
Lightning Source LLC
Chambersburg PA
CBHW071914160426
43198CB00011B/1286